"十二五"职业教育国家规划教材
经全国职业教育教材审定委员会审定

全国职业教育规划教材·经济贸易系列

外贸单证实务
（第二版）

主　编　王群飞
副主编　苏定东　陈　晔　杜　顺
参　编　张旺军

北京大学出版社
PEKING UNIVERSITY PRESS

图书在版编目（CIP）数据

外贸单证实务/王群飞主编. —2 版. —北京：北京大学出版社，2016.6
（全国职业教育规划教材·经济贸易系列）
ISBN 978-7-301-26675-5

Ⅰ.①外…　Ⅱ.①王…　Ⅲ.①进出口贸易—原始凭证—高等职业教育—教材　Ⅳ.①F740.44

中国版本图书馆 CIP 数据核字(2015)第 314910 号

书　　　名	外贸单证实务（第二版）
著作责任者	王群飞　主编
责任编辑	姚成龙　巩佳佳
标准书号	ISBN 978-7-301-26675-5
出版发行	北京大学出版社
地　　　址	北京市海淀区成府路 205 号　100871
网　　　址	http://www.pup.cn　新浪官方微博：@北京大学出版社
电信信箱	zyjy@pup.cn
电　　　话	邮购部 62752015　发行部 62750672　编辑部 62754934
印　刷　者	北京富生印刷厂
经　销　者	新华书店
	787 毫米×1092 毫米　16 开本　13 印张　324 千字
	2011 年 12 月第 1 版　2016 年 6 月第 2 版　2018 年 5 月第 2 次印刷
定　　　价	29.00 元

未经许可，不得以任何方式复制或抄袭本书之部分或全部内容。
版权所有，侵权必究
举报电话：010-62752024　电子信箱：fd@pup.pku.edu.cn
图书如有印装质量问题，请与出版部联系，电话：010-62766370

内 容 简 介

本书以单证员的主要工作任务为基础进行项目编写,同时以单证工作的流程为线索编排项目顺序。教材中单证员的工作任务以某公司的一笔具体业务为载体,涉及信用证落实、出口托运、出境报检、原产地证明书申领、出口报关、出口投保、制单结汇等各个环节,内容真实,操作具体,突出职业能力的培养。同时在每一项目中又配备了两套训练实例,从不同角度培养学生的实际操作能力。

本书在每个项目中都配备了一定的理论知识,供学生了解单证基础知识及参加单证员职业资格考试使用。本书内容可作为高等职业院校、成人高校外贸类专业教学用书,也可作为初入外贸行业者的参考用书。

第二版前言

在世界经济一体化的大背景下，世界各国的经济往来越来越密切，越来越多的企业和公司从事外贸业务，从而对外贸人才的需求日益增加。在复杂多变的国际经济形势下，只有具备扎实的专业知识、较强的操作技能、良好的综合素质，才能在外贸工作中得心应手，处理各种突发性问题，顺利地完成各项业务。

外贸单证工作是外贸工作中的核心工作，单证工作的好坏直接影响一笔业务能否顺利完成，因而，单证员素质的高低直接影响到企业的经济效益。为培养具备外贸单证操作能力的应用型人才，我们编写了本书。通过学习和训练，学生能够了解外贸业务中各种单证的流转过程，能够缮制各种单证并完成交单手续，能基本处理制单和交单过程中的各种问题。

本书在编写前期，调研了大量外贸企业的单证员岗位，对单证员的工作任务进行了归纳整合，并以单证员的工作任务为基础编写教材项目。以单证员的工作流程为线索，编排项目顺序，有利于学生对单证工作的流程有一个直观的认识，也有利于组织教学时项目的前后衔接。我们在进行项目编写时注重以学生为主体，每个项目都是先提出工作任务，引导学生操作，然后再进行操作示范，让学生对存在的问题进行分析。每个项目都有能力训练模块，训练学生的单证制作能力。同时本书在现有的单证教材注重单证缮制的基础上，加入岗位拓展这一模块，注重培养单证员分析和解决问题的能力以及岗位协调能力。

使用本书进行教学时，教师可以先导入项目工作任务，让学生先尝试着独立完成，然后根据学生完成工作任务的情况，进行操作示范并针对性地讲解；在讲解的过程中引入知识链接中的内容；然后给学生布置相关能力训练项目，进一步训练和巩固其外贸单证操作能力，并通过能力训练对学生进行项目评价；课后要求学生分组讨论，自行查找资料，合作完成对岗位拓展模块的讨论，教师对讨论结果进行点评。

全书由王群飞主编，负责提供编写框架并统稿，张琦教授担任本书的主审，苏定东、陈晔、杜顺担任副主编。参加本书编写的有：湖州职业技术学院王群飞（导论、项目一、项目二、附录）、沙洲职业工学院苏定东（项目三、项目四）、丽水学院杜顺（项目五）、湖州职业技术学院陈晔（项目六、项目七）、湖州职业技术学院张旺军（项目八、项目九）。

本书在编写过程中，得到了学校、分院领导的悉心指导和帮助，还得到了浙江久立集团褚震波先生、湖州佰业进出口有限公司章彦岚女士、湖州出入境检验检疫局许全华先生的大力支持，湖州翔顺工贸有限公司孙晓羽女士、安吉慧峰医用敷料有限公司徐琰丽女士为本书编写提供了大量的资料，编者借鉴了不少专家学者的研究成果和著作，在此一并表示衷心的感谢。

由于编者水平有限，本书在描述单证操作时难免有疏漏及不足之处，敬请各位专家、同人和读者批评指正，以便再版时进行修正。

本书在临出版前，恰逢海关总署对报关单结构做出重大调整与修改，编者对书中案例的报关单样单进行了及时更新。由于时间仓促，且考虑到案例的前后统一，故没有对案例的时间进行同步调整，在此说明。不足之处，敬请见谅。

编　者
2016 年 5 月

目 录

导 论 .... (1)
    一、学习目标 .... (1)
    二、学习内容 .... (1)
项目一 审核与修改信用证 .... (6)
    一、学习目标 .... (6)
    二、工作任务 .... (6)
    三、知识链接 .... (14)
    四、能力训练 .... (21)
    五、岗位拓展 .... (27)
项目二 缮制商业发票和装箱单 .... (28)
    一、学习目标 .... (28)
    二、工作任务 .... (28)
    三、知识链接 .... (36)
    四、能力训练 .... (38)
    五、岗位拓展 .... (42)
项目三 办理出口货物托运 .... (44)
    一、学习目标 .... (44)
    二、工作任务 .... (44)
    三、知识链接 .... (48)
    四、能力训练 .... (54)
    五、岗位拓展 .... (57)
项目四 办理出境货物报检 .... (59)
    一、学习目标 .... (59)
    二、工作任务 .... (59)
    三、知识链接 .... (65)
    四、能力训练 .... (71)
    五、岗位拓展 .... (76)
项目五 申领原产地证明书 .... (77)
    一、学习目标 .... (77)
    二、工作任务 .... (77)
    三、知识链接 .... (83)

四、能力训练 ……………………………………………………………… (94)
　　五、岗位拓展 ……………………………………………………………… (95)
项目六　办理出口货物报关 ………………………………………………… (96)
　　一、学习目标 ……………………………………………………………… (96)
　　二、工作任务 ……………………………………………………………… (96)
　　三、知识链接 ……………………………………………………………… (116)
　　四、能力训练 ……………………………………………………………… (119)
　　五、岗位拓展 ……………………………………………………………… (121)
项目七　办理出口货物投保 ………………………………………………… (122)
　　一、学习目标 ……………………………………………………………… (122)
　　二、工作任务 ……………………………………………………………… (122)
　　三、知识链接 ……………………………………………………………… (128)
　　四、能力训练 ……………………………………………………………… (133)
　　五、岗位拓展 ……………………………………………………………… (134)
项目八　缮制其他结汇单证 ………………………………………………… (135)
　　一、学习目标 ……………………………………………………………… (135)
　　二、工作任务 ……………………………………………………………… (135)
　　三、知识链接 ……………………………………………………………… (143)
　　四、能力训练 ……………………………………………………………… (149)
　　五、岗位拓展 ……………………………………………………………… (151)
项目九　交单收汇 …………………………………………………………… (153)
　　一、学习目标 ……………………………………………………………… (153)
　　二、工作任务 ……………………………………………………………… (153)
　　三、知识链接 ……………………………………………………………… (165)
　　四、能力训练 ……………………………………………………………… (168)
　　五、岗位拓展 ……………………………………………………………… (175)
附录一　企业单证实例 ……………………………………………………… (176)
附录二　常用外贸单证术语 ………………………………………………… (194)
参考文献 ……………………………………………………………………… (202)

导　　论

一、学习目标

能力目标：能分析一笔外贸业务的单证流程。
知识目标：识记外贸单证的含义，明确外贸单证工作的基本要求。

二、学习内容

（一）外贸单证的含义及分类

1. 外贸单证的含义

外贸单证（Foreign Trade Documents），是指在外贸业务中应用的单据与证书，凭借这些单据与证书来处理国际货物的支付、运输、保险、商检、结汇等。

因此，狭义的单证是指在合同履行过程中应用的单据和信用证，广义的单证则是指各种文件和凭证。

就出口贸易而言，出口单证是出口货物推定交付的证明，是结算的工具。单证作为一种贸易文件，它的流转环节构成了贸易程序。单证工作贯穿于企业的外销、进货、运输、收汇的全过程，工作量大，时间性强，涉及面广，除了外贸企业内部各部门之间的协作配合外，还必须与银行、海关、交通运输部门、保险公司、出入境检验检疫机构以及有关的行政管理机关保持多方面的联系，环环相扣，互有影响，也互为条件。

2. 外贸单证的分类

根据不同的分类标准，外贸单证可以划分为以下不同种类。

（1）按照外贸单证的性质划分。

金融单据：指汇票、本票、支票及其他用于取得款项的凭证。

商业单据：指发票、运输单证、保险单证、装箱单以及其他类似单据。

（2）根据外贸单证的流向划分。

进口单证：指进口地的企业及有关部门涉及的单证，包括进口许可证、进口报关单、入境货物报检单等。

出口单证：指出口地的企业及有关部门涉及的单证，如出口许可证、出口报关单、包装单据、运输单据、商业发票、汇票、检验检疫证书、产地证书、保险单等。

（3）按照单证的用途划分。

资金单据：如汇票、本票和支票等。

商业单据：如商业发票、装箱单等。
货运单据：如海运提单、租船提单、多式运输单据、空运单、铁路运单、邮政收据等。
保险单据：如保险单、预约保单、保险证明等。
公务单据：如海关发票、领事发票、原产地证明书、商检证书等。
其他单证：如寄单证明、寄样证明、装运通知、船龄证明等。

（二）外贸单证工作的流程

在国际贸易销售合同的履行过程中，信用证落实、托运、报检、报关、保险等各个环节，都是通过各种单证进行操作的，应该说外贸单证是履行销售合同的必要手段和证明。在合同履行的不同阶段都会有相应的单证出立、组合和流通，单证工作流程如图 0-1 所示。

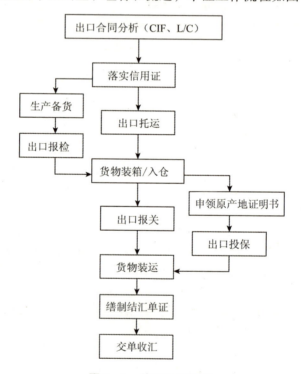

图 0-1 单证工作流程

1. 落实信用证

以信用证方式结算的出口业务中，卖方能否及时取得买方开立的符合合同要求的信用证，既关系能否安全收汇，又是卖方交货的前提，因此，落实信用证的工作对卖方来说至关重要。具体落实信用证包括催证、审证和改证三个环节。

（1）催证。

一般在签订销售合同时，最好在合同条款中规定买方开立信用证的最迟期限。到了最迟开证时间如果买方还未开立信用证，则卖方应提示买方及时开证，以免影响备货的进度。在具体操作时，出口商应在对方信用证开到以后再进行备货，以免节外生枝，让自已陷入被动。

(2) 审证。

信用证的开立以销售合同为依据,其主要条款也应与合同条款相符合。因此,在收到买方开来的信用证后,通知行对信用证的真伪、开证行的资信情况、付款责任等进行审核,而卖方则以销售合同为基础,对信用证的具体内容进行审核。

(3) 改证。

卖方在改证过程中要考虑全局,对一些与销售合同条款不一致又损害自己利益的条款要坚决修改,对一些虽与销售合同内容不相符但是对自己的利益影响不大的条款要慎重考虑,不是非改不可。卖方向买方提出修改意见,要求买方到原开证行办理改证。卖方收到买方的信用证修改书后,若接受修改,要和原信用证的内容整合在一起。

2. 出口托运

在 CIF 出口合同项下,出口托运工作由卖方负责。卖方落实信用证后,在进行备货的同时要办理出口货物的托运工作。

单证员要与生产部门沟通好,根据销售合同和信用证的要求以及实际的出货时间来确定大致的船期。确定船期后出口商缮制订舱委托书向货代公司办理托运,货代公司收到订舱委托书后,缮制托运单向船公司订舱。船公司根据配载原则,结合货物的毛重、尺码、装运港、目的港等情况,安排舱位,并签配舱回单、装货单等给货代公司。货代公司收到配舱信息后,根据货物的交接形式给出口商发入仓通知或装箱通知等文件,至此,卖方收到了货物出口的船名、航次、货物交接地点与时间等信息,出口托运工作完成。

3. 出口报检

凡属国家规定或销售合同规定必须经我国出入境检验检疫机构检验出证的出口商品,在备货完成后,应及时向出入境检验检疫机构提出检验申请,在取得出入境检验检疫机构签发的通关单或检验检疫证书后,海关才准予放行。

备货完成后,发货人可以自行或委托报检机构向出入境检验检疫机构报检。备齐相关的报检单证后,由报检员到产地检验检疫机构进行申报,填写出境货物报检单。出入境检验检疫机构对出口商品实行抽样、检验,货物经检验合格的,出入境检验检疫机构签发通关单或检验检疫证书,凭以报关;未经检验合格的,不准出口。

4. 申领原产地证明书

原产地证明书是出口商应进口商要求而提供的,是贸易关系人交接货物、结算货款、索赔理赔、进口国通关验收、征收关税的有效凭证,它还是出口国享受配额待遇、进口国对不同出口国实行不同贸易政策的凭证。一般情况下,销售或信用证中会规定提供哪种原产地证明书。出口商根据买方的要求申请原产地证明书,使买方享受到优惠的进口关税。

原产地证明书一般在报关前申领,根据不同的原产地证明书的申领要求,准备相关的原产地证明书申请书、原产地证明书等向当地出入境检验检疫机构或国际贸易促进委员会申领。

5. 出口报关

根据《中华人民共和国海关法》第八条的规定,进出境运输工具、货物、物品,必须通过设立海关的地点进境或者出境。因此,出口货物的发货人或其代理人必须在货物装运以前向出境地海关如实申报,海关放行后才能装运货物。

出口商在货物装运的前几天,把相关的报关委托书、报关单、商业发票等报关单证寄交报关代理人,由专门的报关员在货物运抵海关监管区后、装货的 24 小时以前向海关进行如实申报。若海关决定现场查验,报关代理人应到达现场配合查验。在完成现场查验、缴纳税费后海关放行,装运货物。

6. 出口投保

在 CIF 出口合同项下,由出口商办理货物的投保手续。在 CFR 或 FOB 的出口合同项下,出口商也可以根据进口商的要求,代为办理投保,但保险费要单独列支。

出口商应在备妥货物并收到配舱信息后,根据销售合同或信用证的要求,及时向保险公司办理投保手续。由出口商填制投保单,向保险公司办理投保,保险公司在审核相关资料后,签发保险单或保险凭证,以确认承保。

7. 缮制结汇单证

货物装运完成后,出口商应按照销售合同和信用证的要求,缮制和整理相关结汇单证,在信用证规定的交单有效期内,向银行办理交单手续。常用的结汇单证包括商业发票、装箱单、提单、保险单、原产地证明书等,具体视信用证的规定而定。

信用证结算方式下,银行审单的标准是"单证一致、单单一致"。单证的质量将直接影响安全收汇,因此出口商在缮制单据时必须严格按照信用证中的单据条款,单据的种类、内容、份数等都应符合信用证的规定,做到正确、完整、及时、简明、整洁。

8. 交单收汇

出口商在缮制完结汇单证后,根据信用证要求交单给指定的银行,在交单之前要认真审核相关单证,发现不符点要及时修改,避免交单后陷入被动。我方银行在审核单证无误后,就将整套单证寄往国外付款行索取货款,等国外付款行付款后,出口商在电子口岸提交数据申请结汇。

(三) 外贸单证工作的基本要求

单证工作主要包括落实信用证、出口托运、出口报检、出口报关、制单结汇等环节。总的要求是"四个一致",即"证同一致""单证一致""单单一致""单货一致"。其中,"证同一致"是指信用证与销售合同保持一致;"单证一致"是指外贸单据与信用证保持一致;"单单一致"是指各种单据之间保持一致;"单货一致"是指单据中所描述的货物与实物保持一致。

单证制作原则上应做到正确、完整、及时、简明、整洁。

1. 正确

正确是外贸单证工作的前提和核心。所谓**正确**,是指制单要符合以下两个方面的要求:一是要做到上面所述的"四个一致";二是各种单证必须符合有关国际惯例和进出口双方所在国家的相关法律和规定,如在信用证中规定所有的单据要显示信用证的号码,如果在提单或保险单等结汇单据上不显示信用证号码,就单证不一致了。在实际业务中,由于单证中存在几个不符点而遭对方拒付时有发生。因此,制单必须要把正确放在首位。

2. 完整

所谓完整,是指制单必须符合以下两个方面的规定。

(1) 单据份数齐全、成套。

份数齐全，是指每一种单证的正本份数、副本份数需按规定的份数要求制作，不能随意减少。成套，是指一笔交易中，卖方应按信用证规定制作或取得所有种类的单证。

在信用证业务下，进口商需要哪些单据，每种单据各需多少份，一般都在信用证中标明，出口商只有按规定提交全部合格单据，开证行才保证付款。例如，提单上显示正本是3份，信用证中要求提交全套正本提单，就必须要提交3份正本，否则就视为不完整。因此，在制单审单的过程中必须密切注意，及时催办，以防遗漏或误期，以保证全套单据的完整。

(2) 单据本身内容完整。

任何单据都有其特定的作用，而这些特定的作用又是通过其特定的格式、项目、内容、文字、签章等表现出来的。如果格式使用不当，项目漏填，内容不完整，文字不通，签章不全，就不能构成一份有效的文件，也就不能被银行接受。例如，进口国海关需用进口国本国制定的固定格式的海关发票而出口商没有用，单据上需要背书的没有背书，需要手签的没有加手签等。

3. 及时

单证工作的时间性强，主要表现在以下两个方面。

(1) 每一种单证的出单日期要及时、有序、合理。

要做到单证出单日期的及时、有序、合理，既要使单证符合一般商业习惯和要求，又要在信用证或销售合同规定的有效期内。例如，保险单的出单日期不得迟于提单的签发日期，提单日期不得迟于装运日期。出单不及时、无序、不合理会造成单证不符、单单不符，同时还应注意各种单证之间的日期不能相互矛盾。

(2) 及时交单议付。

全套结汇单证缮制完成后，应及时到议付行交单议付。《跟单信用证统一惯例（UCP600）》（以下简称 UCP600）第十四条规定："正本运输单据，则须由受益人或其代表在不迟于本惯例所指的发运日之后的 21 个日历日内交单，但是在任何情况下都不得迟于信用证的截止日。"如果超过交单期或信用证的有效期交单，银行将拒绝接受单据。

4. 简明

所谓简明，是指单据内容应按信用证规定和国际贸易惯例填制，力求简明，力戒烦琐，避免画蛇添足、弄巧成拙。简化单证不仅可以减少工作量和提高工作效率，而且也有利于提高单证质量和减少单证的差错。为简化单证，UCP600 第十四条中规定："除商业发票外，其他单据中的货物、服务或履约行为的描述，如果有的话，可使用与信用证中的描述不矛盾的概括性用语。"

5. 整洁

所谓整洁，是指单据的布局要美观、大方，其格式的设计和缮制应力求标准化和规范化。如果说正确和完整是单证的内在质量，那么整洁则是单证的外观质量。单证的外观质量在一定程度上反映了一个国家的科技水平和一个企业的业务水平。单证是否整洁，不但反映出制单人制单的熟练程度和工作态度，而且还会直接影响出单的效果。如果要在单据上做更改，每更改一处就一定要加盖校对章或简签。如果可以重做，就尽量重新缮制单证。

项目一
审核与修改信用证

一、学习目标

能力目标：能分析信用证的基本内容，能根据外贸销售合同审核信用证并进行修改。

知识目标：识记信用证的基本条款，掌握落实信用证的业务流程，明确信用证审核与修改的要点。

二、工作任务

（一）任务描述

湖州正昌贸易有限公司成立于1992年，是经国家商务部批准的具有进出口经营权的贸易公司，主要从事竹木制品等产品的进出口业务。公司拥有多家下属工厂，产品主要销往欧洲、美国、日本、韩国等。

公司在2013年2月10日与韩国MAIJER公司签订了一份销售藤帘的合同。2013年3月7日，单证员张洁从中国银行湖州分行处拿到韩国MAIJER公司通过大邱银行开过来的信用证（L/C No.：M51145160747856）。按照惯例，张洁从业务员处拿来与韩国MAIJER公司签订的销售合同（S/C No.：ZC130210），对信用证进行审核，以便后期能顺利交货、交单。

（二）任务分析

总体任务	根据销售合同（S/C No.：ZC130210）审核并修改信用证（L/C No.：M51145160747856）
任务分解	任务一：分析销售合同条款
	任务二：分析信用证条款
	任务三：审核信用证，找出问题条款
	任务四：提出修改意见

（三）操作示范

第一步：分析销售合同条款。

张洁找出与韩国 MAIJER 公司签订的销售合同（见样单 1-1），先对销售合同进行分析。

样单 1-1　销售合同

湖州正昌贸易有限公司
HUZHOU ZHENGCHANG TRADING CO., LTD.
42 HONGQI ROAD, HUZHOU, CHINA
TEL：0086-0572-2365×××　FAX：0086-0572-2365×××

销售确认书
SALES CONFIRMATION

号码：
No.：ZC130210
日期：
Date：FEB. 10, 2013
签约地点：
Signed at：HUZHOU

买方：
Buyers：MAIJER FISTRTION INC.
地址：
Address：3214, WALKER, NAKAGYO-KU,
　　　　KYUNG-BUK, KOREA REP.

电传/传真：
Telex/Fax：0082-54-8545×××

兹买卖双方同意成交下列商品，订立条款如下：
The undersigned Sellers and Buyers have agreed to close the following transactions according to the terms and conditions stipulated below：

（1）货号 Article No.	（2）商品名称及规格 Name of Commodity and Specification	（3）数量 Quantity	（4）单价 Unit Price	（5）金额 Amount
L-2331	RATTAN CURTAIN	14 408PCS	CIF BUSAN USD2.61/PC	USD 37 604.88

1. 数量与金额允许增或减5%
   More or Less：5% MORE OR LESS IN AMOUNT AND QUANTITY IS ALLOWED.
2. 包装：
   Packing：IN CARTONS OF 8PCS EACH
3. 装运期：
   Time of Shipment：NOT LATER THAN MAR. 30, 2013
4. 装运口岸和目的港：
   Port of Loading and Destination：FROM SHANGHAI, CHINA TO BUSAN, KOREA REP.
   TRANSSHIPMENT IS ALLOWED AND PARTIAL SHIPMENT IS PROHIBITED.
5. 付款条件：
   Terms of Payment：BY IRREVOCABLE LETTER OF CREDIT AT SIGHT
6. 保险：由卖方按发票金额110%投保_____险
   Insurance：TO BE EFFECTED BY SELLERS FOR 110% OF FULL INVOICE VALUE COVERING ALL RISKS

AND WAR RISK
7. 备注：
   Remarks：

买方：	卖方：湖州正昌贸易有限公司
THE BUYER：MAIJER FISTRTION INC.	THE SELLER：HUZHOU ZHENGCHANG TRADING CO.，LTD.
ADAM	陈强

张洁仔细地分析了销售合同的各个条款，这是一份与韩国 MAIJER 公司签订的销售藤帘的合同，有溢短装条款，采用即期信用证付款，装运期不迟于3月底，要求我方办理托运和保险。

第二步：分析信用证条款。

张洁拿出中国银行的出口信用证通知书（见样单1-2）和信用证（见样单1-3），对信用证的条款进行初步分析。

样单1-2　信用证通知书

中国银行　浙江省分行
出口信用证通知书

我行编号：LA92G3120/03		通知日期：2013-03-07
致：HUZHOU ZHENGCHANG TRADING CO.，LTD.		
开证行：DAEGU BANK，LTD.，THE DAEGU		
信用证号：M51145160747856		开证日期：2013-03-05
金　　额：USD37 604.88		来证方式：FULL L/C
☒此证一切银行费用均由你司负担，如不同意，请径洽开证申请人。		
□此证尚未生效，待收到授权或生效通知后，尚可凭以议付。		
□此证印押不符，请在出运前与我行联系。		
□此证限制我行议付。		
注意事项：		
1. 请将来证条款与所签合同核对，如有不符或需修改处，请径洽开证申请人。		
2. 简电通知或未生效的信用证，请在收到证实书或生效通知后再发货。		
3. 如不接受此证，请自通知日起三日内备函加盖公章连同该证一并退我行。		
4. 请注意我行对来证中某些条款的提示。		
5. 提交单据时，请将正本信用证连同该通知书一并交与我行。		
6. 我行根据 UCP600（2007 REVISION）授理信用证通知。		

项目一　审核与修改信用证

样单1-3　信用证

MT S700		ISSUE OF A DOCUMENTARY CREDIT
APPLICATION HEADER		*DAEGU BANK, LTD., THE
		*DAEGU
SEQUENCE OF TOTAL		*27：1/1
FORM OF DOC. CREDIT		*40A：IRREVOCABLE
DOC. CREDIT NUMBER		*20：M51145160747856
DATE OF ISSUE		31C：130305
APPLICABLE RULES		*40E：UCP LATEST VERSION
EXPIRY		*31D：DATE 130421 PLACE AT KOREA REP.
APPLICANT		*50：MAIJER FISTRTION INC.
		3214, WALKER, NAKAGYO-KU, KYUNG-BUK,
		KOREA REP.
BENEFICIARY		*59：HUZHOU ZHENGCHAN TRADING CO., LTD.
		42 HONGQI ROAD,
		HUZHOU,
		CHINA
AMOUNT		*32B：CURRENCY USD AMOUNT 37 604.88
AVAILABLE WITH/BY		*41D：ANY BANK
		BY NEGOTIATION
DRAFT AT…		42C：AT 30 DAYS AFTER SIGHT FOR 100 PERCENT OF INVOICE VALUE
DRAWEE		*42A：*DAEGU BANK, LTD., THE DAEGU
PARTIAL SHIPMENT		43P：NOT ALLOWED
TRANSSHIPMENT		43T：NOT ALLOWED
PORT OF LOADING		44E：CHINESE MAIN PORT
PORT OF DISCHARGE		44F：BUSAN PORT, KOREA REP.
LATEST DATE OF SHIP.		44C：130330
DESCRIPT. OF GOODS		45A：
		14 408PCS RATTAN CURTAIN AS PER SALES CONFIRMATION NO. ZC130210
		USD2.81/PC CIF BUSAN
DOCUMENTS REQUIRED		46A：
		+SIGNED COMMERCIAL INVOICE IN 3 FOLDS CERTIFIED THE GOODS ARE OF CHINESE ORIGIN.
		+PACKING LIST IN 3 FOLDS
		+FULL SET OF ORIGINAL CLEAN ON BOARD MARINE BILL OF LADING MADE OUT TO

9

SHIPPER'S ORDER AND BLANK ENDORSED, MARKED FREIGHT PREPAID AND NOTIFY APPLICANT QUOTING FULL NAME AND ADDRESS.

+ MARINE INSURANCE POLICY FOR 110PCT OF INVOICE VALUE, BLANK ENDORSED, COVERING FPA CLAIMS PAYABLE AT DESTINATION.

+ ORIGINAL CERTIFICATE OF ORIGIN ASIA – PACIFIC TRADE AGREEMENT PLUS ONE COPY ISSUED BY CIQ.

+ SHIPMENT ADVICE WITH FULL DETAILS INCLUDING SHIPPING MARKS, CARTON NUMBERS, VESSEL'S NAME, BILL OF LADING NUMBER, VALUE AND QUANTITY OF GOODS MUST BE SENT WITHIN 3 DAYS OF THE DATE OF SHIPMENT TO US.

+ BENEFICIARY SIGNED STATEMENT CERTIFYING THAT COPIES OF INVOICE, BILL OF LADING AND PACKING LIST HAVE BEEN FAXED TO APPLICANT ON FAX NO. 0082 – 54 – 8545×× × WITHIN 3 DAYS OF BILL OF LADING DATE.

ADDITIONAL COND.   47A:

+ A FEE OF USD 80 IS TO BE DEDUCTED FROM EACH DRAWING FOR THE ACCOUNT OF BENEFICIARY. IF DOCUMENTS ARE PRESENTED WITH DISCREPANCY (IES).

+ UNLESS OTHERWISE EXPRESSLY STATE, ALL DOCUMENTS MUST BE IN ENGLISH.

DETAILS OF CHARGES   71B: ALL BANKING COMMISSIONS AND CHARGES INCLUDING REIMBURSEMENT COMMISSIONS OUTSIDE KOREA REP. ARE FOR BENEFICIARY ACCOUNT.

PRESENTATION PERIOD   48: DOCUMENTS MUST BE PRESENTED FOR NEGOTIATION WITHIN 21 DAYS AFTER THE DATE OF SHIPMENT BUT WITHIN THE VALIDITY OF THE CREDIT.

CONFIRMATION   *49: WITHOUT
INSTRUCTION   78:

+ PLEASE REIMBURSE YOURSELVES BY PRESENTING BENEFICIARY'S DRAFT TO THE DRAWEE BANK.

+ ALL DOCUMENTS MUST BE MAILED TO DAEGU BANK, LTD. BUSINESS PROCESS SUPPORT DEPT 17FL, 118, SUSEONG – 2 – GA, SUSEONG – GU, DAEGU, 706 – 712 KOREA REP. IN ONE LOT BY COURIER MAIL.

"ADVISE THROUGH"   57A: BKCHCNBJ92G

* BANK OF CHINA
* HUZHOU
* (HUZHOU BRANCH)

张洁对信用证的各个条款进行了初步分析,填制信用证分析单(见样单1-4),包括信用证的到期时间、信用证中的装运期、货物描述条款、单据条款、附加条款等。

样单1-4 信用证分析单

信用证分析单

银行编号						是否生效	
信用证号		合约		受益人		银行是否加具保兑	
开证日期						密押/印鉴是否相符	
开证行				开证人		※※唛头※※	
金额				启运口岸			
价格条款				目的地			
汇票付款人				可否转运			
				可否分批			
汇票注意事项				装运期限	最早		
					最晚		
				有效期			
银行费用承担		不符点费		到期地点		提单日____天内议付	____天内寄单
货物描述：							
提单	抬头：			通知人：		保险条款：	
	运费及提单要注明条款：						
运输条款：							
单证名称							

第三步：审核信用证，找出问题条款。

张洁根据销售合同和UCP600，对信用证进行逐条审核，发现如下问题条款。

（1）*31D：信用证规定到期地点在韩国，这样受益人必须要在信用证有效期内交单到韩国。但受益人难以掌握单据邮递的时间，容易造成交单逾期，而收汇无保障，对受益人交单不利。

（2）*59：受益人名称中"ZHENGCHAN"拼写错误，应为"ZHENGCHANG"，这是一个非常严重的问题，如果不修改，将错就错，会影响到后面制单时单证章上的拼写和公司名称的拼写不一致，造成单证表面不一致。

（3）42C：汇票条款中付款期限是"AT 30 DAYS AFTER SIGHT"，而销售合同中规定是即期信用证，会影响收款时间。

（4）43T：销售合同中转运是允许的，而信用证中转运是不允许的，本业务是从上海装运至韩国釜山，能不能转运不受影响，因而这样的不符条款可以不修改。

（5）44E：信用证装运港为"CHINESE MAIN PORT"，而销售合同中装运港为"SHNAGHAI，CHINA"，信用证中的规定范围比合同要大，对受益人来讲更为有利，可以不修改。

（6）45A：货描条款中产品单价在销售合同中表述为USD2.61/PC，而信用证中是USD2.81/PC。

（7）46A：信用证中保险单据条款中险别为"FPA"，销售合同中为"ALL RISKS AND WAR RISKS"。

（8）销售合同中有溢短装条款，而信用证中没有，这样对受益人来讲备货时就缺乏弹性，容易造成违约。

第四步：提出修改意见。

张洁本着对只要对受益人有利就尽量少改动的原则，对上述审出的问题条款提出最终的修改意见如下。

（1）*31D：信用证规定到期地点在韩国，应改为在中国境内到期。

（2）*59：受益人名称中"ZHENGCHAN"拼写错误，应改为"ZHENGCHANG"。

（3）42C：汇票条款中付款期限"AT 30 DAYS AFTER SIGHT"，应改为"AT SIGHT"。

（4）45A：货描条款中产品单价应为USD2.61/PC，而不是USD2.81/PC。

（5）46A：信用证中保险单据条款中险别为"FPA"，应改为"ALL RISKS AND WAR RISKS"。

（6）在信用证中增加溢短装条款"MORE OR LESS 5% IN AMOUNT AND QUANTITY IS ALLOWED"。

（四）任务解决

张洁把最终的修改意见交给业务员，业务员发改证函给客户，再由客户向开证行提出改证申请。信用证修改流程如图1-1所示。

项目一　审核与修改信用证

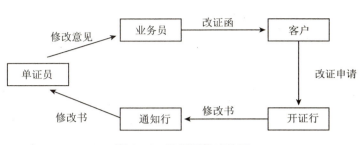

图1-1　信用证修改流程

2013年3月18日，张洁从中国银行湖州分行处拿到韩国大邱银行所发来的信用证修改书（见样单1-5）。

样单1-5　信用证修改书

MT S707	AMENDMENT TO A DOCUMENTARY CREDIT
APPLICATION HEADER	*DAEGU BANK, LTD., THE
	*DAEGU
SENDER'S REF.	*20：M51145160747856
RECEIVER'S REF.	*21：NONREF
DATE OF ISSUE	31C：130305
DATE OF AMENDMENT	30：130318
BENEFICIARY	*59：HUZHOU ZHENGCHAN TRADING CO., LTD.
	(BEFORE THIS AMENDMENT) 42 HONGQI ROAD,
	HUZHOU,
	CHINA
NEW DATE OF EXPIRY	31E：130501
LATEST DATE OF SHIP.	44C：130415
NARRATIVE	79：+IN FIELD 31D EXPIRY PLACE AMEND TO IN CHINA
	+IN FIELD 59 AMEND TO：HUZHOU ZHENGCHANG TRADING CO., LTD. 42 HONGQI ROAD, HUZHOU, CHINA
	+IN FIELD 42C AMEND TO：AT SIGHT FOR 100 PERCENT OF INVOICE VALUE
	+IN FIELD 45A UNIT PRICE AMEND TO USD2.61/PC
	+IN FIELD 46A AMEND TO：INSURANCE POLICY COVERING ALL RISKS AND WAR RISKS
	+IN FIELD 47A, INCREASE THE CLAUSE：MORE OR LESS 5% IN AMOUNT AND QUANTITY IS ALLOWED.

ALL OTHER TERMS AND CONDITIONS REMAIN UNCHANGED.

张洁拿到信用证修改书后，与业务员进行商量，接受了此修改书的内容。张洁通知中国银行湖州分行接受信用证修改，这样此修改书就作为原信用证的一部分，具有法律效力。

三、知识链接

（一）信用证的含义及特点

1. 信用证的含义

信用证（Letter of Credit，L/C）是一种银行开立的有条件的承诺付款的书面文件，即开证行根据进口商（开证申请人）的请求和指示向出口商（受益人）开立的一定金额的，并在一定期限内凭规定的单据承诺付款的书面文件。

在UCP600第二条中对信用证的含义也作了明确规定，信用证意指一项约定，无论其如何命名或描述，该约定不可撤销并因此构成开证行对于相符提示予以兑付的确定承诺。

相符提示指与信用证中的条款及条件、UCP600中所适用的规定及国际标准银行实务相一致的提示。

兑付指：①对于即期付款信用证即期付款；②对于延期付款信用证发出延期付款承诺并到期付款；③对于承兑信用证承兑由受益人出具的汇票并到期付款。

2. 信用证的特点

信用证的特点有如下三个。

（1）开证行承担第一性的付款责任。

信用证支付方式是由开证银行以自己的信用作保证，所以，作为一种银行保证文件的信用证，开证银行对之负第一性的付款责任。信用证开证银行的付款责任，不仅是首要的而且是独立的、终局的，即使进口商在开证后失去偿付能力，只要出口商提交的单据符合信用证条款，开证行也要负责付款，付款后如发现有误，也不能向受益人和索偿行进行追索。

（2）信用证是一项自足文件。

信用证虽然是根据销售合同开立，但信用证一经开立，就成为独立于销售合同以外的约定。UCP600第四条明确规定："信用证与可能作为其开立基础的销售合同或其他合同是相互独立的交易，即使信用证中含有对此类合同的任何援引，银行也与该合同无关，且不受其约束。"

（3）信用证方式是纯单据业务。

银行处理信用证业务时，只凭单据，不问货物，它只审查收益人所提交的单据是否与信用证条款相符，以决定其是否履行付款责任。UCP600第五条明确规定："银行处理的是单据，而不是单据可能涉及的货物、服务或履约行为。"

（二）信用证的业务流程

一笔信用证业务要经过申请开立信用证、通知信用证、受益人交单、指定银行垫款、开证行偿付、开证申请人赎单等多环节业务流程，信用证业务流程如图1-2所示。

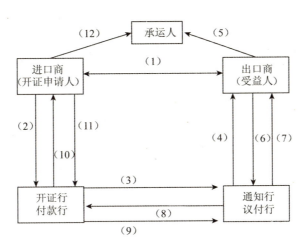

图1-2 信用证业务流程

(1) 买卖双方签订销售合同,在合同中约定使用信用证方式进行结算。

(2) 进口商(开证申请人)向开证行提出申请,根据合同内容填写开证申请书(见样单1-6),落实开证保证金,请开证行开证。

(3) 开证行根据开证申请书的内容,向出口商(受益人)开出信用证,并传递给通知行,指示其通知给出口商(受益人)。

(4) 通知行核对密押或印鉴无误后,将信用证通知给出口商(受益人)。

(5) 出口商(受益人)对信用证进行审核后,按信用证规定装运货物。

(6) 出口商(受益人)备齐各种货运单据,开出汇票,在信用证有效期和交单期内,交给议付行议付。

(7) 议付行按信用证条款审核单据无误后,按照汇票金额扣除利息,把货款垫付给受益人。

(8) 寄单索汇。议付行将汇票和货运单据按照信用证的要求寄给开证行(或其指定的付款行)索偿。

(9) 开证行(或其指定的付款行)核对单据无误后,付款给议付行,同时通知开证申请人备款赎单。

(10) 开证行向进口商(开证申请人)提示单据。

(11) 进口商付款赎单,如发现不符,可拒付款项并退单。

(12) 开证申请人凭货运单据向承运人提货。

样单1-6 开证申请书

IRREVOCABLE DOCUMENTARY CREDIT APPLICATION

To:		L/C No.	Date:
Applicant		Beneficiary (full name, address and tel etc.)	
Partial shipments ( ) allowed ( ) not allowed	Transshipment ( ) allowed ( ) not allowed	Issued by ( ) teletransmission ( ) express delivery	

续表

Loading on board/dispatch/taking in charge at/from Not later than For transportation to	Contract No.: Credit Amount (both in figures and words): Trade Term: ( ) FOB ( ) CFR ( ) CIF ( ) Others:
Description of goods:	Date and place of expiry
	Credit available with ( ) by sight payment ( ) by acceptance ( ) by negotiation ( ) by deferred payment at against the documents detailed herein ( ) and beneficiary's draft for 100 % of invoice value at on

Documents required: (marked with X)
1. ( ) Signed commercial invoice in 3 copies indicating L/C No. and Contract No.
2. ( ) Full set of clean on board Bills of Lading made out [ ] to order/ [ ] to the order of ____ and blank endorsed, marked " freight [ ] prepaid/ [ ] to collect showing freight amount" notifying [ ] the applicant/ [ ]
3. ( ) Air Waybills showing "freight [ ] prepaid/ [ ] to collect indicating freight amount" and consigned to.
4. ( ) Insurance Policy/Certificate in 3 copies for 110 % of the invoice value showing claims payable in China in currency of the draft, blank endorsed, covering ([ ] Ocean Marine Transportation / [ ] Air Transportation / [ ] Over Land Transportation) All Risks, War Risks. / [ ]
5. ( ) Packing list / Weight Memo in 3 copies indicating _____.
6. ( ) Certificate of Quantity/ Weight in 3 copies issued by [ ] manufacturer / [ ] Seller / [ ] independent surveyor at the loading port, indicating the actual surveyed quantity / weight of shipped goods as well as the packing condition.
7. ( ) Certificate of Quality in 3 copies issued by [ ] manufacturer / [ ] public recognized surveyor / [ ]
8. ( ) Beneficiary's Certified copy of fax dispatched to the applicant within 2 days after shipment advising the contract number, name of commodity, quantity, invoice value, bill of loading, bill of loading date, the ETA date and shipping Co.
9. ( ) Beneficiary's Certificate certifying that extra copies of the documents have been dispatched to the [ ] applicant/ [ ]
10. ( ) Certificate of Origin in _____ copies certifying _____.
11. ( ) Other documents, if any:

Additional instruction: (marked with X)
1. ( ) All banking charges outside the opening bank are for beneficiary's account.
2. ( ) Documents must be presented within 21 days after the date of issuance of the transport documents but within the validity of this credit.
3. ( ) Third party as shipper is not acceptable, Short Form / Blank B/l is not acceptable.
4. ( ) Both quantity and amount _____ % more or less are allowed.
5. ( ) All documents to be forwarded in one lot by express unless otherwise stated above.
6. ( ) Other terms, if any:

(三) 信用证的内容

1. 信用证的基本内容

以上述信用证（L/C No.：M51145160747856）为例，信用证的内容主要包括以下几方面。

（1）信用证本身的说明：包括信用证的类型、信用证号码和开证日期。

（2）信用证的当事人。

必须记载的当事人：申请人、受益人；

可以记载的当事人：开证行、通知行、保兑行、指定议付行、付款行、偿付行等。

（3）信用证的金额：包括币别代号、金额、加减百分率等。

（4）汇票条款：汇票的金额、到期日、出票人、付款人。

（5）运输条款：包括运输方式、装运地和目的地、最迟装运日期、可否分批装运或转运。

（6）货物条款：包括货物名称、规格、数量、包装、单价以及合约号码等。

（7）单据条款：说明要求提交的单据种类、份数、内容要求等。

基本单据包括：商业发票、运输单据和保险单；

其他单据包括：检验证书、原产地证明书、装箱单或重量单等。

（8）其他规定：对交单期的说明，银行费用的说明，对议付行寄单方式、议付背书和索偿方法的指示等。

2. SWIFT 跟单信用证 MT700 的代码解读

SWIFT 又称"环球同业银行金融电讯协会"，是国际银行同业间的国际合作组织，成立于1973年，目前全球大多数国家大多数银行已使用 SWIFT 系统。SWIFT 的使用，为银行的结算提供了安全、可靠、快捷、标准化、自动化的通信业务，从而大大提高了银行的结算速度。SWIFT 代码格式及含义如表1-1所示。

（1）M/O 为 Mandatory 与 Optional 的缩写，前者指必要项目，后者为任意项目。

（2）页次是指本证的发报次数，用分数来表示，分母分子各一位数字，分母表示发报的总次数，分子则表示这是其中的第几次，如"1/2"，其中"2"指本证总共发报2次，"1"指本次为第1次发报。

表1-1 SWIFT 信用证代码表

M/O	Tag 代码	Field Name	栏位名称
M	27	Sequence of Total	页次
M	40A	Form of Documentary Credit	跟单信用证类别
M	20	Documentary Credit Number	信用证号码
O	23	Reference to Pre - Advice	预通知的编号
O	31C	Date of Issue	开证日期
M	40E	Applicable Rules	适用的规则

续表

M/O	Tag 代码	Field Name	栏位名称
M	31D	Date and Place of Expiry	到期日及地点
O	51a	Applicant Bank	申请人的银行
M	50	Applicant	申请人
M	59	Beneficiary	受益人
M	32B	Currency Code, Amount	币别代号、金额
O	39A	Percentage Credit Amount Tolerance	信用证金额加减百分率
O	39B	Maximum Credit Amount	最高信用证金额
O	39C	Additional Amounts Covered	可附加金额
M	41a	Available With…By…	向……银行押汇，押汇方式……
O	42C	Drafts at…	汇票期限
O	42a	Drawee	付款人
O	42M	Mixed Payment Details	混合付款指示
O	42P	Deferred Payment Details	延迟付款指示
O	43P	Partial Shipments	分批装运
O	43T	Transhipment	转运
O	44A	in Charge/Dispatch from…/Place of Receipt	货物监管地/发货地/收货地点
O	44E	Port of Loading/Airport of Departure	装货港或装货机场
O	44F	Port of Discharge/Airport of Destination	目的港或到达机场
O	44B	Place of Final Destination/ For Transportation to…/Place of Delivery	最后目的地/货物运至地/交货地
O	44C	Latest Date of Shipment	最后装运日
O	44D	Shipment Period	装运期间
O	45A	Description of Goods and /or Services	货物描述及/或交易条件
O	46A	Documents Required	应提交的单据
O	47A	Additional Conditions	附加条件
O	71B	Charges	费用
O	48	Period for Presentation	提示期间
M	49	Confirmation Instructions	保兑指示
O	53a	Reimbursing Bank	清算银行
O	78	Instructions to the Paying/Accepting/Negotiating Bank	对付款/承兑/议付银行之指示
O	57a	"Advise Through" Bank	收讯银行以外的通知银行
O	72	Sender to Receiver Information	银行间的通知

（四）信用证的种类

1. 按信用证项下的汇票是否附有货运单据分

（1）跟单信用证（Documentary Credit）：是凭跟单汇票或仅凭单据付款的信用证。此处的单据指代表货物所有权的单据（如海运提单等），或证明货物已交运的单据（如铁路运单、航空运单、邮包收据等）。

（2）光票信用证（Clean Credit）：是凭不随附货运单据的光票（Clean Draft）付款的信用证。银行凭光票信用证付款，也可要求受益人附交另一非货运单据，如发票、垫款清单等。

在国际贸易的货款结算中，绝大部分使用跟单信用证。

2. 按开证行所负的责任为标准分

（1）不可撤销信用证（Irrevocable Credit）：指信用证一经开出，在有效期内，未经受益人及有关当事人的同意，开证行不能片面修改和撤销，只要受益人提供的单据符合信用证规定，开证行必须履行付款义务。

（2）可撤销信用证（Revocable Credit）：开证行不必征得受益人或有关当事人同意而有权随时撤销的信用证，应在信用证上注明可撤销字样。UCP600中明确规定信用证不可撤销。

3. 按有无另一银行加以保证兑付分

（1）保兑信用证（Confirmed L/C）：指开证行开出的信用证，由另一银行保证对符合信用证条款规定的单据履行付款义务。对信用证加以保兑的银行，称为保兑行。

（2）不保兑信用证（Unconfirmed L/C）：指开证行开出的信用证没有经另一家银行保兑。

如果信用证上没有注明，则认为是不保兑信用证。

4. 按付款时间不同分

（1）即期信用证（Sight L/C）：指开证行或付款行收到符合信用证条款的跟单汇票或装运单据后，立即履行付款义务的信用证。

（2）远期信用证（Usance L/C）：指开证行或付款行收到信用证的单据时，在规定期限内履行付款义务的信用证。

（3）假远期信用证（Usance Credit Payable at Sight）：指信用证规定受益人开立远期汇票，由付款行负责贴现，并规定一切利息和费用由开证人承担。这种信用证对受益人来讲，实际上仍属即期收款；对申请人来讲，假远期信用证又与一般远期信用证类似，如果受益人提交的单证不符，他有权拒付，而在单证相符或虽有不符点但其同意接受的情况下，申请人可先行取单提货，到期偿付开证行。

假远期信用证项下，开证行即期付款时并不是借记申请人账户，而是利用自有资金，实际是为申请人提供了一笔类似于押汇的贸易融资，开证行在远期汇票到期时向申请人收回该笔融资及相应利息。通过开立假远期信用证，受益人即期得到出口款项，申请人远期支付进口款项，各取所需，而开证行则增加了中间业务收入。

5. 按受益人对信用证的权利可否转让分

（1）可转让信用证（Transferable Credit）：指信用证的受益人（第一受益人）可以要求授权付款、承担延期付款责任、承兑或议付的银行（统称"转让行"），或当信用证是自由议付时,可以要求信用证中特别授权的转让银行,将信用证全部或部分转让给一个或数个受益人(第二受益人)使用的信用证。开证行在信用证中要明确注明"可转让",且只能转让一次。

可转让信用证通常被第一受益人作为从第二受益人出口的货物中获取差价利益的一种支付手段。第一受益人在把信用证转让给第二受益人时,对原信用证的金额、单价、投保比率、有效期、装运期及交单期限可作必要的改动。第二受益人发货后提交的出口单据必须通过转让银行,便于第一受益人换单。

(2)不可转让信用证(Non-transferable Credit):受益人不能将信用证的权利转让给他人的信用证。凡信用证中未注明"可转让",即是不可转让信用证。

(五)信用证的审核

许多不符点单据的产生乃至提交后被银行退回,大多是因为对收到的信用证事先检查不够造成的,往往使一些本来可以纠正的错误由于审核不及时没能及时加以修改。因此,一般应在收到信用证的当天对照有关的销售合同认真地按下列各条仔细检查,这样可以及早发现错误以便采取相应的补救措施。

1. 审证原则

信用证条款规定比销售合同条款严格时,应当作为信用证中存在的问题提出修改;而当信用证的规定比销售合同条款宽松时,往往可以不进行修改。

2. 审核要点

(1)审核信用证与销售合同条款是否一致。

信用证中的部分条款在销售合同中有表述,这些条款可以对照销售合同进行一一对应审核,主要包括以下内容。

①开证申请人和受益人的名称、地址;
②信用证金额、币制及金额增减幅度;
③汇票条款:付款期限、汇票的金额等;
④运输条款:对分批装运、转运、装运港和目的港的相关规定;
⑤货物描述条款:有关品名、数量、单价等。

(2)审核信用证开证日期、最迟装运日、到期日是否合理。

所谓的合理是开证日期与最迟装运日之间的期限足够工厂备完货物,到期日与最迟装运日之间的间隔不宜太短,以便出口商交货后能有足够的时间完成交单,另外信用证到期的地点一定要规定在出口商所在地,以便做到及时交单。

(3)审核单据条款中规定的文件能否提供或及时提供,主要有以下内容。

①一些需要认证的单据特别是使馆认证等能否及时办理和提供;
②由其他机构或部门出具的有关文件如出口许可证、运费收据、检验证明等能否提供或及时提供;
③信用证中指定船龄、船籍、船公司或不准在某港口转船等条款能否办到等。

(4)审核信用证中有无软条款,主要有以下内容。

①1/3 正本提单直接寄送客人的条款。如果接受此条款,将随时面临货、款两空的危险;
②将客检证作为议付文件的条款。接受此条款,受益人正常处理信用证业务的主动权很大

程度上掌握在对方手里，影响安全收汇。

（5）审核信用证中有无矛盾之处，主要有以下内容。

①在空运的运输方式下，要求提供海运提单；

②价格条款是 FOB，在提单中显示"运费预付"；

③价格条款是 FOB 或 CFR，在信用证中要求提供保险单。

（六）信用证的修改

经过对信用证的全面审核，如发现问题，应分情况及时处理。对于影响安全收汇、难以接受或做到的信用证条款，必须要求开证申请人进行修改。

1. 信用证修改的规则

（1）只有进口商（开证申请人）有权决定是否接受信用证修改。

（2）只有出口商（受益人）有权决定是否接受信用证修改。

2. 修改信用证应注意的几点

（1）凡是需要修改的内容，应做到一次性提出，避免多次修改信用证的情况。

（2）对于不可撤销信用证中任何条款的修改，都必须取得当事人的同意后才能生效。对信用证修改内容的接受或拒绝有两种表示形式：一是受益人做出接受或拒绝该信用证修改的通知；二是受益人以行动按照信用证的内容办事。

（3）收到信用证修改后，应及时检查修改内容是否符合要求，并分情况表示接受或重新提出修改。

（4）对于修改内容要么全部接受，要么全部拒绝。接受修改中的部分内容是无效的。

（5）有关信用证修改必须通过原信用证通知行方为真实、有效；通过进口商直接寄送的修改申请书或修改书复印件不是有效的修改。

（6）明确修改费用由谁承担，一般按照责任归属来确定修改费用由谁承担。

四、能力训练

（一）安吉林木饰品有限公司操作案例

安吉林木饰品有限公司 2013 年 4 月 15 日与西班牙 JEWTS 公司签订销售合同（见样单 1–7），4 月 23 日从中国银行湖州分行拿到客户通过 CAJA DE AHORROS Y M. P. DE NAVARRA 银行开来的信用证（见样单 1–8），同时客户电汇的 10% 预付款也已到账。

样单 1–7 销售合同

安吉林木饰品有限公司

ANJI LINMU DECORATION CO., LTD.

ANJI ECONOMIC DEVELOPING DISTRICT, HUZHOU CITY, ZHEJIANG, CHINA

TEL：0086 – 0572 – 5544×××　　FAX：0086 – 0572 – 5544×××

销　售　合　同

SALES CONTRACT

合约编码：
S/C NO.：　Y024562
日期：
DATE：APR. 15,2013

买方：
BUYERS：JEWTS HAMAN INC 860
地址：
ADDRESS：ADVA COSEP TARRADELLAS 00243 BARCELONA SPAIN
电传/传真：
TELEX/FAX：0034-93-4320×××

买卖双方同意按下列条款由买方购进卖方售出下列产品：
THE BUYERS AGREE TO BUY AND THE SELLERS AGREE TO SELL THE FOLLOWING GOODS ON TERMS AND CONDITIONS STATED BELOW：

（1）商品名称及规格 NAME OF COMMODITY AND SPECIFICATION	（2）数量 QUANTITY	（3）单价 UNIT PRICE	（4）金额 AMOUNT
LADIES' 96% POLYESTER 4% ELASTANE WOVEN GARMENTS DRESS		CIF BARCELONA	
ART. NO. ZC14502	8 820PCS	USD7.25/PC	USD63 945.00
ART. NO. ZC14533	8 820PCS	USD7.55/PC	USD66 591.00
（5）TOTAL	17 640PCS		USD130 536.00

（6）包装：
　　PACKING：IN CARTONS
（7）装运期：
　　TIME OF SHIPMENT：NOT LATER THAN MAY 19,2013
（8）装运口岸：
　　PORT OF SHIPMENT：SHANGHAI, CHINA
（9）目的港：
　　PORT OF DESTINATION：BARCELONA, SPAIN
　　WITH PARTIAL SHIPMENT AND TRANSSHIPMENT NOT ALLOWED.
（10）支付方式：
　　TERMS OF PAYMENT：10% OF THE AMOUNT ADVANCED PAYMENT BY T/T, THE BALANCE BY L/C AT 30 DAYS AFTER SIGHT
（11）保险：
　　INSURANCE：FPA

卖方：　　　　　　　　　　　　　　　　　　　买方：
THE SELLER：　　　　　　　　　　　　　　　THE BUYER：
ANJI LINMU DECORATION CO., LTD.　　　　JEWTS HAMAN INC 860

　　　李之浩　　　　　　　　　　　　　　　　　　ZAMEE

项目一　审核与修改信用证

样单1-8　信用证

MT S700	ISSUE OF A DOCUMENTARY CREDIT
APPLICATION HEADER	*CAJA DE AHORROS YM. P. DE NAVARRA
	*PAMPLONA
SEQUENCE OF TOTAL	*27：1/1
FORM OF DOC. CREDIT	*40A：IRREVOCABLE
DOC. CREDIT NUMBER	*20：046CDI577402456
DATE OF ISSUE	31C：130420
APPLICABLE RULES	*40E：UCP LATEST VERSION
EXPIRY	*31D：DATE 130530 PLACE AT NEGOTIATING BANK
APPLICANT	*50：JEWTS HAMAN INC 860
	ADVA COSEP TARRADELLAS
	00243 BARCELONA
	SPAIN
BENEFICIARY	*59：ANJI LINMU DECORATION CO., LTD.
	ANJI ECONOMIC DEVELOPING DISTRICT,
	HUZHOU CITY,
	ZHEJIANG CHINA
AMOUNT	*32B：CURRENCY GBP AMOUNT 130 536.00
AVAILABLE WITH/BY	*41D：ANY BANK
	BY NEGOTIATION
DRAFT AT …	42C：AT 30 DAYS AFTER SIGHT FOR 80 PERCENT OF INVOICE VALUE
DRAWEE	*42A：*CAJA DE AHORROS YM. P. DE NAVARRA
	*PAMPLONA
PARTIAL SHIPMENT	43P：NOT ALLOWED
TRANSSHIPMENT	43T：NOT ALLOWED
PORT OF LOADING	44E：NINGBO PORT, CHINA
PORT OF DISCHARGE	44F：BARCELONA PORT, SPAIN
LATEST DATE OF SHIP.	44C：130510
DESCRIPT. OF GOODS	45A：

　　　　LADIES' 96% POLYESTER 4% ELASTANE WOVEN GARMENTS DRESS
　　　　ART. NO. ZC14502　8 820PCS　　USD7.25/PC
　　　　ART. NO. ZC14533　8 820PCS　　USD7.35/PC
　　　　CIF BARCELONA

DOCUMENTS REQUIRED　　　46A：
　　　　+SIGNED AND STAMPED COMMERCIAL INVOICE IN 2 FOLDS
　　　　+SIGNED PACKING LIST IN 2 FOLDS
　　　　+FULL SET OF ORIGINAL CLEAN ON BOARD MARINE BILL OF LADING MADE OUT TO THE ORDER OF CAJA DE AHORROS YM. P. DE NAVARRA AND BLANK ENDORSED, MARKED FREIGHT PREPAID AND NOTIFY APPLICANT.
　　　　+INSURANCE POLICY OR CERTIFICATE ISSUED FOR 110 PCT OF INVOICE VALUE,

MADE OUT TO THE ORDER OF CAJA DE AHORROS YM. P. DE NAVARRA COVERING 'FPA', 'FROM WAREHOUSE TO WAREHOUSE' AND STATING 'CLAIMS, IF ANY, PAYABLE IN SPAIN', IN 1 ORIGINAL AND 1 COPY.

+ ORIGINAL CERTIFICATE OF ORIGIN (GSP) FORM A ISSUED BY CIQ.

+ BENEFICIARY'S CERTIFICATE CERTIFYING THAT 1 COMMERCIAL INVOICE, 1 PACKING LIST, 1 WEIGHT CERTIFICATE AND 1 NON NEGOTIABLE COPY OF B/L HAVE BEEN FORWARDED TO APPLICANT WITHIN 48 HOURS AFTER SHIPMENT.

ADDITIONAL COND.　　　　47A：

+ A HANDLING CHARGE OF USD 90 WILL BE DEDUCTED FROM THE PROCEEDS OF EACH SET OF DOCUMENTS WITH DISCREPANCIES.

DETAILS OF CHARGES　　71B：ALL BANKING CHARGES AND COMMISSIONS OUTSIDE ISSUING BANK INCLUDING REIMBURSEMENT CHARGES ARE FOR BENEFICIARY'S ACCOUNT.

PRESENTATION PERIOD　　48：21 DAYS AFTER SHIPMEN DATE BUT WITHIN L/C VALIDITY

CONFIRMATION　　　　＊49：WITHOUT

INSTRUCTION　　　　　78：

REIMBURSEMENT：AT MATURITY DATE AND AFTER RECEIPT OF DOCUMENTS IN STRICT COMPLIANCE WITH L/C TERMS, WE WILL CREDIT AS PER THE NEGOTIATING BANK'S INSTRUCTIONS.

DOCUMENTS TO BE SENT TO CAJA DE AHORROS Y M. P. DE NAVARRA, LETTER OF CREDIT PROCESSING AGENT, 3/F CITYPLAZA FOUR, 14 TAIKOO WAN ROAD, PAMPLONA IN ONE LOT BY COURIER MAIL.

"ADVISE THROUGH"　　　57A：BKCHCNBJ92G

　　　　　　　　　　　　＊BANK OF CHINA

　　　　　　　　　　　　＊HUZHOU

　　　　　　　　　　　　＊（HUZHOU BRANCH）

工作任务：

（1）分析销售合同内容（S/C No.：Y024562）。

（2）分析信用证条款（L/C No.：046CDI577402456）。

（3）审核与修改信用证。

（二）湖州兴业进出口有限公司操作案例

湖州兴业进出口有限公司于 2013 年 3 月 29 日与突尼斯 TUFFCO 签订销售合同（见样单 1-9），4 月 6 日从美联银行上海分行拿到客户通过 AMEM 银行开来的信用证（见样单 1-10）。请根据湖州兴业进出口有限公司与客户签订的销售合同，完成对相应信用证的审核与修改。

样单1-9 销售合同

湖州兴业进出口有限公司
HUZHOU XINGYE INDUSTRY CO., LTD.
18TH FLOOR, MEIXIN BUILDING, HUZHOU, ZHEJIANG, CHINA

NO.: 2013TU02
DATE: MAR. 29, 2013

销售确认书
SALES CONFIRMATION

THE BUYERS: TUFFCO
              3052 SFAX TUNISIA

兹买卖双方同意成交下列商品,订立条款如下:
THE UNDERSIGNED SELLERS AND BUYERS HAVE AGREED TO CLOSE THE FOLLOWING TRANSACTIONS ACCORDING TO THE TERMS AND CONDITIONS STIPULATED BELOW:

MARKS	QUANTITIES & GOODS	UNIT PRICE	AMOUNT

TU
(PRODUCT'S NAME)
QTY:
C/NO.:
	FIRE EXTINGUISHER
	1) 6KG DRY POWDER FIRE EXTINGUISHER
	    5 000PCS
	2) 9LT FOAM EXTINGUISHER COMPLETE EMPTY
	    200PCS
	3) 5KG CO_2 FIRE EXTINGUISHER
	    3 000PCS
	4) 2KG CO_2 FIRE EXTINGUISHER 500PCS
	TOTAL 8 700PCS
		CFR SFAX BY SEA
		USD18.3900/PC
		
		USD17.6500/PC
		
		USD21.0670/PC
		USD11.1770/PC
			USD91 950.00
			
			USD3 530.00
			
			USD63 201.00
			USD5 588.50
			USD164 269.50

PACKING: IN CARTONS
SHIPMENT: ON OR BEFORE JUN. 10, 2013
DELIVERY: FROM SHANGHAI TO SFAX PARTIAL SHIPMENT AND TRANSSHIPMENT ALLOWED.
INSURANCE: TO BE EFFECTED BY THE BUYERS
PAYMENT: BY 100 PCT IRREVOCABLE L/C AVAILABLE BY DRAFT AT SIGHT

BUYER SIGNATURE   SELLER SIGNATURE
  JPM   蒋一

样单1-10 信用证

MT S700   ISSUE OF A DOCUMENTARY CREDIT
SEQUENCE OF TOTAL   *27: 1/1
FORM OF DOC. CREDIT   *40A: IRREVOCABLE
DOC. CREDIT NUMBER   *20: CDI702/8053/2013
DATE OF ISSUE   31C: 130405
APPLICABLE RULES   *40E: UCP LATEST VERSION

EXPIRY	*31D:	DATE 130630 PLACE CHINA
APPLICANT BANK	51A:	AMEM BANK
		AVENUE MOHAMED V
		TUNIS, TUNISIA
APPLICANT	*50:	TUFFCO
		3052 SFAX TUNISIA
BENEFICIARY	*59:	HUZHOU XINGYE INDUSTRY CO., LTD.
		18TH FLOOR, MEIXING BUILDING, HUZHOU,
		ZHEJIANG, CHINA
AMOUNT	*32B:	CURRENCY USD AMOUNT 16 429.50
AVAILABLE WITH/BY	*41D:	WACHOVIA BANK, NA, SHANGHAI BRANCH
		BY PAYMENT
PARTIAL SHIPMENT	43P:	ALLOWED
TRANSSHIPMENT	43T:	NOT ALLOWED
PORT OF LOADING	44E:	SHANGHAI PORT
PORT OF DISCHARGE	44F:	SFAX PORT, TUNISIA
LATEST DATE OF SHIP.	44C:	130601
DESCRIPT. OF GOODS	45A:	

FIRE EXTINGUISHER CFR SFAX PORT AS PER SALES CONFIRMATION NO 2013TU20 DTD 29/03/2013

DOCUMENTS REQUIRED   46A:

+ SIGNED COMMERCIAL INVOICE IN 7 FOLDS
+ WEIGHT NOTE AND PACKING LIST IN 3 FOLDS
+ FULL SET OF ORIGINAL CLEAN ON BOARD MARINE BILL OF LADING MADE OUT TO SHIPPER'S ORDER AND BLANK ENDORSED, MARKED FREIGHT PREPAID AND NOTIFY APPLICANT QUOTING FULL NAME AND ADDRESS.
+ ORIGINAL CERTIFICATE OF ORIGIN PLUS ONE COPY ISSUED BY CIQ.
+ SHIPMENT ADVICE WITH FULL DETAILS INCLUDING SHIPPING MARKS, CARTON NUMBERS, VESSEL'S NAME, BILL OF LADING NUMBER, VALUE AND QUANTITY OF GOODS MUST BE SENT WITHIN 3 DAYS OF THE DATE OF SHIPMENT TO US.
+ INSURANCE POLICY IN THREE COPIES.
+ TECHNICAL FILE OF EXTINGUISHER.
+ BENEFICIARY SIGNED STATEMENT CERTIFYING THAT COPIES OF INVOICE, BILL OF LADING AND PACKING LIST HAVE BEEN FAXED TO APPLICANT ON FAX NO. 0082-54-8545××× WITHIN 3 DAYS OF BILL OF LADING DATE.

ADDITIONAL COND.   47A:

+ HOUSE B/L UNACCEPTED.
+ A FEE OF USD 80 IS TO BE DEDUCTED FROM EACH DRAWING FOR THE ACCOUNT OF BENEFICIARY. IF DOCUMENTS ARE PRESENTED WITH DISCREPANCY (IES).
+ ALL DOCUMENTS MUST BEAR NUMBER OF L/C.

DETAILS OF CHARGES   71B: ALL BANKING COMMISSIONS AND CHARGES INCLUDING REIMBURSEMENT COMMISSIONS OUTSIDE TUNISIA ARE FOR BENEFICIARY.

PRESENTATION PERIOD	48:	DOCUMENTS MUST BE PRESENTED FOR NEGOTIATION WITHIN 21 DAYS AFTER THE DATE OF SHIPMENT BUT WITHIN THE VALIDITY OF THE CREDIT.
CONFIRMATION	*49:	WITHOUT
INSTRUCTION	78:	

+ PLEASE REIMBURSE YOURSELVES BY PRESENTING BENEFICIARY'S DRAFT TO THE DRAWEE BANK.

+ WACHOVIA BANK SHANGHAI HOLDS SPECIAL INSTRUCTION REGARDING DOCUMENTS DISPOSAL AND REIMBURSEMENT OF THIS L/C.

"ADVISE THROUGH"　　57A: BKCHCNBJ92G
　　　　　　　　　　　　*BANK OF CHINA
　　　　　　　　　　　　*HUZHOU
　　　　　　　　　　　　*(HUZHOU BRANCH)

工作任务：

(1)分析销售合同内容(S/C No.:2013TU02)。

(2)分析信用证条款(L/C No.:CDI702/8053/2013)。

(3)审核与修改信用证。

五、岗位拓展

讨论话题：信用证修改问题。

2013年10月13日,湖州正昌贸易有限公司收到一份来自韩国客户的信用证,单证员在审核后发现存在两个不符点。

(1)信用证中LATEST DATE OF SHIPMENT:131030 而合同中最迟装运期为2013年11月10日。

(2)信用证中受益人名称、地址:HUZHOU ZHENGCHANG TRADING CO.,LTD.
　　　　　　　　　　43 HONGQI ROAD,HUZHOU,CHINA

而销售合同中名称、地址:HUZHOU ZHENGCHANG TRADING CO.,LTD.
　　　　　　　　　　42 HONGQI ROAD,HUZHOU,CHINA

即信用证打错了地址,"43"应该为"42"。

讨论引导：

(1)分组讨论,综合各方面因素权衡利弊,这个信用证是否需要修改？应考虑哪些因素？

(2)如果不修改,应该如何操作,并与哪些当事人及时进行沟通？

项目二

缮制商业发票和装箱单

一、学习目标

能力目标：能进行装箱资料的核算，能根据销售合同和信用证缮制商业发票和装箱单。
知识目标：明确商业发票和装箱单的缮制要点，了解不同种类的发票和包装单据。

二、工作任务

（一）任务描述

2013 年 3 月 22 日，单证员张洁在收到信用证修改书后，为了操作方便，依据修改书的内容对原信用证进行了整合，重新做了一份完整的信用证（见样单 2-1）。

样单 2-1　信用证

MT S700	ISSUE OF A DOCUMENTARY CREDIT
APPLICATION HEADER	* DAEGU BANK, LTD., THE
	* DAEGU
SEQUENCE OF TOTAL	*27:1/1
FORM OF DOC. CREDIT	*40A:IRREVOCABLE
DOC. CREDIT NUMBER	*20:M51145160747856
DATE OF ISSUE	31C:130305
APPLICABLE RULES	*40E:UCP LATEST VERSION
EXPIRY	*31D:DATE 130501 PLACE IN CHINA
APPLICANT	*50:MAIJER FISTRTION INC.
	3214, WALKER, NAKAGYO-KU, KYUNG-BUK,
	KOREA REP.
BENEFICIARY	*59:HUZHOU ZHENGCHANG TRADING CO., LTD.
	42 HONGQI ROAD,
	HUZHOU,
	CHINA
AMOUNT	*32B:CURRENCY USD AMOUNT 37 604.88

AVAILABLE WITH/BY	*41D:ANY BANK	
	BY NEGOTIATION	
DRAFT AT…	42C:AT SIGHT FOR 100 PERCENT OF INVOICE VALUE	
DRAWEE	*42A:*DAEGU BANK,LTD.,THE DAEGU	
PARTIAL SHIPMENT	43P:NOT ALLOWED	
TRANSSHIPMENT	43T:ALLOWED	
PORT OF LOADING	44E:SHANGHAI PORT,CHINA	
PORT OF DISCHARGE	44F:BUSAN PORT,KOREA REP.	
LATEST DATE OF SHIP.	44C:130415	
DESCRIPT. OF GOODS	45A:	

    14 408PCS RATTAN CURTAIN AS PER SALES CONFIRMATION NO. ZC130210
    USD2.61/PC CIF BUSAN

DOCUMENTS REQUIRED   46A:

+ SIGNED COMMERCIAL INVOICE IN 3 FOLDS CERTIFIED THE GOODS ARE OF CHINESE ORIGIN.
+ PACKING LIST IN 3 FOLDS
+ FULL SET OF ORIGINAL CLEAN ON BOARD MARINE BILL OF LADING MADE OUT TO SHIPPER'S ORDER AND BLANK ENDORSED,MARKED FREIGHT PREPAID AND NOTIFY APPLICANT QUOTING FULL NAME AND ADDRESS.
+ MARINE INSURANCE POLICY FOR 110PCT OF INVOICE VALUE,BLANK ENDORSED, COVERING ALL RISKS AND WAR RISKS,CLAIMS PAYABLE AT DESTINATION.
+ ORIGINAL CERTIFICATE OF ORIGIN ASIA – PACIFIC TRADE AGREEMENT PLUS ONE COPY ISSUED BY CIQ.
+ SHIPMENT ADVICE WITH FULL DETAILS INCLUDING SHIPPING MARKS,CARTON NUMBERS,VESSEL'S NAME,BILL OF LADING NUMBER,VALUE AND QUANTITY OF GOODS MUST BE SENT WITHIN 3 DAYS OF THE DATE OF SHIPMENT TO US.
+ BENEFICIARY SIGNED STATEMENT CERTIFYING THAT COPIES OF INVOICE,BILL OF LADING AND PACKING LIST HAVE BEEN FAXED TO APPLICANT ON FAX NO. 0082 – 54 – 8545×××WITHIN 3 DAYS OF BILL OF LADING DATE.

ADDITIONAL COND.   47A:

+ A FEE OF USD 80 IS TO BE DEDUCTED FROM EACH DRAWING FOR THE ACCOUNT OF BENEFICIARY. IF DOCUMENTS ARE PRESENTED WITH DISCREPANCY (IES).
+ UNLESS OTHERWISE EXPRESSLY STATE,ALL DOCUMENTS MUST BE IN ENGLISH.
+ MORE OR LESS 5 PCT OF QUANTITY OF GOODS AND CREDIT AMOUNT ARE ALLOWED.

DETAILS OF CHARGES   71B:ALL BANKING COMMISSIONS AND CHARGES INCLUDING REIMBURSEMENT COMMISSIONS OUTSIDE KOREA REP. ARE FOR BENEFICIARY ACCOUNT.

PRESENTATION PERIOD	48：DOCUMENTS MUST BE PRESENTED FOR NEGOTIATION WITHIN 21 DAYS AFTER THE DATE OF SHIPMENT BUT WITHIN THE VALIDITY OF THE CREDIT.
CONFIRMATION INSTRUCTION	*49：WITHOUT
	78：
	＋PLEASE REIMBURSE YOURSELVES BY PRESENTING BENEFICIARY'S DRAFT TO THE DRAWEE BANK.
	＋ALL DOCUMENTS MUST BE MAILED TO DAEGU BANK，LTD. BUSINESS PROCESS SUPPORT DEPT 17FL，118，SUSEONG－2－GA，SUSEONG－GU，DAEGU，706－712 KOREA REP. IN ONE LOT BY COURIER MAIL.
"ADVISE THROUGH"	57A：BKCHCNBJ92G
	＊BANK OF CHINA
	＊HUZHOU
	＊（HUZHOU BRANCH）

3月25日张洁联系公司生产部门，确认本批单子的出货信息。生产部门传来的出仓单如表2-1所示。

表2-1 出仓单

合同号	货号	品名规格	数量	装箱	纸箱尺寸（cm）	纸箱毛重/净重（kg）
ZC130210	L-2331	藤帘	14 408张	8张/箱	25×50×25	12.5/10.5

按照销售合同和信用证的要求，进行装箱资料核算，并完成商业发票和装箱单的缮制。

（二）任务分析

总体任务	根据销售合同和信用证制作商业发票和装箱单
任务分解	任务一：核算装箱资料
	任务二：缮制商业发票
	任务三：缮制装箱单

（三）操作示范

第一步：核算装箱资料。

张洁根据生产部门传过来的出货信息，先对照销售合同及信用证核算装箱资料。

(1) 出货数量：货号L-2331，14 408张，与销售合同、信用证规定数量一致，没有溢短装。

(2) 箱数核算：14 408/8＝1 801（箱）

(3) 重量核算：

　　毛重　1 801×12.5＝22 512.5（kg）

净重　1 801×10.5＝18 910.5(kg)

(4)体积核算:25×50×25×10^{-6}×1 801＝56.28(m³)

经过核算,按照以前的出货经验,本次出货正好可以装一个12.192米(40英尺)的标箱。

销售合同中没有规定本批货的唛头,为了操作方便,张洁按标准化运输标志的要求设计了唛头:

MAIJER　　　　　　　——客户简称
ZC130210　　　　　　——合同号
BUSAN　　　　　　　——目的港
C/NO.1-1801　　　　——箱数

第二步:缮制商业发票。

张洁根据销售合同、出货资料的核算结果及信用证中的商业发票条款缮制商业发票(见样单2-2)。

信用证中商业发票条款:

+SIGNED COMMERCIAL INVOICE IN 3 FOLDS CERTIFIED THE GOODS ARE OF CHINESE ORIGIN.

条款分析:信用证中商业发票要求加注证明条款"CERTIFIED THE GOODS ARE OF CHINESE ORIGIN."这一点需要在商业发票中显示出来。

样单2-2　商业发票

COMMERCIAL INVOICE

TO:　　　　　　　　　　　　　　　　INVOICE NO.:
　　　　　　　　　　　　　　　　　　INVOICE DATE:
　　　　　　　　　　　　　　　　　　S/C NO.:
　　　　　　　　　　　　　　　　　　S/C DATE:

FROM:　　　　　　　　　　　　　　TO:
LETTER OF CREDIT NO.:　　　　　　ISSUED BY:

MARKS AND NUMBERS	NUMBER AND KIND OF PACKAGE DESCRIPTION OF GOODS	QUANTITY	UNIT PRICE	AMOUNT
	TOTAL:			

SAY TOTAL:

商业发票缮制要点包括以下内容。

(1)出口商名称和地址(Exporter's Name and Address)。

一般在印制发票时,在发票正上方已经事先印妥或在发票中表明由其出具。在信用证支付方式下,本栏须填写信用证受益人名称和地址,除非信用证另有规定。

(2)发票名称(Name of Invoice)。

发票应在明显位置上表明"Invoice"(发票)或"Commercial Invoice"(商业发票)字样。

(3)发票编号(Invoice No.)。

由各公司统一编号。发票作为中心票据,其他票据的号码可与此号码相一致,如装箱单号码。

(4)发票日期(Date)。

在全套单据中,发票是签发日最早的单据。它只要不早于销售合同的签订日期,不迟于提单的签发日期即可。

(5)销售合同号及信用证号(S/C No. & L/C No.)。

销售合同号码应与信用证上列明的一致,一笔交易牵涉几个销售合同的,应在发票上表示出来。当采用信用证支付货款时,填写信用证号码。当采用其他支付方式时,此项不填。

(6)收货人/抬头人(Consignee)。

此栏前通常印有"To""Sold to Messrs""For Account and Risk of Messrs."等。抬头人即买方名称,应与信用证中所规定的严格一致。如果信用证中没有特别的规定,即将信用证的申请人或收货人的名称、地址填入此栏。

(7)启运地及目的地(From…To…)。

起讫地要填上货物自装运地(港)至目的地(港)的地名,有转运情况应予以表示。这些内容应与提单上的相关部分一致。如果货物需要转运则注明转运地。

(8)唛头(Marks and Numbers)。

发票中的唛头应与提单上的唛头相一致,如果无唛头,必须打上 N/M(No Mark);如果信用证规定唛头,可按照信用证缮制。

(9)数量及货物描述(Quantity and Description)。

信用证支付方式下的发票对货物描述应与信用证的描述完全一致。如属托收方式的,发票对货物的描述内容可参照销售合同的规定结合实际情况进行填制。

应当注意的是,商品名称必须按信用证原词填列,不得使用统称,除非信用证另有规定。如果信用证中的商品名称以英语以外的第三国语言表示,则发票(包括其他单据)也应按信用证规定的第三国语言表示。如果货物有各种不同规格,或各规格价格不同,则各种规格的数量、重量应分别列出。重量要与运输单据一致,规格要与信用证一致,货物的包装情况既要与实货相符,又要与信用证相符。

(10)单价(Unit Price)。

单价包括计价货币、计价单位、单位价格金额和贸易术语四部分,如信用证有具体规定,则应与信用证一致。

(11) 总值(Amount)。

除非信用证上另有规定,否则货物总值不能超过信用证金额。

实际制单时,信用证要求在发票中扣除佣金,则必须扣除。折扣与佣金的处理方法相同。

有时,信用证要求在成交价格为 CIF 时,分别列出运费、保险费,并显示 FOB 的价格,制单时则需要分别列出。

(12) 声明文句及其他内容(Declaration and Other Contents)。

信用证要求在发票内特别加列船名、原产地、进口许可证号码等声明文句,制单时必须一一详列。常用的声明字句有:证明所到货物与合同或订单所列货物相符;We hereby certify that the goods named have been supplied in conformity with Order No. ×××。

(13) 出单人签名或盖章及其他(Signature and Others)。

发票一般都由出口商签章,在信用证项下其名称必须与信用证的受益人名称一致。虽然 UCP600 第十八条规定,发票无须签字。但是,若信用证规定"Signed invoice"等类似词语,则发票必须签章,如规定"Manually signed…"还必须由发票授权人手签。

第三步:缮制装箱单。

张洁根据核算出来的装箱信息、商业发票及信用证中装箱单条款来缮制装箱单(见样单2-3)。

信用证中装箱单条款:

+ PACKING LIST IN 3 FOLDS

样单2-3 装箱单

PACKING LIST

TO:

FROM:

LETTER OF CREDIT NO.:

INVOICE NO.:

INVOICE DATE:

S/C NO.:

TO:

MARKS AND NUMBERS	DESCRIPTION OF GOODS	QUANTITY	PACKAGE	G.W.	N.W.	MEAS.

TOTAL:

SAY TOTAL:

装箱单缮制要点包括以下内容。

(1)单据名称(Name of Documents)。

应按照信用证规定缮制单据名称。通常用"Packing List""Packing Specification""Detailed Packing List"等。如果信用证要求用中性包装单(Neutral Packing List),则包装单名称打"Packing List",且包装单内不打卖方名称,不能签章。

(2)单据号码(No.)。

单据号码与发票号码一致。

(3)销售合同号或销售确认书号(S/C No.)。

填写本批货物的合同号或者销售确认书的号码。

(4)唛头(Shipping Mark)。

唛头应与发票一致,有时注实际唛头,有时也可以只注"as Per Invoice No. ×××"。

(5)箱号(Case No.)。

箱号又称包装件号码。在单位包装货量或品种不固定的情况下,需注明每个包装件内的包装情况,因此包装件应编号。有的信用证要求此处注明"Case No. 1—UP",UP是指总箱数。

(6)货描(Description of Goods;Specification)。

货描要求与发票一致。货名如有总称,应先注总称,然后逐项列明详细货名、规格、品种。

(7)数量(Quantity)。

应注明此箱内每件货物的包装件数。

(8)毛重(Gross Weight)。

注明每个包装件的毛重和此包装件内不同规格、品种、花色货物各自的总毛重,最后在合计栏处注总货量。信用证或合同中如果没有要求,也可以只写总毛重。但是像"Detailed Packing List",则此处应逐项列明。

(9)净重(Net Weight)。

注明每个包装件的总净重和此包装件内不同规格、品种、花色货物各自的总净重,最后在合计栏处注总货量。信用证或合同中如果没有要求,也可以只写总净重。如为"Detailed Packing List",则此处应逐项列明。

(10)尺码(Measurement)。

注明每个包装件的尺码和总尺码。

(11)出票人签章(Signature)。

出票人签章应与发票相同,若信用证规定"Signed packing list"等类似词语,则装箱单必须签章;如规定"Manually signed…"还必须由装箱单授权人手签;如信用证规定包装单为"Neutral packing list",则在包装单内不应出现买卖双方的名称,不能签章。

(四)任务解决

完成商业发票(见样单2-4)和装箱单(见样单2-5)后,张洁就联系业务员,确认本批货物可以备妥的时间。在确定3月31日前生产部门能完成备货后,张洁开始准备托运资料,向货代公司订舱。

样单 2-4 商业发票

湖州正昌贸易有限公司
HUZHOU ZHENGCHANG TRADING CO., LTD.
42 HONGQI ROAD, HUZHOU, CHINA
TEL:0086-0572-2365×××　　FAX:0086-0572-2365×××

COMMERCIAL INVOICE

TO: MAIJER FISTRTION INC.　　　　　　　INVOICE NO.: ZC13311
3214, WALKER, NAKAGYO-KU, KYUNG-　　INVOICE DATE: MAR. 25, 2013
BUK, KOREA REP.　　　　　　　　　　　　S/C NO.: ZC130210
FROM: SHANGHAI, CHINA　　　　　　　　　TO: BUSAN PORT, KOREA REP.
LETTER OF CREDIT NO.: M51145160747856　ISSUED BY: DAEGU BANK, LTD., THE DAEGU

MARKS AND NUMBERS	DESCRIPTION OF GOODS	QUANTITY	UNIT PRICE	AMOUNT
MAIJER ZC130210 BUSAN C/NO. 1-1801	ART. NO.: L-2331 RATTAN CURTAIN AS PER SALES CONFIRMATION NO. ZC130210	14 408PCS	CIF BUSAN USD2.61/PC	USD37 604.88

SAY TOTAL: SAY U.S. DOLLARS THIRTY-SEVEN THOUSAND SIX HUNDRED AND FOUR AND POINT EIGHTY EIGHT
WE HEREBY CERTIFIED THE GOODS ARE OF CHINESE ORIGIN.

湖州正昌贸易有限公司
HUZHOU ZHENGCHANG TRADING CO., LTD.
陈强

样单 2-5 装箱单

湖州正昌贸易有限公司
HUZHOU ZHENGCHANG TRADING CO., LTD.
42 HONGQI ROAD, HUZHOU, CHINA
TEL:0086-0572-2365×××　　FAX:0086-0572-2365×××

PACKING LIST

TO: MAIJER FISTRTION INC.　　　　　　　INVOICE NO.: ZC13311
3214, WALKER, NAKAGYO-KU, KYUNG-　　INVOICE DATE: MAR. 25, 2013
BUK, KOREA REP.　　　　　　　　　　　　S/C NO.: ZC130210
FROM: SHANGHAI, CHINA　　　　　　　　　TO: BUSAN PORT, KOREA REP.
LETTER OF CREDIT NO.: M51145160747856

MARKS AND NUMBERS	DESCRIPTION OF GOODS	QUANTITY	PACKAGE	G. W.	N. W.	MEAS.
MAIJER ZC130210 BUSAN C/NO. 1 – 1801	ART. NO:L – 2331 RATTAN CURTAIN AS PER SALES CONFIRMATION NO. ZC130210	14 408PCS	1 801CTNS	22 512.5KGS	18 910.5KGS	56.28CBM
	TOTAL	14 408PCS	1 801CTNS	22 512.5KGS	18 910.5KGS	56.28CBM

SAY TOTAL:SAY ONE THOUSAND EIGHT HUNDRED AND ONE CARTONS ONLY.

湖州正昌贸易有限公司
HUZHOU ZHENGCHANG TRADING CO.,LTD.
陈强

三、知识链接

(一)商业发票

1. 商业发票的定义

商业发票(Commercial Invoice)是出口商向进口商开列的发货价目清单,是买卖双方记账的依据,也是进出口报关交税的总说明。商业发票是一笔业务的全面反映,内容包括商品的名称、规格、价格、数量、金额、包装等,同时也是进口商办理进口报关不可缺少的文件,因此商业发票是全套出口单据的核心,在单据制作过程中,其余单据均需参照商业发票缮制。

2. 商业发票的作用

(1)可供进口商了解和掌握装运货物的全面情况。

发票是一笔交易的全面叙述,详细列明了该装运货物的名称、商品规格、装运数量、价格条款、商品总值等信息,帮进口商识别该批货物属于哪一批订单项。进口商可以依据出口商提供的发票,核对签订销售合同的项目,了解和掌握合同的履约情况,并进行验收。

(2)作为进口商记账、进口报关、海关统计和报关纳税的依据。

发票是销售货物的凭证,对进口商来说,需要根据发票逐笔登记记账,按时结算货款。同时进口商在清关时需要向当地海关当局递交出口商发票,是海关核算税金、验关放行和统计的凭证之一。

(3)作为出口商记账、出口报关、海关统计和报关纳税的依据。

出口商凭发票的内容,逐笔登记入账。在货物装运前,出口商需要向海关递交商业发票,作为报关发票,是海关核算税金,验关放行和统计的凭证之一。

(4)在不用汇票的情况下,发票可以代替汇票作为付款依据。

在即期付款不出具汇票的情况下,发票可作为买方支付货款的根据,替代汇票进行核算。

3. 其他种类的发票

外贸单证中除常用的商业发票外,还包括一些其他种类的发票,主要有海关发票、领事发票、形式发票等。

（1）银行发票（Banker's Invoice），是指出口商为办理议付和结汇，以适应议付行和开证行需要而提供的发票。

（2）海关发票（Customs Invoice），是指某些国家规定在进口货物时，必须提供其海关规定的一种固定格式和内容的发票。

（3）领事发票（Consular Invoice），又称签证发票，是指按某些国家法令规定，出口商对进口国输入货物时必须取得进口国在出口国或其邻近地区的领事签证的、作为装运单据一部分和货物进口报关的前提条件之一的特殊发票。

（4）形式发票（Proforma Invoice），也称预开发票或估价发票，是指进口商为了向其本国当局申请进口许可证或请求核批外汇，在未成交之前，要求出口商将拟出售成交的商品名称、单价、规格等条件开立的一份参考性发票。

（二）包装单据

包装单据（Packing Documents），是指一切记载或描述商品包装情况的单据，是商业发票内容的补充，通过对商品的包装件数、规格、唛头、重量等项目的填制，明确阐明商品的包装情况，便于买方对进口商品包装及数量、重量等的了解和掌握，也便于国外买方在货物到达目的港时，供海关检查和核对货物。有些商品不需要包装，如谷物、矿砂、煤炭等，称之为"散装货物"（Packed in Bulk）。大多数商品必须加以适当的包装后才能装运出口，以保护该商品的安全。

1. 主要包装单据种类

包装单据主要包括装箱单、重量单、尺码单等，根据客户的要求和产品的特性，可以使用不同形式、不同种类的包装单据。

（1）装箱单（Packing List/Packing Slip）。

装箱单又称包装单，重点说明每件商品包装的详细情况，表明货物名称、规格、数量、唛头、箱号、件数和重量，以及包装情况，尤其对不定量包装的商品要逐件列出每件包装的详细情况。对定量箱装，每件商品都是统一重量的情况，则只需说明总件数多少，每箱多少重量，合计重量多少。如果信用证条款要求提供详细的包装单，则必须提供可能详细的装箱内容，描述每件包装的细节，包括商品的货号、色号、尺寸搭配、毛净重及包装的尺寸等内容。

（2）重量单（Weight List/Weight Note）。

重量单是按照装货重量成交的货物，应尽量详细地标明商品每箱毛重、净重及总重量的情况，供买方安排运输、存仓时参考。重量单一般起码要具备编号及日期、商品名称、唛头、毛重、净重、皮重、总件数等内容。

（3）尺码单（Measurement List）。

尺码单偏重于说明货物每件的尺码和总尺码，即在装箱单内容的基础上再重点说明每件不同规格包装的尺码和总尺码。如果货物尺码不统一的应详细列明每件的尺码。

其他还有花色搭配单（Assortment List）、包装说明（Packing Specification）、详细装箱单（Detailed Packing List）、包装提要（Packing Summary）、重量证书（Weight Certificate/Certificate of Weight）、磅码单（Weight Memo）等。

2. 包装单据缮制注意事项

（1）有的出口商将两种单据的名称印在一起，当来证仅要求出具其中一种时，应将另外一种单据的名称删去。单据的名称，必须与来证要求相符。例如，信用证规定为"Weight Memo"，则单据名称不能用"Weight List"。

（2）如提供两种单据的，两种单据的各项内容应与发票和其他单据的内容一致。例如，装箱单上的总件数和重量单上的总重量，应与发票、提单上的总件数或总数量相一致。

（3）包装单所列的情况，应与货物的包装内容完全相符。例如，货物用纸箱装，每箱200盒，每盒4打。

（4）如信用证要求提供"中性包装清单"（Neutral Packing List）时，应由第三方填制，不要注明受益人的名称。这是由于进口商在转让单据时，不愿将原始出口商暴露给其买主，故才要求出口商出具中性单据。例如，信用证要求用"空白纸张"（Plain Paper）填制时，在单据内一般不要表现出受益人及开证行名称，也不要加盖任何签章。

四、能力训练

（一）安吉林木饰品有限公司操作案例

接"项目一 审核与修改信用证"能力训练部分中安吉林木饰品有限公司操作案例，安吉林木饰品有限公司的单证员在审核出信用证中的不符点后，通过业务员把不符点告知买方进行修改。4月27日，中国银行湖州分行接到开证行发过来的信用证修改书，安吉林木饰品有限公司的单证员把信用证内容进行了重新整合，方便以后操作。单证员按照合同（见样单1-7）和修改后的信用证（见样单2-6）内容缮制商业发票和装箱单。

样单2-6 信用证

MT S700	ISSUE OF A DOCUMENTARY CREDIT
APPLICATION HEADER	*CAJA DE AHORROS YM. P. DE NAVARRA
	*PAMPLONA
SEQUENCE OF TOTAL	*27:1/1
FORM OF DOC. CREDIT	*40A:IRREVOCABLE
DOC. CREDIT NUMBER	*20:046CDI577402456
DATE OF ISSUE	31C:130420
APPLICABLE RULES	*40E:UCP LATEST VERSION
EXPIRY	*31D:DATE 130530 PLACE AT NEGOTIATING BANK
APPLICANT	*50:JEWTS HAMAN INC 860
	ADVA COSEP TARRADELLAS
	00243 BARCELONA
	SPAIN
BENEFICIARY	*59:ANJI LINMU DECORATION CO.,LTD.
	ANJI ECINOMIC DEVELOPING DISTRICT,

	HUZHOU CITY,
	ZHEJIANG CHINA
AMOUNT	*32B:CURRENCY USD AMOUNT 130 536.00
AVAILABLE WITH/BY	*41D:ANY BANK
	BY NEGOTIATION
DRAFT AT …	42C:AT 30 DAYS AFTER SIGHT FOR 90 PERCENT OF INVOICE VALUE
DRAWEE	*42A:*CAJA DE AHORROS YM. P. DE NAVARRA
	*PAMPLONA
PARTIAL SHIPMENT	43P:NOT ALLOWED
TRANSSHIPMENT	43T:NOT ALLOWED
PORT OF LOADING	44E:SHNAGHAI PORT,CHINA
PORT OF DISCHARGE	44F:BARCELONA PORT,SPAIN
LATEST DATE OF SHIP.	44C:130519
DESCRIPT. OF GOODS	45A:

LADIES' 96% POLYESTER 4% ELASTANE WOVEN GARMENTS DRESS

ART. NO. ZC14502 8820PCS USD7.25/PC

ART. NO. ZC14533 8820PCS USD7.55/PC

CIF BARCELONA PORT,

DOCUMENTS REQUIRED 46A:

+ SIGNED AND STAMPED COMMERCIAL INVOICE IN 2 FOLDS

+ SIGNED PACKING LIST IN 2 FOLDS

+ FULL SET OF ORIGINAL CLEAN ON BOARD MARINE BILL OF LADING MADE OUT TO THE ORDER OF CAJA DE AHORROS YM. P. DE NAVARRA AND BLANK ENDORSED,MARKED FREIGHT PREPAID AND NOTIFY APPLICANT.

+ INSURANCE POLICY OR CERTIFICATE ISSUED FOR 110 PCT OF INVOICE VALUE, MADE OUT TO THE ORDER OF CAJA DE AHORROS YM. P. DE NAVARRA COVERING 'FPA','FROM WAREHOUSE TO WAREHOUSE' AND STATING 'CLAIMS,IF ANY,PAYABLE IN SPAIN',IN 1 ORIGINAL AND 1 COPY.

+ ORIGINAL CERTIFICATE OF ORIGIN(GSP)FORM A ISSUED BY CIQ.

+ BENEFICIARY'S CERTIFICATE CERTIFYING THAT 1 COMMERCIAL INVOICE, 1 PACKING LIST,1 WEIGHT CERTIFICATE AND 1 NON NEGOTIABLE COPY OF B/L HAVE BEEN FORWARDED TO APPLICANT WITHIN 48 HOURS AFTER SHIPMENT.

ADDITIONAL COND. 47A:

+ A HANDLING CHARGE OF USD 90 WILL BE DEDUCTED FROM THE PROCEEDS OF EACH SET OF DOCUMENTS WITH DISCREPANCIES.

DETAILS OF CHARGES 71B: ALL BANKING CHARGES AND COMMISSIONS OUTSIDE ISSUING BANK INCLUDING REIMBURSEMENT CHARGES ARE FOR BENEFICIARY'S ACCOUNT.

PRESENTATION PERIOD 48:21 DAYS AFTER SHIPMEN DATE BUT WITHIN L/C VALIDITY

CONFIRMATION *49:WITHOUT

INSTRUCTION 78:

REIMBURSEMENT:AT MATURITY DATE AND AFTER RECEIPT OF DOCUMENTS IN

STRICT COMPLIANCE WITH L/C TERMS,WE WILL CREDIT AS PER THE NEGOTIATING BANK'S INSTRUCTIONS.
DOCUMENTS TO BE SENT TO CAJA DE AHORROS Y M. P. DE NAVARRA, LETTER OF CREDIT PROCESSING AGENT, 3/F CITYPLAZA FOUR, 14 TAIKOO WAN ROAD, PAMPLONA IN ONE LOT BY COURIER MAIL.
"ADVISE THROUGH"　　　57A:BKCHCNBJ92G
　　　　　　　　　　　＊BANK OF CHINA
　　　　　　　　　　　＊HUZHOU
　　　　　　　　　　　＊(HUZHOU BRANCH)

5月1日,安吉林木饰品有限公司的单证员从公司业务员处拿到了本批货物的出货信息,开始缮制商业发票和装箱单。生产部门传来的出仓单如表2-2所示。

表2-2　出仓单

合同号	货号	品名规格	数量	装箱	纸箱尺寸(cm)	毛重/净重(每箱kg)
Y024562	ZC14502	96%涤4%弹力女连衣裙	8 820件	42件/箱	50×50×25	14.5/12.5
	ZC14533		8 820件	42件/箱	50×50×25	14.5/12.5

补充资料:
Invoice No.:LM2013001;
Marks:N/M。
工作任务:
(1)装箱资料的核算。
(2)商业发票、装箱单的缮制。

(二)湖州兴业进出口有限公司操作案例

接"项目一　审核与修改信用证"能力训练部分中湖州兴业进出口有限公司操作案例,2013年4月25日,湖州兴业进出口公司的单证员拿到信用证修改书,对照原信用证进行了整合。5月15日单证员拿到生产部门的出货箱单,如表2-3所示。他先进行装箱资料的核算,然后根据销售合同(见样单1-9)和信用证(见样单2-7)的内容缮制商业发票、装箱单。

表2-3　工厂箱单

品　名 (Article)	数量 (PCS)	数量/箱 (PCS/CTN)	箱数 (CTNS)	毛重/箱 (kg)	净重/箱 (kg)	纸箱规格 (cm)
6kg 干粉灭火器	5 000	10	500	@22	@20	40×30×30
9L 泡沫灭火器	200	10	20	@22	@20	40×30×30
5kg CO_2 灭火器	3 000	10	300	@22	@20	40×30×30
2kg CO_2 灭火器	500	10	50	@22	@20	40×30×30

样单2-7 信用证

MT S700	ISSUE OF A DOCUMENTARY CREDIT
SEQUENCE OF TOTAL	*27:1/1
FORM OF DOC. CREDIT	*40A:IRREVOCABLE
DOC. CREDIT NUMBER	*20:CDI702/8044/2013
DATE OF ISSUE	31C:130405
APPLICABLE RULES	*40E:UCP LATEST VERSION
EXPIRY	*31D:DATE 130630 PLACE CHINA
APPLICANT BANK	51A:AMEM BANK
	AVENUE MOHAMED V
	TUNIS,TUNISIA
APPLICANT	*50:TUFFCO
	3052 SFAX TUNISIE
BENEFICIARY	*59:HUZHOU XINGYE INDUSTRY CO.,LTD.
	18TH FLOOR,MEIXIN BUILDING,HUZHOU,
	ZHEJIANG,CHINA
AMOUNT	*32B:CURRENCY USD AMOUNT 164 269.50
AVAILABLE WITH/BY	*41D:WACHOVIA BANK,NA,SHANGHAI BRANCH
	BY PAYMENT
PARTIAL SHIPMENT	43P:ALLOWED
TRANSSHIPMENT	43T:ALLOWED
PORT OF LOADING	44E:SHANGHAI PORT
PORT OF DISCHARGE	44F:SFAX PORT,TUNISIA
LATEST DATE OF SHIP.	44C:130610
DESCRIPT. OF GOODS	45A:

FIRE EXTINGUISHER CFR SFAX PORT AS PER PROFORMA INVOICE NO 2013TU02 DTD 29/03/2013

DOCUMENTS REQUIRED   46A:

+ SIGNED COMMERCIAL INVOICE IN 7 FOLDS
+ WEIGHT NOTE AND PACKING LIST IN 3 FOLDS
+ FULL SET OF ORIGINAL CLEAN ON BOARD MARINE BILL OF LADING MADE OUT TO SHIPPER'S ORDER AND BLANK ENDORSED,MARKED FREIGHT PREPAID AND NOTIFY APPLICANT QUOTING FULL NAME AND ADDRESS.
+ ORIGINAL CERTIFICATE OF ORIGIN PLUS ONE COPY ISSUED BY CIQ.
+ SHIPMENT ADVICE WITH FULL DETAILS INCLUDING SHIPPING MARKS,CARTON NUMBERS,VESSEL'S NAME,BILL OF LADING NUMBER,VALUE AND QUANTITY OF GOODS MUST BE S ENT WITHIN 3 DAYS OF THE DATE OF SHIPMENT TO US.
+ BENEFICIARY SIGNED STATEMENT CERTIFYING THAT COPIES OF INVOICE,BILL OF LADING AND PACKING LIST HAVE BEEN FAXED TO APPLICANT ON FAX NO.0082-54-8545××× WITHIN 3 DAYS OF BILL OF LADING DATE.
+ SHIPPING ADVICE WITH FULL DETAIL INCLUING SHIPPING MARKS, CARTON

	NUMBERS, VESSEL'S NAME, BILL OF LADING NUMBER, VALUE AND QUANTITY OF GOODS MUST BE SENT ON THE DATE OF SHIPMENT TO US.
ADDITIONAL COND.	47A:
	+ HOUSE B/L UNACCEPTED.
	+ A FEE OF USD 80 IS TO BE DEDUCTED FROM EACH DRAWING FOR THE ACCOUNT OF BENEFICIARY. IF DOCUMENTS ARE PRESENTED WITH DISCREPANCY(IES).
	+ ALL DOCUMENTS MUST BEAR NUMBER OF L/C.
DETAILS OF CHARGES	71B: ALL BANKING COMMISSIONS AND CHARGES INCLUDING REIMBURSEMENT COMMISSIONS OUTSIDE TUNISIA ARE FOR BENEFICIARY'S ACCOUNT.
PRESENTATION PERIOD	48: DOCUMENTS MUST BE PRESENTED FOR NEGOTIATION WITHIN 21 DAYS AFTER THE DATE OF SHIPMENT BUT WITHIN THE VALIDITY OF THE CREDIT.
CONFIRMATION INSTRUCTION	*49: WITHOUT
	78:
	+ PLEASE REIMBURSE YOURSELVES BY PRESENTING BENEFICIARY'S DRAFT TO THE DRAWEE BANK.
	+ WACHOVIA BANK SHANGHAI HOLDS SPECIAL INSTRUCTION REGARDING DOCUMENTS DISPOSAL AND REIMBURSEMENT OF THIS L/C.
"ADVISE THROUGH"	57A: BKCHCNBJ92G
	*BANK OF CHINA
	*HUZHOU
	*(HUZHOU BRANCH)

补充资料:

发票号码:13BY411;

发票日期:2013年5月15日。

工作任务:

(1)装箱资料的核算。

(2)商业发票、装箱单的缮制。

五、岗位拓展

讨论话题:商业发票认证问题。

2013年12月5日,湖州正昌贸易有限公司收到一份来自埃及客户的信用证,其中关于商业发票的单据条款如下:

+ BENEFICIAY'S SIGNED COMMERCIAL INVOICE IN 3 ORIGINALS AND 3 COPIED BASED ON QSG(QUALITY SERVICE GROUP) CERTIFICATE OF QUALITY AND WEIGHT AND ONE ORIGINAL TO BE LEGALIZED BY THE EGYPTIAN EMBASSY AND THE CHAMBER OF COMMERCE IN THE COUNTRY OF ORIGIN.

讨论引导：

（1）对于这样的商业发票条款，利用网络查询，分析条款的含义并了解出口到埃及的货物制单的特殊要求。

（2）分组讨论，给出结论报告，这个"BASED ON QSG"是我们的发票上要这个机构认证，还是在检测了质量和重量的基础上再出具发票？

（3）根据结论报告设计具体操作流程。

项目三
办理出口货物托运

一、学习目标

能力目标：能缮制托运委托书，办理出口托运手续。
知识目标：明确托运委托书的缮制要点，了解出口托运的流程。

二、工作任务

(一)任务描述

2013年3月27日，单证员张洁在完成商业发票(见样单2-4)和装箱单(见样单2-5)的缮制后，考虑生产部门的备货时间以及信用证中4月15日的最迟装运期，打算预订4月5日左右去韩国釜山的船。

这笔业务中韩国客户没有指定船公司，对船只也没有具体要求，因而张洁就向与公司一直业务往来的湖州中远国际货运有限公司询问配舱事宜，在确定4月6日的具体船期后缮制订舱委托书，办理托运手续。

(二)任务分析

总体任务	制作托运委托书并办理托运手续
任务分解	任务一:确认托运细节
	任务二:缮制托运委托书
	任务三:办理托运手续

(三)操作示范

第一步：确认托运细节。

根据销售合同及信用证中的要求以及前面核算出来的装箱资料，确认托运细节。

1. 确认托运委托书中"发货人""收货人""通知人"三个当事人

在信用证下要做到单证一致、单单一致，托运委托书是以后制作提单的依据，因此在缮制托运委托书时要参照信用证中的提单条款：

+ FULL SET OF ORIGINAL CLEAN ON BOARD MARINE BILL OF LADING MADE OUT TO SHIPPER'S ORDER AND BLANK ENDORSED, MARKED FREIGHT PREPAID AND NOTIFY APPLICANT QUOTING FULL NAME AND ADDRESS.

发货人(Shipper)：一般为出口商，本案例中填写销售合同卖方的名称和地址。

收货人(Consignee)：也称提单的抬头，分为记名抬头、指示性抬头和不记名抬头。记名抬头要具体指明收货人，如提单条款中抬头规定"Consigned to ABC Company"，则收货人一栏填写"ABC Company"，此提单不能背书转让，且只能由 ABC 公司提货，对卖方而言风险很大。指示性抬头是实务中使用最多的，分为空白抬头（"To Order"）和记名指示性抬头（"To Order of ×××"），可以背书转让。不记名抬头，收货人一栏空着不填或填"To Bearer"，提单无须背书即可转让，风险很大，因而在实务中很少使用。本案例中收货人为：TO SHIPPER'S ORDER。

通知人(Notify Party)：填写信用证规定的提单通知人的名称和地址，通知人没有提货的权利，仅供船方作到货通知用。本案例填写开证申请人(APPLICANT)。

2. 确认运费到付/预付、港口、唛头等

运费：预付(FREIGHT PREPAID)

港口：装运港上海，目的港釜山

唛头：MAIJER
　　　　ZC130210
　　　　BUSAN
　　　　C/NO. 1 – 1801

3. 确认门点装柜或做内装箱、整柜/拼箱

与生产部门沟通后，确认门点装柜，大致装柜时间为4月4日。

本批货物整柜：1×40'

第二步：缮制托运委托书。

张洁根据确认的订舱细节及商业发票、装箱单缮制托运委托书(见样单 3 – 1)。

样单 3 – 1　托运委托书

Shipper(托运人)：
Consignee(收货人)：
Notify Party(通知人)：

续表

信用证号码：			合同号码：		
启运港：			目的港：		
装运时间：			运输方式：		
箱型数量：			运费：		
唛头	品名	件数	毛重（KGS）		体积（CBM）
装箱时间、地点、联系方式 装箱地址： 装箱时间：			操作： 电话： 传真：		

托运委托书的缮制要点有以下内容。

(1)托运人(Shipper)。

托运人也称发货人，一般填写出口商的名称和地址、联系电话或传真号。

(2)收货人(Consignee)。

按合同或信用证中对提单收货人的规定填写。

在信用证支付条件下，对收货人的规定通常有以下两种表示方法。

①记名收货人：直接写明收货人名称，一般是销售合同的买方；

②指示性收货人：在收货人栏内有指示(Order)字样的，一般分为记名指示(To Order of ×××)和不记名指示(To Order)两种。

(3)通知人(Notify Party)。

通知人也称被通知人，填写信用证中规定的提单通知人的名称和地址。通知人的职责是及时接收船方发出的到货通知并将该通知转告真实的收货人，通知人不具备提货的权利。

(4)信用证号码(L/C No.)。

填写相关交易的信用证号码。

(5)合同号码(S/C No.)。

填写相关交易的销售合同号码。

(6)启运港(Port of Loading)。

填写合同或信用证规定的启运地。如果信用证未规定具体的启运港口，则填写实际装运港名称。

(7)目的港(Port of Discharge)。

填写合同或信用证规定的目的地。如果信用证未规定目的港口，则填写实际卸货港名称。

(8)装运时间(Time of Shipment)。

填写预计的装运时间，不能超过销售合同或信用证规定的最迟装运期限。

(9)运费(Freight)。

根据信用证提单条款的规定填写"FREIGHT PREPAID"（运费预付）或"FREIGHT TO COL-

LECT"(运费到付)。非信用证支付方式下,可根据成交的贸易术语确定运费预付或运费到付。

(10)唛头(Marks)。

按实际填写货物的装运标志。

(11)品名(Name of Commodity)。

可只填写货物的统称,但不可与合同或信用证的描述相矛盾。

(12)件数(Packages)。

填写货物总的包装数。

(13)毛重(Gross Weight)。

填写货物总的毛重。

(14)尺码(Measurement)。

填写货物总的体积。

第三步:办理托运手续。

张洁把缮制好的托运委托书(见样单3-2)传给湖州中远国际货运有限公司的小陈,办理托运手续。

样单3-2 托运委托书

Shipper(托运人): HUZHOU ZHENGCHANG TRADING CO.,LTD. 42 HONGQI ROAD,HUZHOU,CHINA				
Consignee(收货人): TO SHIPPER'S ORDER				
Notify Party(通知人): MAIJER FISTRTION INC. 3214,WALKER,NAKAGYO - KU,KYUNG - BUK,KOREA REP.				
信用证号码:M51145160747856		合同号码:ZC130210		
启运港:SHANGHAI		目的港:BUSAN PORT,KOREA REP.		
装运时间:APR.4,2013		运输方式:BY SEA		
箱型数量:1×40'		运费:FREIGHT PREPAID		
唛头	品名	件数(CTNS)	毛重(KGS)	体积(CBM)
MAIJER ZC130210 BUSAN C/NO.1 - 1801	RATTAN CURTAIN	1 801	22 512.5	56.28
装箱时间、地点、联系方式 装箱地址: 湖州正昌贸易有限公司 湖州市红旗路42号 装箱时间: 2013年4月4日			操作: 张洁 电话: 0572 - 2365××× 传真: 0572 - 2365×××	

(四)任务解决

4月1日,湖州中远国际货运有限公司确认订舱后,传做箱通知(见样单3-3)给湖州正昌贸易有限公司确认。

样单3-3 做箱通知

做 箱 通 知

TO:湖州正昌/张小姐

船名/航次:GOLDEN COMPANION 907N
提单号:COSG55896212
目的港:BUSAN PORT,KOREA REP.
装箱地址:湖州市红旗路42号
箱型:1×40′FCL

装箱时间:2013年4月4日上午9点
预计开船日:2013年4月6日

注:预配数据为1 801CTNS,22 512.5KGS,56.28CBM。
请确认核对数据,如无误请签OK传回我司,谢谢配合!

FROM:湖州中远/小陈
2013年4月1日

张洁确认各项信息无误,签"OK"后回传给湖州中远国际货运有限公司。至此,出口托运工作完成。

三、知识链接

(一)海运托运

1. 海运托运委托书的定义

海运托运委托书是出口商(发货人/托运人)在报关前向船公司或其代理人申请租船订舱的单据,也是船公司缮制提单的主要背景资料及依据。

出口商一般通过货代公司向船公司订舱,因而在办理出口托运时向货代公司提供托运委托书,再由货代公司缮制出口托运单向船公司订舱。出口托运单是以托运委托书的内容为依据缮制,内容基本相同,只是格式上有所区别。

2. 出口商海运托运的流程

(1)出口商在货、证齐备后,填制托运委托书,可随附商业发票,装箱单等其他必要单据,委托货代公司代为订舱。有时出口商还可以委托其代理报关及货物储运等事宜。

（2）货代公司接受订舱委托后，缮制集装箱货物托运单（见样单3-4），随同商业发票、装箱单等其他必要单证一同向船公司办理订舱。

（3）船公司根据具体情况，如接受订舱则在托运单的几联单据上编上与提单（Bill of Lading，B/L）号码一致的编号，填上船名、航次，并签署，即表示已确认托运人的订舱，同时把配舱回单、装货单（Shipping Order，S/O）等与托运人有关的单据退还给货代公司。

（4）货代公司根据配舱回单、装货单上的相关信息，给发货人发进仓通知书或做箱通知。

（5）发货人按照进仓通知书或做箱通知上的要求备货及准备报关单证。

样单3-4 集装箱货物托运单

Shipper（发货人）						
Consignee（收货人）			D/R No.（编号）集装箱货物托运单			
Notify Party（通知人）						
Pre-carriage By（前程运输）						
Place of Receipt（收货地点）						
Ocean Vessel（船名） Voy No.（航次） Port of Loading（装货港）						
Port of Discharge（卸货港） Place of Delivery（交货地点） Final Destination（目的港）						
Container No.（集装箱号）	Seal No.（封志号）Marks & Nos.（标志与号码）	No. of Containers or P'kgs（箱数或件数）	Kind of Packages；Description of Goods（包装种类与货名）	Gross Weight（毛重/千克）	Measurement（尺码/立方米）	
Total Number of Containers of Packages（In Words）集装箱数或件数合计（大写）						
Freight & Charges（运费与附加费）	Revenue Tons（运费吨）	Rate（运费率）	Per（每）	Prepaid（运费预付）	Collect（到付）	
Ex Rate（兑换率）	Prepaid at（预付地点）	Payable at（到付地点）		Place of Issue（签发地点）		
	Total Prepaid（预付总额）	No. of Original B(S)L（正本提单份数）				
Service Type on Receiving □—CY □—CFS □—DOOR		Service Type on Delivery □—CY □—CFS □—DOOR		Reefer-Temperature Required（冷藏温度）	℉	℃
Type of Goods（种类）	Ordinary, Reefer, Dangerous, Auto（普通）（冷藏）（危险品）（裸装车辆）			危险品	Class Property ZMDG Code Paye UMNO.	
	Liquid, Live Animal, Bulk（液体）（活动物）（散货）					

续表

可否转船	可否分批	
装期	有效期	
金额		
制单日期		

（6）如果做门到门，发货人按做箱通知上的时间在工厂仓库备好货，由货运公司前来装货。如果是做场到场，发货人按进仓通知书的规定时间联系货运公司将货物运至指定仓库，同时提供报关资料委托货代公司报关。

（7）货物集中港区后，货代公司集中报关单证向海关申报出口，经海关关员查验合格放行后货物装船。

（8）装船完毕，货代公司发提单确认件给发货人进行确认。发货人除向收货人发出装船通知外，即可凭收货单向船公司或其代理换取已装船提单。

（二）空运托运

1. 国际货物托运书的定义

国际货物托运书（Shippers Letter of Instruction）是托运人用于委托承运人或其代理人填开航空货运单的一种表单，表单上列有填制货运单所需各项内容，并应印有授权于承运人或其代理人代其在货运单上签字的文字说明。目前，在实务操作中，国际货物托运书（见样单3-5）一般都由托运人代理人填制。

样单3-5　国际货物托运书

国际货物托运书
SHIPPER'S LETTER OF INSTRUCTION

托运人姓名、地址 Shipper's Name Address	托运人账号 Shipper's Account Number	航空运单号码 Air Waybill Number	
		999 - _____	
		安全检查 Safety Inspection	
		是否定妥航班日期、吨位　Booked	
收货人姓名、地址 Consignee's Name Address	收货人账号 Consignee's Account Number	航班/日期 Flight/Date	航班/日期 Flight/Date

续表

				预付 PP		到付 CC	
				供运输用声明价值 Declared Value for Carriage		供海关用声明价值 Declared Value for Customs	
始发站 Airport of Departure		目的站 Airport of Destination			保险金额 Amount of Insurance		
填开货运单的代理人名称 Issuing Carrier's Agent Name				另请通知 Also Notify			
储运注意事项及其他 Handing Information and Others				随附文件 Document to Accompany Air Waybill			
件数 No. of PCS 运价点 RCP	毛重（千克）Gross Weight（kg）	运价种类 Rate Class	商品代号 Commodity Item No.	计费重量（千克）Chargeable（kg）	费率 Rate/kg	货物品名及数量（包括尺寸或体积） Nature and Quantity of Goods（incl. Dimensions or Volume）	
托运人证实以上所填内容全部属实并愿意遵守承运人的一切运输章程。 The Shipper Certifies that the Particulars on the Face Here-of Are Correct and Agrees to the Conditions of Carriage of the Carrier. 托运人或其代理人签字、盖章 Signature of Shipper or His Agent					航空运费和其他费用 Weight Charge and Other Charges 承运人签字 Signature of Issuing Carrier or Its Agent 日期 Date		

2. 国际货物托运书的缮制

（1）托运人的姓名及地址（Shipper's Name and Address）。

本栏目填托运人的全称、街名、城市名称、国名，以及便于联系的电话号、电传号或传真号。在信用证结汇方式下，托运人一般按信用证的受益人内容填写。

采用集中托运时，托运人为货运代理人；采用直接托运方式时，托运人为货主。托运危险货物时，托运人必须填写实际托运人，航空公司不接受货运代理人托运。

（2）托运人的账号（Shipper's Account Number）。

本栏目只在必要时填写。托运人有时被承运人要求在托运单上提供托运人的账号，以避免承运人在收货人拒付运费时向托运人索偿。

（3）收货人的姓名及地址（Consignee's Name and Address）。

本栏目填收货人的全称、街名、城市名称、国名（特别是在不同国家内有相同的城市名称时，必须要填上国名）以及电话号、电传号或传真号，本栏内不得填写"Order"或"To Order of the Shipper"（按托运人的指示）等字样，因为航空货运单不能转让。

采用集中托运方式时，收货人为货运代理人的海外代理；采用直接托运时，收货人为实际收货人。

（4）收货人账号（Consignee's Account Number）。

本栏目仅供承运人使用，除非承运人有需要，一般不需要填写。

（5）始发站（Airport of Departure）。

本栏目填始发站机场的全称，用英文全称或三字代码。

（6）目的地（Airport of Destination）。

本栏目填目的地机场名称或三字代码（不知道机场名称时，可填城市名称），如果某一城市名称用于一个以上国家时，应加上国名。

（7）填开货运单的代理人名称（Issuing Carrier's Agent Name）。

若运单由承运人本人签发，则本栏目可不填；若运单由承运人的代理人签发，本栏目可填写实际代理人的名称。

（8）供运输用的声明价值（Declared Value for Carriage）。

填供运输用的声明价值金额，该价值即为承运人负赔偿责任的限额。承运人按有关规定向托运人收取声明价值费，但如果所交运的货物毛重每公斤不超过20美元（或其等值货币），无须填写声明价值金额，可在本栏目内填入"NVD"（No Value Declared，未声明价值），如本栏目空着未填写时，承运人或其代理人可视为货物未声明价值。

（9）供海关用的声明价值（Declared Value for Customs）。

国际货物通常要受到目的站海关的检查，海关根据此栏所填数额征税。托运人不办理此项声明价值，必须打上"NCV"（No Customs Value，无声明价值）字样。

（10）保险金额（Amount of Insurance）。

中国民航各空运企业暂未开展国际航空运输代保险业务，本栏目可空着不填。

（11）另请通知（Also Notify）。

除填收货人之外，如托运人还希望在货物到达的同时通知他人，请另填写通知人的全名和地址。

（12）随附文件（Document to Accompany Air Waybill）。

本栏目填随附在货运单上发往目的地的文件，应填上所附文件的名称。例如，托运人的动物证明（Shipper Certification for Live Animals）。

（13）货物件数和运价组成点（No. of Pieces, RCP, Rate Combination Point）。

本栏目填货物包装件数，如10包即填"10"。当需要组成比例运价或分段相加运价时，在此栏目填运价组成点机场的 IATA 代码。

（14）毛重（Gross Weight）。

本栏目内的重量应由承运人或其代理人在称重后填入，如托运人已经填上重量，承运人或其代理人必须进行复核。

（15）运价种类（Rate Class）。

本栏目可空着不填，由承运人或其代理人填写。

（16）计费重量（千克）（Chargeable Weight）（kg）。

本栏目内的计费重量应由承运人或其代理人在量过货物的尺寸（以厘米为单位）后，由承运人或其代理人算出计费重量后填入,如托运人已经填上时,承运人或其代理人必须进行复核。

(17) 费率(Rate/Charge)。

本栏目可空着不填。

(18) 货物的品名及数量(包括体积及尺寸)[Nature And Quantity of Goods (Incl. Dimensions or Volume)]。

本栏目填货物的品名和数量(包括尺寸或体积),包括填写货物的外包装尺寸或体积。货物中的每一项均须分开填写,并尽量填写详细。本栏目所属填写内容应与出口报关发票和进口许可证上所列明的相符。危险品应填写适用的准确名称及标贴的级别。

(19) 托运人或其代理人签字、盖章(Signature of Shipper or His Agent)。

托运人或其代理人必须在本栏内签字、盖章。

(20) 日期(Date)。

本栏目填托运人或其代理人交货的日期。

3. 出口商空运托运流程

(1) 托运人委托运输。

由托运人自己填写货运托运书。托运书应包括下列内容:托运人、收货人、始发站机场、目的地机场、要求的路线/申请订舱、供运输用的声明价值、供海关用的声明价值、保险金额、处理事项、货运单所附文件、实际毛重、运价类别、计费重量、费率、货物的品名及数量、托运人签字、日期等。

(2) 航空货运代理公司预配舱和预订舱。

航空货运代理公司汇总所接受的委托和客户的预报,并输入电脑,计算出各航线的件数、重量、体积,按照客户的要求和货物的体积毛重情况,根据各航空公司不同机型对不同板箱的重量和高度要求,制订预配舱方案,并对每票货配上运单号。航空货运代理公司根据所指定的预配舱方案,按航班、日期打印出总运单号、件数、重量、体积,向航空公司预订舱。

(3) 航空货运代理公司接受货物和单证。

航空货运代理公司把即将发运的货物从发货人手中接过来并运送到自己的仓库。接收货物一般与接单同时进行。接货时应对货物进行过磅和丈量,并根据发票、装箱单或送货单清点货物,核对货物的数量、品名、合同号或唛头等是否与货运单上所列一致。

(4) 正式订舱。

接到发货人的发货预报后,航空货运代理公司向航空公司吨控部门领取并填写订舱单,办理正式订舱手续,同时提供相应的信息,包括货物的名称、体积、重量、件数、目的地、要求出运的时间等。航空公司根据实际情况安排舱位和航班。货运代理公司在订舱时,可依照发货人的要求选择最佳的航线和承运人,同时为发货人争取最低、最合理的运价。

订舱后,航空公司签发舱位确认书(舱单),同时给出装货集装器领取凭证,以表示舱位订妥。

(5) 交接发运。

航空货运代理公司在货物报关完成后,向航空公司交单交货,由航空公司安排航空运输。交货前必须粘贴或拴挂货物标签,清点和核对货物,填制货物交接清单。

(6) 签发航空货运单。

由航空公司或航空货运代理公司在货物发运后签发航空货运单，航空货运单包括总运单和分运单，填制航空货运单的主要依据是发货人提供的国际货物托运书，托运书上的各项内容都应体现在航空货运单上，一般用英文填写。

4. 集中托运

集中托运，是指航空货运代理公司将若干批单独发运的货物集中成一批向航空货运公司办理托运，填写一份总运单送至同一目的地，然后由其委托当地的代理人负责分发给各个实际收货人的托运方式，这种托运方式，可降低航空货运的运费。

集中托运的具体做法如下。

(1) 将每一票货物分别制定航空运输分运单，即出具货运代理的运单（House Airway Bill，HAWB）。

(2) 将所有货物区分方向，按照其目的地相同的同一国家、同一城市来集中，制定出航空公司的总运单（Master Airway Bill，MAWB）。总运单的发货人和收货人均为航空货运代理公司。

(3) 打印出该总运单项下的货运清单（Manifest），即此总运单有几个分运单，号码各是什么，其中件数、重量各多少等。

(4) 货物到达目的地站机场后，当地的航空货运代理公司作为总运单的收货人负责接货、分拨，按不同的分运单制定各自的报关单据并代为报关，为实际收货人办理有关接货送货事宜。

(5) 实际收货人在分运单上签收以后，目的站的航空货运代理公司以此向发货的航空货运代理公司反馈到货信息。

集中托运的特点如下。

(1) 节省运费。航空货运代理公司的集中托运运价一般都低于航空协会的运价。发货人可享受低于航空公司的运价，从而节省费用。

(2) 提供方便。将货物集中托运，可使货物到达航空公司到达地点以外的地方，延伸了航空公司的服务，方便了货主。

(3) 提早结汇。发货人将货物交与航空货运代理公司后，即可取得货物分运单，可持分运单到银行尽早办理结汇。

四、能力训练

（一）安吉林木饰品有限公司操作案例

接"项目二 缮制商业发票和装箱单"能力训练部分中安吉林木饰品有限公司操作案例，5月1日，安吉林木饰品有限公司的单证员根据信用证（见样单2-6）的要求及缮制好的商业发票（见样单3-6）和装箱单（见样单3-7），缮制托运委托书，向上海大洲货代公司办理订舱手续。

样单3-6 商业发票

安吉林木饰品有限公司
ANJI LINMU DECORATION CO., LTD.
ANJI ECINOMIC DEVELOPING DISTRICT, HUZHOU CITY, ZHEJIANG, CHINA
TEL: 0086-0572-5544×××   FAX: 0086-0572-5544×××

COMMERCIAL INVOICE

TO: JEWTS HAMAN INC 860　　　　　　　DATE: MAY 1, 2013
　　ADVA COSEP TARRADELLAS　　　　　INVOICE NO.: LM2013001
　　00243 BARCELONA, SPAIN　　　　　　CONTRACT NO.: Y024562

FROM: SHANGHAI, CHINA TO: BARCELONA, SPAIN LETTER OF CREDIT NO.: 046CDI577402456
ISSUED BY: AHORROS YM. P. DE NAVARRA, PAMPLONA

MARKS & NUMBERS	QUANTITIES AND DESCRIPTIONS	UNIT PRICE	AMOUNT
N/M	LADIES' 96% POLYESTER 4% ELASTANE WOVEN GARMENTS DRESS	CIF BARCELONA	
	ART. NO. ZC14502　　8 820PCS	USD7.25/PC	USD63 945.00
	ART. NO. ZC14533　　8 820PCS	USD7.55/PC	USD66 591.00
	TOTAL　17 640PCS		USD130 536.00

　　　　　　　　　　　　　　　　　安吉林木饰品有限公司
　　　　　　　　　　　　　　　　ANJI LINMU DECORATION CO., LTD
　　　　　　　　　　　　　　　　　　　　李之浩

样单3-7 装箱单

安吉林木饰品有限公司
ANJI LINMU DECORATION CO., LTD.
ANJI ECINOMIC DEVELOPING DISTRICT, HUZHOU CITY, ZHEJIANG CHINA
TEL: 0086-0572-5544×××   FAX: 0086-0572-5544×××

PACKING LIST

　　　　　　　　　　　　　　　　　　DATE: May 1, 2013
　　　　　　　　　　　　　　　　　　INVOICE NO.: LM2013001
　　　　　　　　　　　　　　　　　　CONTRACT NO.: Y024562

MARKS AND NUMBERS	DESCRIPTION OF GOODS	QUANTITY	PACKAGE	G.W.	N.W.	MEAS.
N/M	LADIES' 96% POLYESTER 4% ELASTANE WOVEN GARMENTS DRESS ART. NO. ZC14502 ART. NO. ZC14533	8 820PCS 8 820PCS	210CTNS 210CTNS	@14.5KGS 3 045KGS 3 045KGS	@12.5KGS 2 625KGS 2 625KGS	50×50×25CM 13.125CBM 13.125CBM
	TOTAL:	17 640PCS	420CTNS	6 090KGS	5 250KGS	26.25CBM

SAY TOTAL: SAY FOUR HUNDRED AND TWENTY CARTONS ONLY.

　　　　　　　　　　　　　　　　　安吉林木饰品有限公司
　　　　　　　　　　　　　　　　ANJI LINMU DECORATION CO., LTD.
　　　　　　　　　　　　　　　　　　　　李之浩

补充资料：

安吉林木饰品有限公司的单证员在与生产部门沟通后，确定在5月15日之前能完成出货。与上海大洲货代公司接洽后确定订5月18日去西班牙的船。

工作任务：

（1）缮制托运委托书。

（2）办理托运手续。

（二）湖州兴业进出口有限公司操作案例

接"项目二 缮制商业发票和装箱单"能力训练部分中湖州兴业进出口有限公司操作案例，2013年5月25日，湖州兴业进出口有限公司的单证员与生产部门进行沟通后，确定交货期大致在6月5日以后。于是单证员根据信用证（见样单2-7）的要求及商业发票（见样单3-8）、装箱单（见样单3-9）缮制托运委托书，向货代公司办理订舱手续，订6月8日直达SFAX的船。

样单3-8 商业发票

湖州兴业进出口有限公司
HUZHOU XINGYE INDUSTRY CO., LTD.
TEL：0086-572-2031888/2012××× FAX：0086-572-2035222/2612×××

TO: M/S
TUFFCO
3052 SFAX TUNISIA

商业发票
COMMERCIAL INVOICE

发票号码 INVOICE NO. 13BY411
合约号码 S/C NO. 2013TU02
日 期 DATE MAY.15, 2013

装船口岸 FROM SHANGHAI, CHINA
目的地 To SFAX, TUNISIA
信用证号 L/C NO. CDI702/8053/2013
开证银行 ISSUED BY AMEM BANK AVENUE MOHAMED V TUNIS, TUNISIA

唛头、号码 MARKS & NUMBERS	数量与货品名称 QUANTITIES & DESCRIPTION	单 价 UNIT PRICE	总 值 AMOUNT
TU (PRODUCT'S NAME) QTY: C/NO.:	FIRE EXTINGUISHER (CFR SFAX PORT) AS PER PROFORMA INVOICE NO 2013TU02 DTD 29/03/2013 6KG DRY POWDER FIRE EXTINGUISHER 　　　　　　　　　　　　5 000PCS 9LT FOAM EXTINGUISHER COMPLETE EMPTY　　　　　　　　200PCS 5KG CO_2 FIRE EXTINGUISHER　3 000PCS 2KG CO_2 FIRE EXTINGUISHER　　500PCS TOTAL: 8 700PCS	CFR SFAX USD183 900/PC USD17 650/PC USD210 670/PC USD111 770/PC	 USD91 950.00 USD3 530.00 USD63 201.00 USD5 588.50 USD164 269.50

湖州兴业进出口有限公司
HUZHOU XINGYE INDUSTRYCO., LTD.

蒋一

样单3-9 装箱单

湖州兴业进出口有限公司
HUZHOU XINGYE INDUSTRY CO., LTD.

TEL：0086-572-2031×××/2012×××　　FAX：0086-572-2035×××/2612×××

| | | | | 发票号 INVOICE NO. | 13BY411 |

| MARKS & NUMBERS AS PER INV. NO. | 重量单和装箱单 WEIGHT NOTE AND PACKING LIST | | | 合约号码 S/C NO. 2013TU02 日　期 DATE MAY. 15, 2013 | |

ART NO.	DESCRIPTION	QUANTITIES	PACKAGES	G. W.	N. W.	MEAS.
		10PCS/CTN	@22KGS	@20KGS	40×30×30MM	
FIRE EXTINGUISHER (CFR SFAX PORT) AS PER PROFORMA INVOICE NO. 2013TU02 DTD 29/03/2013	6KG DRY POWDER FIRE EXTINGUISHER	5 000PCS	500CTNS	11 000KGS	10 000KGS	18CBM
	9LT FOAM EXTINGUISHER COMPLETE EMPTY	200PCS	20CTNS	440KGS	400KGS	0.72CBM
	5KG CO_2 FIRE EXTINGUISHER	3 000PCS	300CTNS	6 600KGS	6 000KGS	10.8CBM
	2KG CO_2 FIRE EXTINGUISHER	500PCS	50CTNS	1 100KGS	1 000KGS	1.8CBM
TOTAL：		8 700PCS	870CTNS	19 140KGS	17 400KGS	31.32CBM

NUMBER OF L/C：CDI702/8053/2013

湖州兴业进出口有限公司
HUZHOU XINGYE INDUSTRYCO., LTD.

蒋一

补充资料：

由于信用证附加条款中有提到货代提单不接受，故不能做拼箱，大于30立方米的货物只能装一个12.192米（40英尺）的柜。

工作任务：

（1）缮制托运委托书。

（2）办理托运手续。

五、岗位拓展

讨论话题：交货期来不及导致船期延误。

小A是湖州某出口公司的单证员，合同要求船期是5月13日，但是小A在5月初办理托运前,生产部门打电话来说,交货期来不及,估计要到 5 月 15 日才能备完货,小 A 该怎么操作?

讨论引导:

(1) 如果这笔业务是 T/T 或托收项下的,请提出可行性建议。

(2) 如果这笔业务是信用证项下的,信用证中最迟交货期与合同一致,请提出可行性建议。

项目四

办理出境货物报检

一、学习目标

能力目标：能缮制报检委托书和报检单，能准备报检单证并办理报检手续。

知识目标：明确报检单的缮制要点，了解报检的基本流程和商品检验检疫的基本知识。

二、工作任务

（一）任务描述

本批出货的藤帘的 H.S. 编码为 4601201000，其出口监管条件为 B，是法定检验产品。2013 年 3 月 31 日，单证员张洁联系生产部门，看货已备好，就根据本批货物的出货信息和相关报检要求，整理报检资料，向湖州出入境检验检疫局报检。

（二）任务分析

总体任务	办理出境报检
任务分解	任务一：缮制报检单
	任务二：准备报检单据

（三）操作示范

第一步：缮制报检单。

张洁根据商业发票（见样单 2-4）、装箱单（见样单 2-5）上的资料，在榕基电子单证系统（见图 4-1）上进行电子预报检。

电子报检输入完毕后发送给检验检疫部门，得到"收到"的回执，表示机审已通过，但尚未正式受理。当湖州出入境检验检疫部门检务审单通过后，会得到系统反馈的"正确"的报检接收回执，表明检务已正式受理报检，产生 15 位数的正式报检号。此时，使可以打印出境货物报检单（见样单 4-1）加盖单位公章，并准备其他报检材料。

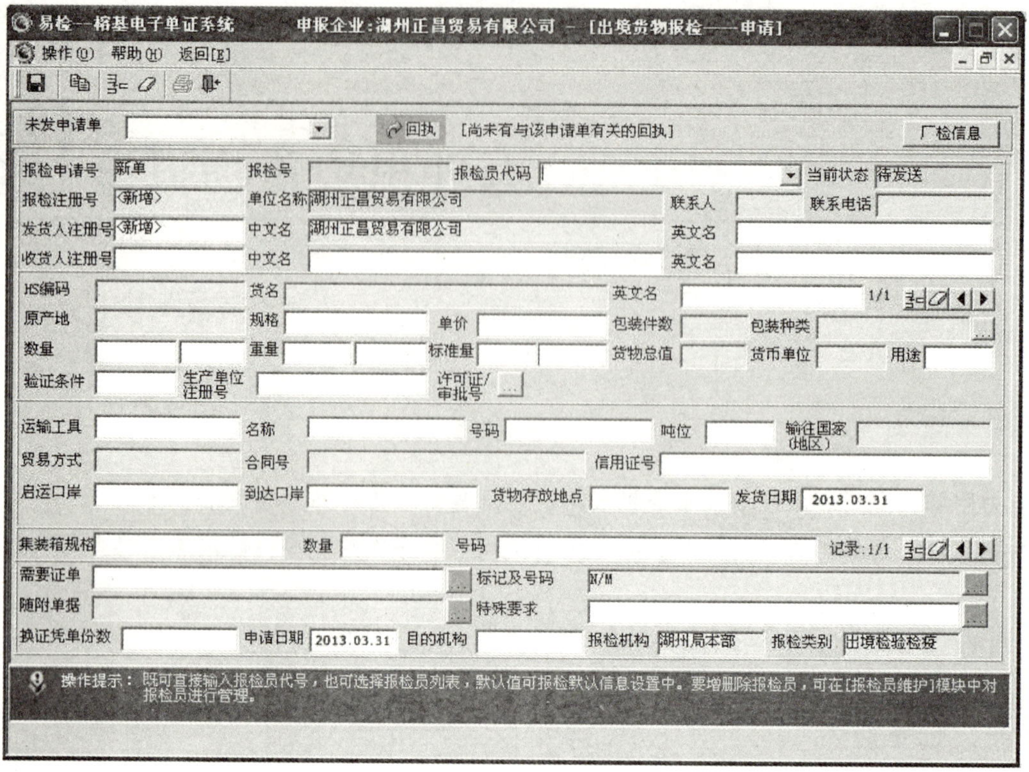

· 外贸单证实务（第二版）·

图 4-1　榕基电子单证系统

样单 4-1　出境货物报检单

中华人民共和国出入境检验检疫
出境货物报检单

报检单位（加盖公章）：　　　　　　　　　　　　　　＊编　　号：_____

报检单位登记号：　　　　联系人：　　　电话：　　　报检日期：　　年　　月　　日

发货人	（中文）				
	（外文）				
收货人	（中文）				
	（外文）				
货物名称（中/外文）	H.S.编码	产地	数/重量	货物总值	包装种类及数量

60

续表

运输工具名称号码			贸易方式		货物存放地点	
合同号			信用证号		用途	
发货日期		输往国家（地区）		许可证/审批号		
启运地		到达口岸		生产单位注册号		
集装箱规格、数量及号码						
合同、信用证订立的检验检疫条款或特殊要求		标记及号码		随附单据（画"√"或补填）		
				□合同　　□包装性能结果单 □信用证　□许可/审批文件 □发票　　□ □换证凭单　□ □装箱单　　□ □厂检单　　□		

需要证单名称（画"√"或补填）				*检验检疫费	
□品质证书	__正__副	□植物检疫证书	__正__副	总金额 （人民币元）	
□重量证书	__正__副	□熏蒸/消毒证书	__正__副		
□数量证书	__正__副	□出境货物换证凭单	__正__副	计费人	
□兽医卫生证书	__正__副	□			
□健康证书	__正__副	□			
□卫生证书	__正__副	□		收费人	
□动物卫生证书	__正__副	□			

报检人郑重声明： 　1. 本人被授权报检。 　2. 上列填写内容正确属实，货物无伪造或冒用他人的厂名、标志、认证标志，并承担货物质量责任。 　　　　　　　　　签名：_____	领取证单	
	日期	
	签名	

注：有"*"号栏由出入境检验检疫机关填写　　　　　　◆国家出入境检验检疫局制

出境货物报检单缮制要求如下。

（1）编号：15 位数字形式，由检验检疫机构受理的报检人员填写。前 6 位为检验检疫机构代码；第 7 位为出境货物报检类别代码；第 8 位、第 9 位为年度代码，如 2013 年为"13"；第 10 至 15 位为流水号。实行电子报检后，该编号可在报检的受理回执中自动生成。

（2）报检单位（加盖公章）：填写报检单位的全称，并加盖报检单位公章或已向检验检疫机构备案的"报检专用章"。

（3）报检单位登记号：填写报检单位在检验检疫机构备案或注册登记的代码。

（4）联系人：填写报检人员姓名。电话：填写报检人员的联系电话。

（5）报检日期：检验检疫机构受理报检的日期，由检验检疫机构受理的报检人员填写。

（6）发货人：输入的名称必须与备案登记的中文名称及合同中的卖方一致（根据通关单

联网核查要求，该项应与报关单上的经营单位一致）。

（7）收货人：按销售合同、信用证中所列买方名称填写。

（8）货物名称（中/外文）：按销售合同、信用证上所列品名及规格填写。

（9）H.S.编码：填写本批货物8位数或10位数商品编码，以当年海关公布的商品税则编码分类为准。

（10）产地：指本批货物的生产（加工）地，填写省、市、县名。

（11）数/重量：根据H.S.编码对应的第一计量单位及计量单位类别（用于识别数/重量）输入实际的数量或重量数据。按实际情况可以同时输入数量和重量。重量一般填写净重。

（12）货物总值：按销售合同、发票上所列的货物总值和币种填写。

（13）包装种类及数量：填写本批货物运输包装的种类及数量，注明包装的材质。

（14）运输工具名称和号码：填写装运本批货物的运输工具的名称和号码。报检时，未能确定运输工具编号的，可只填写运输工具类别。

（15）贸易方式：填写本批货物的贸易方式，根据实际情况选填一般贸易、来料加工、进料加工、易货贸易、补偿贸易、边境贸易、无偿援助、外商投资、对外承包工程进出口货物、出口加工区进出境货物、出口加工区进出区货物、退运货物、过境货物、保税区进出境仓储、转口货物、保税区进出区货物、暂时进出口货物、暂时进出口留购货物、展览品、样品、其他非贸易性物品、其他贸易性货物。

（16）货物存放地点：填写本批货物存放的具体地点、工厂仓库。

（17）合同号：填写销售合同、订单或形式发票的号码。

（18）信用证号：填写本批货物对应的信用证编号。

（19）用途：填写本批货物的用途。根据实际情况，选填种用或繁殖、食用、奶用、观赏或演艺、伴侣动物、实验、药用、饲用、介质土、食品包装材料、食品加工设备、食品添加剂、食品容器、食品洗涤剂、食品消毒剂、其他。

（20）发货日期：填写出口装运日期，预检报检可不填。目前网上申报设定此项为必填项，不能为空，如果发货日期不能确定，填写时注意该日期只要在报检单有效期之内即可。

（21）输往国家（地区）：销售合同中买方（进口方）所在国家和地区，或合同注明的最终输往国家和地区，出口到中国境内保税区、出口加工区的，填写保税区、出口加工区。

（22）许可证/审批号：对实施许可/审批制度管理的货物，填写质量许可证编号或审批单编号。

（23）启运地：填写本批货物离境的口岸/城市地区名称。

（24）到达口岸：填写本批货物抵达目的地入境口岸名称。

（25）生产单位注册号：填写本批货物生产、加工单位在检验检疫机构的注册登记编号，如卫生注册登记号等。

（26）集装箱规格、数量及号码：货物若以集装箱运输，填写集装箱的规格、数量及号码，如"1×40'TGHU8491952"。

（27）合同、信用证订立的检验检疫条款或特殊要求：填写在销售合同、信用证中特别订立的有关质量、卫生等条款或报检单位对本批货物检验检疫的特殊要求。

（28）标记及号码：填写本批货物的标记号码，应与合同、发票等有关外贸单据保持一致。若没有标记号码则填"N/M"。

（29）随附单据：按实际向检验检疫机构提供的单据，在对应的"□"内打"√"或补填。

（30）需要证单名称：根据所需由检验检疫机构出具的证单，在对应的"□"内打"√"或补填，并注明所需证单的正副本数量。

（31）检验检疫费：由检验检疫机构计/收费人员填写。

（32）报检人郑重声明：报检人员必须亲笔签名。

（33）领取证单：由报检人员在领取证单时填写领证日期并签名。

第二步：准备报检单据。

由于张洁自身不具备报检员资格，在接收到湖州出入境检验检疫部门的报检接收回执后，准备好报检委托书（见样单4-2）、出境货物报检单（见样单4-3），及随附的销售合同、信用证、商业发票、装箱单、出境纺织制成品标识记录单、出境纺织制成品检验结果单和包装性能结果单等单证，委托湖州通达商务服务有限公司向湖州出入境检验检疫局报检。

样单4-2 报检委托书

报检委托书

湖州出入境检验检疫局：

本委托人郑重声明，保证遵守出入境检验检疫法律、法规的规定。如有违法行为，自愿接受检验检疫机构的处罚并负法律责任。

本委托人委托受委托人向检验检疫机构提交"报检申请单"和各种随附单据。具体委托情况如下。

本单位将于<u>2013</u>年<u>4</u>月进口/出口如下货物：

品　名	藤帘	H.S.编码	4601201000
数（重）量	14 408 张	合同号	ZC130210
信用证号	M51145160747856	审批文号	
其他特殊要求			

特委托　<u>湖州通达商务服务有限公司</u>　（单位/注册登记号），代表本公司办理下列出入境检验检疫事宜：

☑1. 办理代理报检手续；
☑2. 代缴检验检疫费；
☑3. 负责与检验检疫机构联系和验货；
☑4. 领取检验检疫证单；
☑5. 其他与报检有关的相关事宜。

请贵局按有关法律法规规定予以办理。

委托人（公章）　　　　　　　　　受委托人（公章）
　2013 年 3 月 31 日　　　　　　　　年　月　日

本委托书有效期至＿＿＿年＿＿＿月＿＿＿日

样单4-3 出境货物报检单

中华人民共和国出入境检验检疫
出境货物报检单

报检单位（加盖公章）：   *编 号 330800213314782

报检单位登记号：3308500449   联系人：   电话：   报检日期：2013年3月31日

发货人	（中文）湖州正昌贸易有限公司				
	（外文）HUZHOU ZHENGCHANG TRADING CO., LTD.				
收货人	（中文）				
	（外文）MAIJER FISTRTION INC.				
货物名称（中/外文）	H.S.编码	产地	数/重量	货物总值	包装种类及数量
藤帘 RATTAN CURTAIN	4601201000	湖州	18 910.5千克 14 408张	37 604.88美元	1 801纸箱
运输工具名称号码		海运	贸易方式	一般贸易	货物存放地点	正昌
合同号	ZC130210		信用证号	M51145160747856	用途	其他
发货日期	2013.04.06	输往国家（地区）	韩国	许可证/审批号		
启运地	上海	到达口岸	釜山	生产单位注册号	3308500449	
集装箱规格、数量及号码			1×40'			

合同、信用证订立的检验检疫条款或特殊要求	标记及号码	随附单据（画"√"或补填）	
	见发票 ZC13311	☑合同	☑包装性能结果单
		☑信用证	□许可/审批文件
		☑发票	□
		□换证凭单	□
		☑装箱单	□
		☑厂检单	□

需要证单名称（画"√"或补填）				*检验检疫费
□品质证书	__正__副	□植物检疫证书	__正__副	总金额 （人民币元）
□重量证书	__正__副	□熏蒸/消毒证书	__正__副	
□数量证书	__正__副	☑出境货物换证凭单	__正__副	计费人
□兽医卫生证书	__正__副	□出境货物通关单		
□健康证书	__正__副			
□卫生证书	__正__副			收费人
□动物卫生证书	__正__副			

续表

报检人郑重声明： 1. 本人被授权报检。 2. 上列填写内容正确属实，货物无伪造或冒用他人的厂名、标志、认证标志，并承担货物质量责任。 签名：张洁	领取证单	
	日期	
	签名	

注：有"＊"号栏由出入境检验检疫机关填写　　　　　　　◆国家出入境检验检疫局制

（四）任务解决

4月3日，张洁拿到湖州出入境检验检疫局签发的出境货物换证凭条（见样单4-4），报检工作完成。

样单4-4　出境货物换证凭条

出境货物换证凭条

转单号	31200010007319T	报检号	330800213314782
报检单位	湖州正昌贸易有限公司		
合同号	ZC130210	H.S.编码	4601201000
数（重）量	14 408 张	包装件数	1 801 纸箱	金额	37 604.88 美元

评定意见：
贵单位报检的该批货物，经我局检验检疫，已合格。请执此单至上海局本部办理出境验证业务。本单有效期截止于 2013 年 6 月 30 日。 　　　　　　　　　　　　　　　　　　　　　　　　　　　　　湖州局本部 　　　　　　　　　　　　　　　　　　　　　　　　　　　　　2013 年 05 月 10 日

三、知识链接

（一）出境货物报检概述

1. 报检的含义

报检是指有关当事人根据法律、行政法规的规定、对外销售合同的约定或证明履约的需要，向检验检疫机构申请检验、检疫、鉴定以获准出入境或取得销售使用的合法凭证及某种公证证明所必须履行的法定程序和手续。

2. 报检范围

根据国家法律、行政法规的规定和目前我国对外贸易的实际情况，出入境检验检疫的报检范围主要包括四个方面：一是法律、行政法规规定必须由检验检疫机构实施检验检疫的；二是输入国家或地区规定必须凭检验检疫机构出具的证书方准入境的;三是有关国际条约或与我国有协议、协定,规定必须经检验检疫的;四是对外贸易合同约定须凭检验检疫机构签发的证书进行交接、结算的。

根据《中华人民共和国进出口商品检验法》及其实施条例、《中华人民共和国进出境动植物检疫法》及其实施条例、《中华人民共和国国境卫生检疫法》及其实施细则、《中华人民共和国食品安全法》等有关法律、行政法规的规定,以下对象在出入境时必须向检验检疫机构报检,由检验检疫机构实施检验检疫或鉴定工作。

(1) 列入《出入境检验检疫机构实施检验检疫的进出境商品目录》(简称《法检目录》)内的货物。

(2) 入境废物、进口旧机电产品。

(3) 出口危险货物包装容器的性能检验和使用鉴定。

(4) 进出境集装箱。

(5) 进境、出境、过境的动植物、动植物产品及其他检疫物。

(6) 装载动植物、动植物产品和其他检疫物的装载容器、包装物、铺垫材料;进境动植物性包装物、铺垫材料。

(7) 来自动植物疫区的运输工具;装载进境、出境、过境的动植物、动植物产品及其他检疫物的运输工具。

(8) 进境拆解的废旧船舶。

(9) 出入境人员、交通工具、运输设备以及可能传播检疫传染病的行李、货物和邮包等物品。

(10) 旅客携带物(包括微生物、人体组织、生物制品、血液及其制品、骸骨、骨灰、废旧物品和可能传播传染病的物品以及动植物、动植物产品和其他检疫物)和携带伴侣动物。

(11) 国际邮寄物(包括动植物、动植物产品和其他检疫物、微生物、人体组织、生物制品、血液及其制品以及其他需要实施检疫的国际邮寄物)。

(12) 其他法律、行政法规规定需经检验检疫机构实施检验检疫的其他应检对象。

3. 报检资格

报检当事人从事报检行为,办理报检业务,必须按照检验检疫机构的要求,取得报检资格;未按规定取得报检资格的,检验检疫机构不予受理报检。

(1) 报检单位。

①自理报检单位在首次报检时须办理备案登记手续,取得《出入境检验检疫自理报检单位备案登记证明书》和自理报检单位代码后,方可办理相关检验检疫报检事宜;

②代理报检单位须经工商营业执照上载明的住所地检验检疫机构审核获得许可、注册登记,取得《代理报检单位注册登记证书》和报检单位代码后,方可依法代为办理检验检疫报检。

(2) 报检人员。

①报检单位是报检行为的主体,具体工作则是由报检单位的报检人员负责。国家对报检人员实行备案管理。在首次办理报检业务前,报检单位应当为报检人员办理备案手续,取得报检人员备案号。报检人员通过身份证或报检能力水平证明向所在地检验检疫机构办理备案手续;

②报检单位无持证报检人员的,应委托代理报检单位报检。代理报检单位报检时应提交委

托人按检验检疫机构规定格式填写的报检委托书；

③非贸易性质的报检行为，报检人员凭有效证件可直接办理报检手续。

4. 报检方式

出境货物的发货人或其代理人向检验检疫机构报检，可以采用书面报检或电子报检两种方式。

（1）书面报检。

书面报检是指报检当事人按照检验检疫机构的规定，填制纸质出境货物报检单，备齐随附单证，向检验检疫机构当面递交的报检方式。

（2）电子报检。

电子报检是指报检当事人使用电子报检软件，通过检验检疫电子业务服务平台，将报检数据以电子方式传输给检验检疫机构，经检验检疫业务管理系统和检验检疫工作人员处理后，将受理报检信息反馈给报检当事人，报检当事人在收到检验检疫机构已受理报检的反馈信息（生成预录入号或直接生成正式报检号）后打印出符合规范的纸质报检单，在检验检疫机构规定的时间和地点提交出境货物报检单和随附单据的报检方式。主要通过"企业端软件"或"网上申报系统"（浏览器方式）两种方式来实现电子报检。

一般情况下，报检当事人应采用电子报检方式向检验检疫机构报检，并且确保电子报检信息真实、准确，与纸质报检单及随附单据有关内容保持一致。

（二）报检程序

报检程序一般包括准备报检单证、电子报检数据录入、现场递交单证、联系配合检验检疫、缴纳检验检疫费、签领检验检疫证单等几个环节。

1. 准备报检单证

（1）报检时，应使用国家质检总局统一印制的报检单，报检单必须加盖报检单位印章，即报检单位公章或已向检验检疫机关备案的"报检专用章"。

（2）报检单所列项目应填写完整、准确，字迹清晰，不得涂改，无相应内容的栏目应填写"＊＊＊"，不得留空。

（3）报检单位必须做到三个相符：一是单证相符，二是单货相符，三是单单相符。

（4）随附单证原则上要求提供原件，确实无法提供原件的，应提供有效复印件。

2. 电子报检数据录入

（1）报检人员应使用经国家质检总局评测合格并认可的电子报检软件进行电子报检。

（2）须在规定的报检时限内将相关出境货物的报检数据发送至报检地检验检疫机构。

（3）对合同或信用证中涉及检验检疫特殊条款和特殊要求的，应在电子报检中同时提出。

（4）对经审核不符合要求的电子报检数据，报检人员可按照检验检疫机构的有关要求对报检数据修改后，再次报检。

（5）报检人员收到受理报检的反馈信息后打印出符合规范的纸质货物报检单。

（6）需要对已发送的电子报检数据进行更改或撤销报检时，报检人员应发送更改或撤销申请。

3. 现场递交单证

（1）电子报检受理后，报检人员应在检验检疫机构规定的地点和期限内，持本人"报检员证"到现场递交纸质报检单、随附单证等有关资料。

（2）对经检验检疫机构工作人员审核认为不符合规定的报检单证，或需要报检单位做出解释、说明的，报检人员应及时修改、补充或更换报检单证，及时解释、说明情况。

4. 联系配合检验检疫

报检人员应主动联系、配合检验检疫机构对出境货物实施检验检疫。

5. 缴纳检验检疫费

报检人员应在检验检疫机构开具收费通知单之日起20日内足额缴纳检验检疫费用。

6. 签领检验检疫证单

对出境货物检验检疫完毕后，检验检疫机构根据评定结果签发相应的证单，报检人在领取检验检疫机构出具的有关检验检疫证单时应如实签署姓名和领证时间，并妥善保管相关单证。

（三）出境报检的时限和地点

1. 报检时限

（1）出境货物最迟应在出口报关或装运前7天报检，对于个别检验检疫周期较长的货物，应留有相应的检验检疫时间。

（2）需隔离检疫的出境动物在出境前60天预报，隔离前7天报检。

（3）出境观赏动物应在动物出境前30天到出境口岸检验检疫机构报检。

2. 报检地点

（1）法定检验检疫货物，除活动物需由口岸检验检疫机构检验检疫外，原则上应实施产地检验检疫，在产地检验检疫机构报检。

（2）法律法规允许在市场采购的货物应向采购地的检验检疫机构办理报检手续。

（3）异地报关的货物，在报关地检验检疫机构办理换证报检，实施出口直通放行制度的货物除外。

（四）出境货物报检时应提供的单据

（1）出境货物报检时，应填写《出境货物报检单》，并提供销售合同（销售确认书或函电）、信用证、发票、装箱单等有关单证。

（2）按照检验检疫的要求，提供相关其他特殊证单。

①凡实施质量许可、卫生注册或需经审批的货物，应提供有关证明；

②生产者或经营者检验结果单和数/重量明细单或磅码单；

③凭样成交的，应提供经买卖双方确认的样品；

④出境危险货物，必须提供《出境货物运输包装性能检验结果单》和《出境危险货物运输包装使用鉴定结果单》；

⑤有运输、包装与食品直接接触的食品包装，还应提供检验检疫机构签发的《出境货物运输包装性能检验结果单》；

⑥出境特殊物品的，根据法律法规规定，应提供有关的审批文件；

⑦预检报检的,应提供生产企业与出口企业签订的贸易合同,预检报检货物放行时,应提供检验检疫机构签发的标有"预检"字样的《出境货物换证凭单》;

⑧一般报检出境货物在报关地检验检疫机构办理换证报检时,应提供产地检验检疫机构签发的标明"一般报检"的《出境货物换证凭单》或换证凭条;

⑨开展检验检疫工作要求提供的其他特殊证单。

(五) 检验检疫证书

检验检疫证书(Inspection Certificate),是由出入境检验检疫机构对出口商品实施检验或检疫后,根据检验检疫结果,结合销售合同和信用证要求,对外签发检验证书。检验检疫证书是出入境检验检疫机构对外签发的具有法律效力的凭证,它是证明货物品种、数量、重量或产地的证明书。检验检疫证书在我国通常由各地的商检机构签发。在国际贸易中,检验检疫证书作为买卖双方交接货物、结算货款和进行索赔和理赔的依据之一,也是通关、征收关税和优惠减免关税、结算运费等的有效凭证。在使用信用证方式结算货款的情况下,检验检疫证书通常也是银行议付货款和出口收汇的依据。

1. 检验检疫证书的种类

目前,我国商检机构签发的检验检疫证书主要有以下几种。

(1) 品质检验证书(Inspection Certificate of Quality),是证明出口商品质量、规格的证明文件。具体证明进出口商品的质量、规格是否符合销售合同或有关规定。

(2) 重量或数量检验证书(Inspection Certificate of Weight or Quantity),是证明出口商品重量或数量的证件。其内容为货物经何种计重方法或计量单位得出的实际重量或数量,以证明有关商品的重量或数量是否符合销售合同的规定。

(3) 包装检验证书(Inspection Certificate of Packing),是用于证明出口商品包装情况的证书。进出口商品包装检验,一般列入品质检验证书或重量(数量)检验证书中证明,但也可根据需要单独出具包装检验证书。

(4) 兽医检验证书(Veterinary Inspection Certificate),是证明出口动物产品经过检疫合格的证件,适用于冻畜肉、冻禽、禽畜肉、罐头、冻兔、皮张、毛类、绒类、猪鬃、肠衣等出口商品。凡加上卫生检验内容的,称为兽医卫生检验证书(Veterinary Sanitary Inspection Certificate)。

(5) 卫生检验证书(Inspection Certificate of Sanitary),又称健康检验证书(Certificate of Health),是证明可供人类食用或使用的出口动物产品、食品等经过卫生检验或检疫合格的证件。适用于肠衣、罐头、冻鱼、冻虾、食品、蛋品、乳制品、蜂蜜等。

(6) 温度检验证书(Inspection Certificate of Temperature),是证明出口冷冻商品温度的证书。如国外仅需要证明货物温度,不一定要单独的温度证书,可将测温结果列入品质检验证书中。

(7) 消毒检验证书(Inspection Certificate of Disinfection),是证明出口动物产品经过消毒处理,保证卫生安全的证件。适用于猪鬃、马尾、皮张、山羊毛、人发等商品。其证明内容也可在品质检验证书中附带。

(8) 熏蒸证书(Inspection Certificate of Fumigation),是证明出口粮谷、油籽、豆类、皮张等商品,以及包装用木材与植物性填充物等已经经过熏蒸灭虫的证件(见样单4-5)。主要证明所使用的药物、熏蒸的时间等情况。如国外不需要单独出证,可将其内容列入品质检验证书中。

样单4-5 熏蒸证书

中华人民共和国出入境检验检疫
ENTRY – EXIT INSPECTION AND QUARANTINE OF THE PEOPLE' REPUBLIC OF CHINA

熏蒸证书
INSPECTION CERTIFICATE OF FUMIGATION

编号 No.: 330500214004142

发货人名称及地址　HUZHOU MINGLI TRADE CO., LTD. NO. 123
Name and Address of Consignor　XUEFU ROAD HUZHOU CHINA

收货人名称及地址　PRUDENTIAL STATINLESS PIPE L. P. NO. 13 AVENUE EAST,
Name and Address of Consignee　NI 32422 USA

品名　产地
Description of Goods WOODEN BOXES　Place of Origin HUZHOU ZHENGJIANG

报检数量
Quantity Declared －28-PCS/－2800KGS

标志及号码
Mark & No.　N/M

启运地
Place of Depart SHANGHAI, CHINA

到达口岸
Port of Destination PHILADELPHIA, USA

运输工具
Means of Conveyance BY SEA（CBHU 43322 40'）

日期
Date　10－11 MAY, 2013

处理方法
Treatment　FUMIGATION

处理时间及温度
Duration & Temperature：24HRS 22℃

药剂及浓度：
Chemical & Concentration：METHYL BROMIDE 48g/CBM

* *

签证地点 Place of Issue　湖州　　签证日期 Date of Issue　11 MAY, 2013
授权签字人 Authorized Officer ＿＿＿＿　签名 Signature ＿＿＿＿

　　在国际贸易实际业务中，买卖双方应根据成交货物的种类、性质、有关国家的法律和行政法规、政府的涉外经济贸易政策和贸易习惯等来确定卖方应提供何种检验证书，并在销售合同中予以明确规定。

　　2. 检验检疫证书的内容

　　检验检疫证书根据不同的检验项目和要求，分别签发品质、包装、重量、数量、兽医、卫生、残损鉴定以及其他各项检验、鉴定业务的证书，并以标题标明证书名称，证书内容由以下五个部分组成。

(1) 签证机构的签名,包括地址和联系电话。

(2) 证书种类名称,包括正本或副本,证书程序号、报验号和签证日期。

(3) 商品识别部分,包括发货人、收货人、商品名称、报验数量/重量、商品标记及号码、运输工具、发货港、目的港等。

(4) 证明内容,即检验鉴定的结果和评定,这是证书的主要部分。

(5) 签署部分,包括检验日期和地点、签证机构印章、签署人的签字,并在证书右上角加盖钢印。

3. 签发检验检疫证书应注意的问题

(1) 出证机关、地点及证书名称。

如信用证未规定出具证书的机关,则由出口商决定。如信用证规定由"有关当局"(Competent Authority) 出证,则应根据情况由有关的商检机构出具证书。出证地点除信用证有特别规定外,原则上应在装船口岸。证书名称应与信用证的规定相符。

(2) 证书日期。

商检证书(原产地证明书除外)出具日期一般不能迟于提单日期;个别商品,如食盐需在装船之后进行公估,出证日期可迟于提单日期;其他商品也不能过早于提单日期,以免因从检验到装运时间太长而使收货人怀疑货物质量是否仍符合证书中的检验结果。信用证如规定在装船时出证(Issued at the Time of Shipment),则商检证书的签发日期原则上应与提单日期相同。

(3) 证书内容。

证书所表示的商检结果要与信用证上的要求和发票等各项单据所列明的规格、性状等一致。如检验结果所列明的规格超过信用证规定的,应以该货物本身的正常规格为限。

四、能力训练

(一) 浙江经纬竹制品有限公司操作案例

浙江经纬竹制品有限公司出口一批竹地板到波兰,发货期是2013年1月5日,启运地是上海。由于竹地板是法定检验产品,因此浙江经纬竹制品有限公司的单证员在2013年12月底向湖州出入境检验检疫局报检,根据销售合同(见样单4-6)、商业发票(见样单4-7)及装箱单(见样单4-8)的相关资料填制报检单,并准备其他报检资料。

样单4-6 销售合同

SALES CONFIRMATION

S/C NO.: JWCA008
DATE: SEPT. 12, 2013

THE SELLERS:
ZHEJIANG JINGWEI BAMBOO PRODUCTS CO., LTD.
LILU ROAD, CHANGXING COUNTY, HUZHOU CITY, ZHEJIANG PROVINCE, CHINA

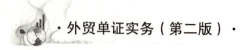

THE BUYERS:
DASTORAMA FRANCE SAS
AL. KAADOWIADOW 34, 02-255, WARSZAWA POLAND
C/O YUSEN LOSISTICS POLSKA SP ZOO

THE UNDERSIGNED SELLERS AND BUYERS HAVE AGREED TO CLOSE THE FOLLOWING TRANSACTIONS ACCORDING TO THE TERMS AND CONDITIONS STIPULATED BELOW:

ARTICLE DESCRIPTION	QUANTITY	UNIT PRICE	AMOUNT
BAMBOO FLOORING	770 CTNS	FOB SHANGHAI USD33.4035/CTN	USD25 720.70

1. PORT OF LOADING: SHANGHAI, CHINA
2. PORT OF DESTINATION: GDYNIA, POLAND
3. TIME OF SHIPMENT: LRD IS IN DEC., 2013 TO SHANGHAI APPOINTED WAREHOUSE.
4. INSURANCE: TO BE COVERED BY THE BUYERS
5. TERMS OF PAYMENT: L/C.
6. SHIPPING MARKS: AS PER THE DETAILS CONFIRMED BY TWO PARTIES.

THE BUYER: THE SELLER:
DASTORAMA FRANCE SAS   ZHEJIANG JINGWEI BAMBOO PRODUCTS CO., LTD.
× × ×   × × ×

样单4-7 商业发票

ZHEJIANG JINGWEI BAMBOO PRODUCTS CO., LTD.
LILU ROAD, CHANGXING COUNTY, HUZHOU CITY, ZHEJIANG PROVINCE, CHINA

COMMERCIAL INVOICE

TO: DASTORAMA FRANCE SAS   INVOICE NO.: JWPLCA1231
AL. KAADOWIADOW 34, 02-255, WARSZAWA POLAND INVOICE DATE: DEC. 15, 2013
C/O YUSEN LOSISTICS POLSKA SP ZOO   S/C NO.: JWCA008

FROM: SHANGHAI, CHINA   TO: GDYNIA, POLAND

MARKS AND NUMBERS	DESCRIPTION OF GOODS	QUANTITY	UNIT PRICE	AMOUNT
N/M	BAMBOO FLOORING	770 CTNS	FOB SHANGHAI USD33.4035/CTN	USD25 720.70

SAY TOTAL: SAY U.S. DOLLARS TWENTY-FIVE THOUSAND SEVEN HUNDRED AND TWENTY AND POINT SEVENTY.

浙江经纬竹制品有限公司
ZHEJIANG JINGWEI BAMBOO PRODUCTS CO., LTD.
张一一

样单 4-8 装箱单

ZHEJIANG JINGWEI BAMBOO PRODUCTS CO., LTD.
LILU ROAD, CHANGXING COUNTY, HUZHOU CITY, ZHEJIANG PROVINCE, CHINA

PACKING LIST

INVOICE NO.: JWPLCA1231
INVOICE DATE: DEC. 15, 2013

MARKS AND NUMBERS	DESCRIPTION OF GOODS	QUANTITY	G. W.	N. W.	MEAS.
N/M	BAMBOO FLOORING	770CTNS	17 080KGS	16 310KGS	27.68CBM
	TTL	770CTNS	17 080KGS	16 310KGS	27.68CBM

SAY TOTAL: SEVEN HUNDRED AND SEVENTY CARTONS ONLY.

浙江经纬竹制品有限公司
ZHEJIANG JINGWEI BAMBOO PRODUCTS CO., LTD.

张一一

补充资料：
竹地板 H.S. 编码：4409211090；
产地：湖州市长兴县。
工作任务：
（1）缮制出境货物报检单。
（2）办理报检手续。

（二）浙江米林进出口有限公司操作案例

浙江米林进出口有限公司出口一批真丝绸到印度的新德里，发货期是 2013 年 8 月 15 日。由于此批货物客户要求产地检验，因此在 8 月初，浙江米林进出口有限公司的单证员根据销售合同（见样单 4-9）及商业发票（见样单 4-10）、装箱单（见样单 4-11）的相关资料填制报检单，并准备其他报检资料向当地出入境检验检疫部门办理报检。

样单 4-9 销售合同

浙江米林进出口有限公司
ZHEJIANG MILIN IMP AND EXP CO., LTD.
ROOM 20FC, AIHUA GARDEN, 288 BIN HE ROAD, NINGBO ZHEJIANG, CHINA

销售确认书
SALES CONFIRMATION

号　码：
No. CMH13-022

日　期：
Date: JUL. 10, 2013

签约地点：
Signed at: NINGBO

买　方：
Buyers: ATICO INTERNATIONAL LIMITED

地　址：
Address: 48 NYAYA MARG, CHANAKYAPURI, NEW DELHI, INDIA

兹买卖双方同意成交下列商品，订立条款如下：
The undersigned Sellers and Buyers have agreed to close the following transactions according to the terms and conditions stipulated below:

商品名称及规格 Name of Commodity and Specification	数量 Quantity	单价 Unit Price	金额 Amount
UNDYED AND UNPRINTED SILK FABRIC	95 907.2M	CIF NEW DELHI USD2.32/M	USD222 504.70

1. 数量与金额允许增或减5%

   More or Less: 5% MORE OR LESS IN AMOUNT AND QUANTITY IS ALLOWED.

2. 包装：

   Packing: IN CARTONS

3. 装运期：

   Time of Shipment: NOT LATER THAN AUG. 30, 2013

4. 装运口岸和目的港：

   Port of Loading and Destination: FROM NINGBO, CHINA TO NEW DELHI, INDIA

5. 付款条件：

   Terms of Payment: BY T/T

6. 保险：由卖方按发票金额110%投保_____险

   Insurance: TO BE EFFECTED BY SELLERS FOR 110% OF FULL INVOICE VALUE COVERING FPA.

7. 备注：

   Remarks:

买方：　　　　　　　　　　　　　　　　卖方：浙江米林进出口有限公司
THE BUYER: ATICO INTERNATIONAL LIMITED　　THE SELLER: ZHEJIANG MILIN IMP AND EXP CO., LTD.

Jim　　　　　　　　　　　　　　　　　　李一航

项目四　办理出境货物报检

样单4-10　商业发票

浙江米林进出口有限公司
ZHEJIANG MILIN IMP AND EXP CO., LTD.
ROOM 20FC, AIHUA GARDEN, 288 BIN HE ROAD, NINGBO ZHEJIANG, CHINA

COMMERCIAL INVOICE

TO：ATICO INTERNATIONAL LIMITED　　　　　　INVOICE NO.：MH13-050
　　48 NYAYA MARG, CHANAKYAPURI,　　　　　　INVOICE DATE：AUG. 1, 2013
　　NEW DELHI, INDIA　　　　　　　　　　　　　S/C NO.：CMH10-022
　　　　　　　　　　　　　　　　　　　　　　　S/C DATE：JUL. 10, 2013
FROM：NINGBO, CHINA　　　　　　　　　　　　　TO：NEW DELHI, INDIA
LETTER OF CREDIT NO.：T/T　　　　　　　　　　ISSUED BY：_____

MARKS AND NUMBERS	NUMBER AND KIND OF PACKAGE DESCRIPTION OF GOODS	QUANTITY	UNIT PRICE	AMOUNT
NEW DELHI	UNDYED AND UNPRINTED SILK FABRIC	95 907.2M	CIF NEW DELHI USD2.32/M	USD222 504.70

SAY TOTAL：SAY U.S. DOLLARS TWO HUNDRED TWENTY TWO THOUSAND FIVE HUNDRED AND FOUR POINT SEVENTY.

浙江米林进出口有限公司
ZHEJIANG MILIN IMP AND EXP CO., LTD.
李一航

样单4-11　装箱单

浙江米林进出口有限公司
ZHEJIANG MILIN IMP AND EXP CO., LTD.
ROOM 20FC, AIHUA GARDEN, 288 BIN HE ROAD, NINGBO ZHEJIANG, CHINA

PACKING LIST

TO：ATICO INTERNATIONAL LIMITED　　　　　　INVOICE NO.：MH13-050
　　48 NYAYA MARG, CHANAKYAPURI,　　　　　　INVOICE DATE：AUG. 1, 2013
　　NEW DELHI, INDIA　　　　　　　　　　　　　S/C NO.：CMH10-022
FROM：NINGBO, CHINA　　　　　　　　　　　　　TO：NEW DELHI, INDIA
LETTER OF CREDIT NO.：T/T

MARKS AND NUMBERS	DESCRIPTION OF GOODS	QUANTITY	PACKAGE	G. W.	N. W.	MEAS.
NEW DELHI	UNDYED AND UNPRINTED SILK FABRIC	95 907.2M	130CTNS	6 370KGS	5 563KGS	25.77CBM
	TOTAL	95 907.2M	130CTNS	6 370KGS	5 563KGS	25.77CBM

SAY TOTAL: ONE HUNDRED AND THIRTY CARTONS ONLY.

浙江米林进出口有限公司
ZHEJIANG MILIN IMP AND EXP CO., LTD.
李一航

补充资料：
真丝绸 H. S. 编码：5007201100；
产地：浙江宁波。
工作任务：
(1) 缮制出境货物报检单。
(2) 办理报检手续。

五、岗位拓展

讨论话题：产品不需要报检而木箱包装需要报检。

湖州兴业进出口有限公司在 2013 年 9 月向乌克兰出口一批灭火器产品，灭火器产品（H. S. 编码：84241000）出口不需要报检，但是这批灭火器产品采用了木箱包装，这个包装木箱却需要报检。请问单证员在准备报检资料时应该如何操作？

讨论引导：
(1) 木箱的报检资料需要准备哪些材料？
(2) 报检单的填写与一般产品报检填写有区别吗？

项目五

申领原产地证明书

一、学习目标

能力目标：能缮制各种常用的原产地证明书，办理原产地证明书申领。
知识目标：明确各种常用的原产地证明书的缮制要点，了解原产地证明书的基本知识。

二、工作任务

（一）任务描述

此批货物是出口至韩国的藤帘（4601201000），符合申领《亚太贸易协定原产地证明书》的要求。2013年4月2日，单证员张洁按照信用证中的原产地证书条款要求和前面缮制好的商业发票（见样单2-4）、装箱单（见样单2-5），缮制原产地证明书，并整理好原产地证明书申领资料向湖州出入境检验检疫局办理原产地证明书申领手续。

（二）任务分析

总体任务	办理原产地证明书申领手续
任务分解	任务一：缮制原产地证明书
	任务二：准备原产地证明书申领的相关单证
	任务三：办理原产地证明书申领手续

（三）操作示范

第一步：缮制《亚太贸易协定原产地证明书》。

张洁根据前面缮制好的商业发票、装箱单以及信用证中的原产地证明书条款缮制《亚太贸易协定原产地证明书》（见样单5-1）。

信用证中原产地证明书条款：

+ ORIGINAL CERTIFICATE OF ORIGIN ASIA – PACIFIC TRADE AGREEMENT PLUS ONE COPY ISSUED BY CIQ.

样单 5-1 《亚太贸易协定原产地证明书》

ORIGINAL

1. Goods consigned from (Exporter's business name, address, country)	Reference No. **CERTIFICATE OF ORIGIN** Asia-Pacific Trade Agreement (Combined Declaration and Certificate) Issued in <u>The People's Republic of China</u> (Country)
2. Goods consigned to (Consignee's name, address, country)	3. For Official use
4. Means of transport and route	

5. Tariff item number	6. Marks and number of Packages	7. Number and kind of packages/description of goods	8. Origin criterion (see notes overleaf)	9. Gross weight or other quantity	10. Number and date of invoices

11. Declaration by the exporter The undersigned hereby declares that the above details and statements are correct; that all the goods were produced in CHINA --------------------- (Country) and that they comply with the origin requirements specified for these goods in the Asia-Pacific Trade Agreement for goods exported to --------------------- (Importing Country) Place and date, signature of authorized Signatory	12. Certification It is hereby certified on the basis of control carried out, that the declaration by the exporter is correct. --------------------- Place and date, signature and Stamp of Certifying Authority

《亚太贸易协定原产地证明书》缮制要点如下。

证书号（Reference No.）：证书编号共16位，第1位为字母，代表证书种类，"B"代表《亚太贸易协定原产地证明书》；第2、3位为年份，每年年初变为相应年份；第4至12位为注册单位9位的原产地证明书注册号；第13至16位为顺序号码，每年年初须从0001开始排列，证书号不能重号，如证书更改或重发，再用新号码。

第1栏：货物发运自［Goods Consigned from（Exporter's Business Name, Address, Country）］。

注明出口商的名称、地址与国别。名称须与发票上的出口商一致。

第2栏：货物发运到［Goods Consigned to（Consignee's Name, Address, Country）］。

注明进口商的名称、地址与国别，一般应填《亚太贸易协定》成员国最终收货人名称。名称须与发票上的进口商一致。对于第三方贸易，可以注明"待定"（To Order）。

第3栏：供官方使用（For Official Use）。

此栏仅供签证当局使用。

① 如属"后发"证书，签证当局会在此栏加打"Issued Retrospectively"；

② 如属重发证书，签证当局会在此栏注明原发证书的编号和签证日期，并申明原发证书作废，其文字是这样的：此证书是某月某日签发的某证书（号码为……）的副本，原证书已作废（This certificate is in replacement of Certificate of Origin No. ...dated...which is cancelled），并盖上"副本"（Duplicate）的红色印章。

第4栏：运输方式与路线（Means of Transport and Route）。

详细注明出口货物的运输方式和路线。如信用证条款等无此详细要求，打上"空运"或"海运"。如货物途经第三国，可用如下方式表示："空运""经曼谷从上海到马德里"（By air from Shanghai to Madrid via Bangkok.）。

第5栏：税则号（Tariff Item Number）。

注明货物4位数的H.S.编码。

第6栏：唛头（Marks and Number of Packages）。

注明证书所载货物的包装唛头。该信息应与货物包装上的唛头一致。此栏不得留空，货物无唛头时应填"N/M"；如唛头过多，可填写在第7、8、9、10栏的空白处。

第7栏：包装数量与种类/货物描述（Number and Kind of Packages/Description of Goods）。

填写此栏时请勿忘记填写包装数量及种类，并在包装数量的英文数字描述后用括号加上阿拉伯数字。商品名称应填写具体，应详细到可以准确判定该商品的H.S.税则号。如果信用证中品名笼统或拼音错误，必须在括号内加注具体描述或正确品名。商品名称等项列完后，应在末行加上＊＊＊＊＊＊（截止线），以防止加塞伪造内容。有时国外信用证要求填写的信用证号码等，可加在截止线下方。如：

Ten (10) drums of frozen peapods
＊＊＊＊＊＊＊＊＊＊＊＊＊＊
L/C No.：348091345

第8栏：原产地标准 [Origin Criterion (See Notes Overleaf)]。

根据《亚太贸易协定》原产地规则第二条的规定，受惠产品必须是完全原产自出口成员国；若非出口成员国完全原产的产品，必须符合第三条或第四条。

(1) 完全原产品：在第8栏填写字母"A"。

(2) 含有进口成分的产品：第8栏的填写方法如下。

①符合第三条规定的原产地标准的产品，第8栏填写字母"B"。字母"B"后应填写原产于非成员国或原产地不明的原料、部件或产品的总货值占出口产品离岸价的百分比（例如"B"50%）；

②符合第四条规定的原产地标准的产品，第8栏填写字母"C"。字母"C"后应填写原产于成员国领土内的累计含量的总值与出口产品离岸价的百分比（例如"C"60%）；

③符合第十条特定原产地标准的产品，第8栏填字母"D"。

第9栏：毛重或其他数量 (Gross Weight or Other Quantity)。

注明证书所载产品的毛重或其他数量（如件数、千克）。以重量计算的则填毛重，只有净重的，填净重也可，但要标明净重，即加上："N.W."(Net Weight)。

第10栏：发票号码与日期 (Number and Date of Invoices)。

注明发票的号码与日期。发票日期不得迟于证书的签发日期。

第11栏：出口人的声明 (Declaration by the Exporter)。

生产国的横线上应填上"CHINA"（证书上已印制）。进口国的横线上的国名一定要填写正确，进口国必须是《亚太贸易协定》成员国，一般与最终收货人或目的港的国别一致。申报单位的申报员应在此栏签字，加盖已注册的中英文签证章，填上申报地点、时间。印章应清晰。

第12栏：签证当局的证明 (Certificate)。

此栏填签证日期和地址，一般情况下与出口商申报日期、地址一致，签证机构授权签证人员在此栏手签，并加盖签证当局印章。

第二步：准备原产地证明书申领的其他相关单证。

张洁准备原产地证明书申领的相关单证：《原产地证明书申请书》（见样单5-2）、商业发票。

样单5-2 原产地证明书申请书

原产地证明书申请书

申请单位及注册号码（盖章）：　　　　　　　　　　　　　　　　　　　　　证书号：

申请人郑重声明：

本人是被正式授权代表单位申请办理原产地证明书和签署本申请书的。

本人所提供原产地证明书及所付单据内容正确无误，如发现弄虚作假，冒充证书所列货物，擅改证书，自愿接受签证机关的处罚及负法律责任。现将有关情况申报如下：

生产单位			生产单位联系人及电话号码		
中文品名	H.S.编码	数（重）量	FOB值（美元）	产品进口成分*	
商业发票号			商品FOB总值（以美元计）		
贸易方式（请在相应的"□"内打勾）					
□一般贸易	□灵活贸易		□零售贸易	□展卖贸易	□其他贸易方式
中转国/地区		最终销售国		拟出口日期	
申请证书（单）类型：（请在相应的"□"内打勾） 1. □《普惠制原产地证明书》 2. □《亚太贸易协定原产地证明书》 3. □《中国-东盟自由贸易区优惠原产地证明书》 4. □《中国-巴基斯坦自由贸易区优惠原产地证明书》 5. □《中国-智利自由贸易区优惠原产地证明书》 6. □《中国-新西兰自由贸易区优惠原产地证明书》 7. □《中国-新加坡自由贸易区优惠原产地证明书》 8. □《中华人民共和国出口货物原产地证明书》 9. □《加工装配证明书》 10. □《转口证明书》 11. □《原产地异地调查结果单》 12. □其他原产地证明书（请列明_____）					
备注：			申报员（签名）： 电话（手机）： 日期：　　年　　月　　日		

现提交出口商业发票副本一份，原产地证明书一套，以及其他附件　　　份，请予审核签证。

*注："产品进口成分"栏是指产品含进口成分的情况，如果该产品不含进口成分，则填0%，若含进口成分，则此栏填进口成分价值占产品出厂价的百分比。

第三步：办理原产地证明书申领手续。

张洁通过榕基易检电子单证系统申请签证，在收到已审核通过的回执后，拿着缮制好的原产地证明书和原产地证明书申请书，并随附商业发票去湖州出入境检验检疫局办理原产地证明书的申领。

（四）任务解决

湖州出入境检验检疫局在审核《亚太贸易协定原产地证明书》（见样单5-3）无误后，授权签证人员在此栏手签，并加盖签证当局印章。

样单 5-3 《亚太贸易协定原产地证明书》

1. Goods consigned from (Exporter's business name, address, country) HUZHOU ZHENGCHANG TRADING CO., LTD. 42 HONGQI ROAD, HUZHOU, CHINA	Reference No. B133333331450008 CERTIFICATE OF ORIGIN Asia-Pacific Trade Agreement (Combined Declaration and Certificate) Issued in: The People's Republic of China (Country)
2. Goods consigned to (Consignee's name, address, country) MAIJER FISTRTION INC. 3214, WALKER, NAKAGYO-KU, KYUNG-BUK, KOREA REP.	3. For Official use
4. Means of transport and route FROM SHANGHAI TO BUSAN BY SEA	

5. Tariff item number	6. Marks and number of Packages	7. Number and kind of packages; description of goods	8. Origin criterion (see notes overleaf)	9. Gross weight or other quantity	10. Number and date of invoices
4601	MAIJER ZC130210 BUSAN C/NO. 1-1801	1 801 (ONE THOUSAND EIGHT HUNDRED AND ONE) CARTONS OF RATTAN CURTAIN * * * * * * *	A	14 408PCS	ZC13311 MAR. 25, 2013

11. Declaration by the exporter The undersigned hereby declares that the above details and statements are correct, that all the goods were produced in CHINA -------------------------------- (Country) and that they comply with the origin requirements specified for these goods in the Asia-Pacific Trade Agreement for goods exported to -----------KOREA REP.----------- (Importing Country) 张洁 HUZHOU, CHINA APR. 2,2013 -------------------------------- Place and date, signature of authorized Signatory	12. Certification It is hereby certified on the basis of control carried out that the declaration by the exporter is correct. HUZHOU, CHINA APR. 2,2013 -------------------------------- Place and date, signature and stamp of certifying authority

三、知识链接

(一) 原产地证明书的含义和作用

1. 含义

原产地证明书（Certificate of Origin），是出口国政府主管部门的授权机构、商会或出口商及制造商根据相关的原产地规则签发的证明货物原产地或制造地的一种具有法律效力的证明文件。

2. 作用

(1) 证明有关出口货物符合出口国货物原产地规则。

(2) 供进口国海关掌握进口货物的原产地国别，从而采取不同的国别政策，决定进口税率和确定税别待遇。

(3) 是对某些国家或某种商品控制进口额度和进口数量的依据。

(4) 是进出口通关、结汇和贸易统计的依据。

(二) 原产地证明书的种类

由于原产地规则的不同，原产地证明书可分为优惠原产地证明书和非优惠原产地证明书。优惠原产地证明书主要用于享受关税减免待遇，如普惠制原产地证明书、区域性经济集团互惠原产地证明书等；非优惠原产地证明书主要用于征收关税、贸易统计、保障措施、歧视性数量限制、反倾销和反补贴、政府采购等方面，如一般原产地证明书。根据原产地证明书的签发机构不同、使用范围不同、证书格式不同，一般常用的可以分为以下几种，如表5–1所示。

表5–1 原产地证明书的种类

种类	签发机构	证书形式
一般原产地证明书	国际贸易促进委员会	C/O 产地证
普惠制原产地证明书	出入境检验检疫局	GSP 产地证（FORM A）
区域性经济集团互惠原产地证明书	出入境检验检疫局	《中国–东盟自由贸易区优惠原产地证明书》（FORM E） 《亚太贸易协定原产地证明书》（FORM B） 《中国–巴基斯坦自由贸易区优惠原产地证明书》（FORM P） 《中国–智利自由贸易区优惠原产地证明书》（FORM F） 《中国–新西兰自由贸易区优惠原产地证明书》（FORM N） 《中国–秘鲁自由贸易区优惠原产地证明书》（FORM R） 《中国–新加坡自由贸易区优惠原产地证明书》（FORM X） 《海峡两岸经济合作框架协议原产地证明书》（ECFA 证书） 《中国–哥斯达黎加自由贸易协定原产地证明书》（FORM L） ……

续表

种 类	签发机构	证书形式
输欧盟纺织品原产地证明书（EEC 纺织品产地证）	商务主管部门（地方外经贸委/厅）	商务部统一格式（现已停用）
对美国出口纺织品声明书（DCO 声明书）	出口商	格式 A、格式 B、格式 C

（三）原产地证明书的申领程序

（1）申请签发原产地证明书的单位必须预先办理注册登记，经审核，被确认具有申请资格者，才能按正常程序申请签发原产地证明书。

（2）各单位原产地证明书申领人员（证书手签人员）必须是经过检验检疫机构培训，并通过考试取得申领员资格证者。各单位凭申领员证到签证机构办理原产地证明书业务，特殊情况下，可凭单位介绍信办理。

（3）申请人应当于货物出运前向申请人所在地、货物生产地或者出境口岸的签证机构申请办理原产地证明书签证。

（4）申请原产地证明书时，申请人需提交以下文件资料。

①《原产地证明书申请书》一份，申请书需盖申请单位公章；

②缮制完整的原产地证明书一套，证书需签字、盖章，签字人员应是取得原产地证明书申领资格的人员；

③正式出口商业发票正本一份，发票需盖章，并应注明包装、数量、毛重，否则还需另附装箱单；

④含有进口成分的商品，需提供《产品成本明细单》；

⑤后发证书，需提供提单；

⑥申请签证的货物属于异地生产的，应当提交货源地签证机构出具的《原产地异地调查结果单》；

⑦以电子方式申请原产地证明书的，还应当提交"原产地证明书电子签证申请表"和《原产地证明书电子签证保证书》；

⑧如有必要，还需提供销售合同、信用证等其他有关单据。

（5）签证机构应当在受理签证申请之日起 2 个工作日内完成审核，审核合格的，予以签证。特殊情况，可以签发急件。原产地证明书为正本 1 份、副本 3 份。其中正本和 2 份副本交申请人，另一份副本及随附资料由签证机构存档 3 年。

（四）一般原产地证明书（Certificate of Origin）

一般原产地证明书是证明货物原产于某一特定国家或地区，享受进口国正常关税（最惠国）待遇的证明文件。它的适用范围是征收关税、贸易统计、保障措施、歧视性数量限制、反倾销和反补贴、原产地标记、政府采购等方面。

根据我国有关原产地证明书申领的相关规定，出口企业最迟于货物出运前，向出入境检验检疫局或中国国际贸易促进委员会申请办理原产地证明书。

一般原产地证明书（见样单 5-4）（以下简称 CO 证书）共有 12 栏。

样单 5-4 一般原产地证明书

1. Exporter	Certificate No. CERTIFICATE OF ORIGIN OF THE PEOPLE'S REPUBLIC OF CHINA
2. Consignee	
3. Means of transport and route	5. For certifying authority use only
4. Country/region of destination	

6. Marks and numbers	7. Number and kind of packages; description of goods	8. H. S. Code	9. Quantity	10. Number and date of invoices

11. Declaration by the exporter The undersigned hereby declares that the above details and statements are correct, that all the goods were produced in China and that they comply with the Rules of Origin of The People's Republic of China. Place and date, signature and stamp of authorized signatory	12. Certification It is hereby certified that the declaration by the exporter is correct. Place and date, signature and stamp of certifying authority

一般原产地证明书缮制要点如下。

证书号（Certificate No.）：证书编号共 16 位，第 1 位为字母，代表证书种类，CO 证书为"C"；第 2、3 位为年份，每年年初变为相应年份；第 4 至 12 位为注册单位 9 位的原产地证明书注册号；第 13 至 16 位为顺序号码，每年年初须从 0001 开始排列，证书号不能重号，如证书更改或重发，再用新号码。例如：证书号 C133800000050045 是注册号为 380000005 的单位 2013 年办理的第 45 票 CO 证书。

第 1 栏：出口商（Exporter）。

出口商栏要求强制性填写，应填明在中国境内的出口商详细地址，包括街道名、门牌号码等。出口商必须是已办理原产地证明书注册的企业，且公司英文名称应与检验检疫局的注册备案一致。若中间商要求显示其名称，可按如下方式填写："出口商名称 VIA 中间商名称"。

第2栏：收货人（Consignee）。

一般应填写销售合同中的买方、信用证上规定的提单通知人或特别声明的收货人，如果最终收货人不明确，可填发票抬头人。为方便外贸需要，按信用证要求此栏也可填上 TO ORDER 或 TO WHOM IT MAY CONCERN。

第3栏：运输方式及路线（Means of Transport and Route）。

运输路线始发地应填中国大陆最后一道离境地，如系转运货物，应加上转运港。运输方式有海运、陆运、空运、海空联运等。该栏还可填明预定自中国出口的日期，日期必须真实，不得捏造。

第4栏：目的地国家（地区）（Country / Region of Destination）。

货物最终运抵目的地的国家或地区，即最终进口国（地区），一般与最终收货人所在国家（地区）一致，不能填写中间商国家名称。

第5栏：供签证当局使用（For Certifying Authority Use Only）。

此栏由签证当局填写，申请单位应将此栏留空。签证当局根据实际情况，填写如下内容。

（1）如属"后发"证书，签证当局会在此栏加打"ISSUED RETROSPECTIVELY"。

（2）如属签发"复本"（重发证书），签证当局会在此栏注明原发证书的编号和签证日期，并声明原发证书作废，其文字是：This certificate is in replacement of Certificate of Origin No. … dated…which is cancelled，并加打"Duplicate"。

第6栏：唛头及包装号（Marks and Numbers）。

此栏按实际货物和发票上的唛头，填写完整的图案文字标记及包装号。唛头中处于同一行的内容不要换行打印。

需要注意的是：

（1）唛头不得出现"HONG KONG""MACAO""TAIWAN""R. O. C."等产地制造字样。

（2）此栏不得留空。货物无唛头时，应填"N/M"。如唛头过多，可填在第7、8、9、10栏的空白处。如唛头为图文等较复杂或内容过多时，则可在该栏填上"See attachment"，并另加附页。附页需一式四份，附页上方填上"Attachment to the Certificate of Origin No. …（证书号码）"，参照 CO 证书，附页下方两边分别打上签证地点、签证日期和申报地点、申报日期，左下方盖上申报单位签证章并由申报单位申报员签名。附页应与 CO 证书大小一致。

（3）此栏内容及格式必须与实际货物的外包装箱上所刷的内容一致。

第7栏：包装数量及种类；商品名称（Number and Kind of Packages；Description of Goods）。

此栏填写商品名称、包装数量及种类，并在包装数量的英文数字后用括号加上阿拉伯数字。如果信用证中品名笼统或拼写错误，必须在括号内加注具体描述或正确品名。商品名称等项列完后，应在末行加上截止线，以防止外商加填伪造内容。国外信用证有时要求填写销售合同、信用证号码等，可加填在此栏截止线下方。

例如：Five hundred (500) CTNS of shrimps

　　　* * * * * * * * * * * * * * * *

　　　L/C No.：2846905067640

第8栏：H. S. 税目号（H. S. Code）。

此栏要求准确填打商品的四位数 H. S. 税目号。如果同一份证书包含有几种商品，应将相应的税目号全部填写上。此栏不得留空。

第9栏：数量（Quantity）。

此栏应以商品的正常计量单位填制，如"只""件""匹""双""台""打"等。以重量计算的可填毛重，也可填净重，如为毛重须加注"G. W."（GROSS WEIGHT），净重则加注"N. W."（NET WEIGHT）。

第10栏：发票号及日期（Number and Date of Invoices）。

发票内容必须与正式商业发票一致，此栏不得留空。为避免误解，月份一般用英文缩写 JAN.、FEB.、MAR. 等表示，发票日期年份要填全，如"2006"不能填"06"。发票号太长需换行打印，应使用折行符"-"。发票日期不能迟于提单日期和申报日期。

第11栏：出口商声明（Declaration by the Exporter）。

申请单位的申报员应在此栏手签，加盖已注册的中英文签证章，填上申报地点、时间，印章应清晰。该栏日期不得早于发票日期。

第12栏：签证当局证明（Certification）。

此栏填写签证日期和地址，一般情况下与出口商申报日期、地址一致，签证机构授权签证人员在此栏手签，并加盖签证当局印章。签发日期不能早于发票日期和申请日期。

注意：签证当局一般只在证书正本加盖印章，如客户要求也可在副本上加盖印章。

（五）《普惠制原产地证明书》（GSP FORM A）

《普惠制原产地证明书》是依据给惠国要求而出具的能证明出口货物原产自受惠国的证明文件，具有法律效力，并能使出口货物在给惠国享受普惠制优惠关税待遇，在最惠国税率基础上进一步减免进口关税。

我国《普惠制原产地证明书》的签证工作由国家质量监督检验检疫总局负责统一管理，由设在各地的出入境检验检疫局负责签发。《普惠制原产地证明书》的签发，限于给惠国已公布法令并正式通知对我国实行普惠制待遇的国家所给予关税优惠的商品。这些商品必须符合给惠国原产地规则及直运规则。

目前给予我国普惠制待遇的国家共39个：欧盟27国（比利时、丹麦、英国、德国、法国、爱尔兰、意大利、卢森堡、荷兰、希腊、葡萄牙、西班牙、奥地利、芬兰、瑞典、波兰、捷克、斯洛伐克、拉脱维亚、爱沙尼亚、立陶宛、匈牙利、马耳他、塞浦路斯、斯洛文尼亚、罗马尼亚、保加利亚）、挪威、瑞士、土耳其、俄罗斯、白俄罗斯、乌克兰、哈萨克斯坦、日本、加拿大、澳大利亚、新西兰和列支敦士登公国。

根据我国检验检疫局相关规定，出口企业最迟于货物出运前，向签证机构申请办理普惠制原产地证明书。申请单位领证时需要提交如下资料。

（1）《普惠制原产地证明书申请书》一份。
（2）《普惠制原产地证明书》（FORM A）一套。
（3）正式出口商业发票正本一份，如发票内容不全，另附装箱单（盖章，不得涂改）。
（4）含有进口成分的产品，必须提交《产品成本明细单》。
（5）后发证书，需提供提单。
（6）签证机构需要的其他单据。

《普惠制原产地证明书》格式A（见样单5-5）（以下简称 FORM A 证书）共有12栏，与一般原产地证明书相同的栏目不重复讲述。

样单5-5　普惠制原产地证明书

1. Goods consigned from (Exporter's business name, address, country)			Reference No. GENERALIZED SYSTEM OF PREFERENCES CERTIFICATE OF ORIGIN (Combined declaration and certificate) FORM A Issued in THE PEOPLE'S REPPUBLIC OF CHINA (Country) See Notes Overleaf		
2. Goods consigned to (Consignee's name, address, country)					
3. Means of transport and route (as far as known)			4. For official use		
5. Item number	6. Marks and numbers of packages	7. Number and kind of packages; description of goods	8. Origin criterion (see notes overleaf)	9. Gross weight or other quantity	10. Number and date of invoices
11. Certification It is hereby certified, on the basis of control carried out, that the declaration by the exporter is correct. -- Place and date, signature and stamp of certifying authority			12. Declaration by the exporter The undersigned hereby declares that the above details and statements are correct, that all the goods were produced in CHINA ------------------ (country) and that they comply with the origin requirements specified for those goods in the Generalized System of Preferences for goods exported to ------------------ -- Place and date, signature and stamp of authorized signatory		

《普惠制原产地证明书》缮制要点如下。

证书号（Reference No.）：证书编号共16位，第1位为字母，代表证书种类，FORM A 证书为"G"；第2、3位为年份，每年年初变为相应年份；第4至12位为注册单位九位的原产地证明书注册号；第13至16位为顺序号码，每年年初须从0001开始排列，证书号不能重号，如证书更改或重发，要用新号码。例如，证书号 G133800000050045 是注册号为380000005的单位2013年办理的第45票 FORM A 证书。

第 4 栏：供签证当局使用（For Official Use）。

此栏由签证当局填写，申请单位应将此栏留空。签证当局根据实际情况，填写如下内容。

（1）如属"后发"证书，签证当局会在此栏加打"ISSUED RETROSPECTIVELY"。

（2）如属签发"复本"（重发证书），签证当局会在此栏注明原发证书的编号和签证日期，并声明原发证书作废，其文字是：THIS CERTIFICATE IS IN REPLACEMENT OF CERTIFICATE OF ORIGIN NO. …DATED…WHICH IS CANCELLED，并加打"DUPLICATE"。

（3）出口日本产品采用日本原料的，签证当局会在此栏加打"SEE THE ANNEX NO. …"。

（4）出口欧盟国家或挪威、瑞士的产品采用上述国家原料的，签证当局会在此栏加打"EC CUMULATION""NORWAY CUMULATION"或"SWITZERLAND CUMULATION"。

第 5 栏：项目编号（Item Number）。

在收货人、运输条件相同的情况下，如同批出口货物有不同品种，则可按不同品种分列"1""2""3"……。

第 8 栏：原产地标准（Origin Criterion）。

此栏用字最少，但却是国外海关审证的核心项目。对含有进口成分的商品，因情况复杂，国外要求严格，极易弄错而造成退证，应认真审核。现将一般情况说明如下。

（1）完全原产的，填写"P"。

（2）含有进口成分，但符合原产地标准，输往下列国家时，填写要求如下。

①挪威、瑞士、欧盟国家、日本、土耳其：填"W"，其后填明出口产品在《商品名称和编码协调制度》中的四位数税则号（如"W"9618）；但属于给惠国成分的进口原料可视作本国原料，所以，如果产品的进口成分完全采用给惠国成分，则该产品的原产地标准仍填"P"；

②加拿大：进口成分价值占产品出厂价的 40% 以下，填"F"；

③俄罗斯、白俄罗斯、乌克兰、哈萨克斯坦：进口成分价值不得超过产品离岸价的 50%，填"Y"，其后填明进口原料和部件的价值在出口产品离岸价中所占百分比（如"Y35%"）；

④澳大利亚和新西兰：本国原料和劳务不低于产品出厂成本的 50%，第 8 栏留空。

第 11 栏：签证当局证明（Certification）。

此栏填签证日期和地点，一般情况下与出口商申报日期、地点一致，签证机构授权签证人员在此栏手签，并加盖签证当局印章。

如进口国为俄罗斯，需在此栏加注直属检验检疫局的英文全称，如"NINGBO ENTRY-EXIT INSPECTION AND QUARANTINE BUREAU OF THE PEOPLE'S REPUBLIC OF CHINA"。

注意：签证当局只在证书正本加盖印章。

第 12 栏：出口商声明（Declaration by the Exporter）。

生产国的横线上应填上"CHINA"（证书上已印制）。进口国横线上的国名一定要填写正确，进口国必须是给惠国，一般与最终收货人或目的港的国别一致。凡货物发往欧盟 27 国的，进口国不明确时，进口国可填："E.U."。

申请单位的申报员应在此栏签字，加盖已注册的中英文印章，填上申报地点、时间，印章应清晰。

注意：申报日期不要填法定休息日，日期不得早于发票日期，一般也不要迟于提单日期，如迟于提单日期，则要申请后发证书。在证书正本和所有副本上盖章签字时避免覆盖进口国名称、原产国名称、申报地址和申报时间。更改证申报日期一般与原证一致,重发证申报日期应为当前日期。

(六) 区域性经济集团互惠原产地证明书

区域性经济集团互惠原产地证明书目前主要有《中国-东盟自由贸易区优惠原产地证明书》《亚太贸易协定原产地证明书》《中国-巴基斯坦自由贸易区优惠原产地证明书》《中国-智利自由贸易区优惠原产地证明书》《中国-新西兰自由贸易区优惠原产地证明书》《中国-秘鲁自由贸易区优惠原产地证明书》《中国-新加坡自由贸易区优惠原产地证明书》《海峡两岸经济合作框架协议原产地证明书》《中国-哥斯达黎加自由贸易协定原产地证明书》等。区域优惠原产地证明书是具有法律效力的在协定成员国之间就特定产品享受互惠减免关税待遇的官方凭证。

1.《中国-东盟自由贸易区优惠原产地证明书》(FORM E)

自 2004 年 1 月 1 日起,凡出口到东盟的农产品(H. S. 编码第 1 章到第 8 章)凭借检验检疫机构签发的《中国-东盟自由贸易区优惠原产地证明书》(FORM E)可以享受关税优惠待遇。2005 年 7 月 20 日,《中国-东盟全面经济合作框架协议货物贸易协议》降税计划开始实施,7000 种产品降低关税。2010 年 1 月 1 日,拥有 19 亿人口、GDP 接近 6 万亿美元、世界最大的自由贸易区——中国-东盟自由贸易区正式建立。

可以签发《中国-东盟自由贸易区优惠原产地证明书》的国家有:文莱、柬埔寨、印度尼西亚、老挝、马来西亚、缅甸、菲律宾、新加坡、泰国、越南 10 个国家。

《中国-东盟自由贸易区优惠原产地证明书》(见样单 5-6)(以下简称 FORM E 证书)共有 12 栏,各栏的填写方法如下。

样单 5-6　中国-东盟自由贸易区优惠原产地证明书

1. Goods consigned from (Exporter's business name, address, country)	Reference No. **ASEAN-CHINA FREE TRADE AREA** **PREFERENTIAL TARIFF** **CERTIFICATE OF ORIGIN** (Combined declaration and certificate) **FORM E** Issued in　**THE PEOPOE's REPUBLIC OF CHINA** (Country) See Noted Overleaf
2. Goods consignee to (Consignee's name, address, country)	
3. Means of transport and route (as far as known) Departure Date Vessel/Flight/Train/Vehicle No. Port of discharge	4. For official use ☐ Preferential Tariff Treatment Given _____ ☐ Referential Treatment Not Given (Please state reasons)

续表

5. Item number	6. Marks and number of packages	7. Number and type of packages, description of products (including quantity where appropriate and H.S. number of the importing Party)	8. Origin criterion (see Notes overleaf)	9. Gross weight or other quantity and value (FOB)	10. Number and date of invoices

11. Declaration by the exporter The undersigned hereby declares that the above detail and statements are correct that the goods were produce in -------------------------------- -------------------------------- Place and date, signature of authorized signatory	12. Certification It is hereby certified, on the basis of control carried out, the declaration by the exporter is correct. -------------------------------- Place and date, signature and stamp of certifying authority

《中国-东盟自由贸易区优惠原产地证明书》的缮制要点如下。

证书号（Reference No.）：填上签证当局所规定的证书号。证书编号共16位，第1位为字母，代表证书种类，FORM E 证书为"E"；第2、3位为年份，每年年初变为相应年份；第4至12位为注册单位9位的原产地证明书注册号；第13至16位为顺序号码，每年年初须从0001开始排列，证书号不能重号，如证书更改或重发，再用新号码。例如，证书号E063800000050045 是注册号为380000005 的单位2006年办理的第45票FORM E 证书。

证书的第1、2、3、5、6、10、11、12栏内容和填制要求参考普惠制原产地证明书（Form A）相应各栏的填制要求。

第4栏：供官方使用（For Official Use）。

由进口国的海关当局在该栏简要说明根据协定是否给予优惠待遇。申请单位应将此栏留空。

第7栏：包装件数及种类；货品名称（包括相应数量及进口国 H.S. 编码）[Number and Type of Packages; Description of Products (including quantity where appropriate and H.S. number of the importing party)]。

货物品名必须详细，以便验货的海关官员可以识别。生产商的名称及任何商标也应列明。

例如：SIX HUNDRED (600) CTNS OF SHRIMPS

H.S. 0306

****

第8栏：原产地标准［Origin Criterion（See Notes Overleaf）］。

（1）出口至新加坡、马来西亚、泰国、文莱、越南的货物，对于完全原产的产品，应填写"WO"。出口至印度尼西亚、缅甸和柬埔寨3国，完全原产时填写"X"。

（2）采用增值百分比标准的，应填写增值的百分比，如"40%"。

（3）对列入特定产品原产地标准清单内的产品，应填写采用的具体标准：按照增值百分比标准的，填写具体的增值百分比，如"40%"；按照特定原产地标准的，填写"PSR"。

第9栏：毛重或其他数量及价格（FOB）（Gross Weight or Other Quantity and Value）。

此栏应以商品的正常计量单位填写，如"只""件""匹""双""台""打"等。以重量计算的则填毛重，只有净重的，填净重也可，但要标上"N.W."（Net Weight）。同时加注出口商品FOB值，以美元计算。

例如：1 200KGS

FOB USD7 200.00

2.《亚太贸易协定原产地证明书》（FORM B）

2006年9月1日起签发《亚太贸易协定原产地证明书》。可签发《亚太贸易协定原产地证明书》的有韩国、斯里兰卡、印度、孟加拉、老挝5个国家。降税幅度从5%到100%不等。

《亚太贸易协定原产地证明书》（简称《亚太证书》）共有12栏，具体样单及缮制方法在前面已有描述，在此不一一赘述。

3.《中国－巴基斯坦自由贸易区优惠原产地证明书》（FORM P）

2006年1月1日起双方先期实施降税的3000多个税目产品，分别实施零关税和优惠关税。原产于中国的486个8位零关税税目产品的关税将在2年内分3次逐步下降，2008年1月1日全部降为零。原产于中国的486个8位零关税税目产品实施优惠关税，平均优惠幅度为22%。给予关税优惠的商品，其关税优惠幅度从1%到10%不等。

《中国－巴基斯坦自由贸易区优惠原产地证明书》（以下简称《中巴证书》）共有13栏，各栏的填写方法可参考《中国－东盟自由贸易区优惠原产地证明书》（FORM E）相应各栏的填制要求。

4.《中国－智利自由贸易区优惠原产地证明书》（FORM F）

自2006年10月1日起，各地出入境检验检疫机构开始签发《中国－智利自由贸易区优惠原产地证明书》（FORM F），自该日起对原产于我国的5891个6位税目产品关税降为零。《中国－智利自由贸易区优惠原产地证明书》采用专用格式。

《中国－智利自由贸易区优惠原产地证明书》（以下简称《FORM F证书》）共有15栏，各栏的填写方法可参考《中国－东盟自由贸易区优惠原产地证明书》（FORM E）相应各栏的填制要求。

5.《中国－新西兰自由贸易区优惠原产地证明书》（FORM N）

中国－新西兰自由贸易区谈判是2004年11月启动的，也是中国与发达国家启动的第一个自贸区谈判。经过3年15轮磋商，双方于2007年12月结束谈判。2008年4月7日，《中华人民共和国政府和新西兰政府自由贸易协定》（以下简称《协定》）正式签署，并于2008年10月1日正式生效。

为使我国出口到新西兰的产品能够享受《协定》项下关税优惠待遇，我国授权签发原产地证明书的签证机构已于2008年10月1日起开始签发。

《中国-新西兰自由贸易区优惠原产地证明书》（以下简称FORM N证书）共有15栏，除第11栏外其他各栏的填写方法可参考《中国-东盟自由贸易区优惠原产地证明书》（FORM E）相应各栏的填制要求。

其中第11栏：原产地标准。

（1）完全原产的，填写"WO"。

（2）含有进口成分，但符合原产地标准，填写要求如下。

①该货物是在一方或双方境内，完全由其原产地符合原产地规定的材料生产，填写"WP"；

②该货物是在一方或双方境内生产，所使用的非原产材料满足特定原产地规则所规定的税则归类改变、区域价值成分、工序要求或其他要求，且该货物符合其所适用的原产地标准的其他规定，填写"PSR"。

6. 《中国-秘鲁自由贸易区优惠原产地证明书》（FORM R）

2009年4月28日，《中华人民共和国政府和秘鲁共和国政府自由贸易协定》（以下简称《协定》）在北京签署。《协定》于2010年3月1日起开始实施。自2010年3月1日起，我国签证机构开始签发《中国-秘鲁自由贸易区优惠原产地证明书》。

《中国-秘鲁自由贸易区优惠原产地证明书》（以下简称《中秘证书》）共有14栏，内容和填制要求参考《中国-东盟自由贸易区优惠原产地证明书》（FORM E）相应各栏的填制要求。

7. 《中国-新加坡自由贸易区优惠原产地证明书》（FORM X）

2008年10月23日，《中华人民共和国政府和新加坡共和国政府自由贸易协定》（以下简称《协定》）签署。根据《协定》，新方承诺在2009年1月1日取消全部自华进口产品关税；中方承诺在2010年1月1日前对97.1%的自新进口产品实现零关税。双方还在医疗、教育、会计等服务贸易领域做出了高于WTO的承诺。

《中国-新加坡自由贸易区优惠原产地证明书》共有12栏，除第8、11栏外，其他内容和填制要求参考《中国-东盟自由贸易区优惠原产地证明书》（FORM E）相应各栏。

第8栏：原产地标准。

（1）完全原产的，填写"P"。

（2）含有进口成分，但符合原产地标准，填写要求如下。

①货物的区域价值成分大于等于40%时，填写"RVC"；

②符合产品特定原产地规则的产品，填写"PSR"。

第11栏：出口商声明。

生产国的横线上应填上"CHINA"。进口国横线上的国名应填写"SINGAPORE"。

8. 《海峡两岸经济合作框架协议原产地证明书》（ECFA证书）

中国大陆地区与中国台湾地区经过多次商谈并最终达成ECFA协议。2010年9月12日，协议生效，早期收获清单则于2011年1月1日起付诸实施。根据协议，列入清单的约800项产品将逐步获得关税减免，3年内全部降为零关税。其中，台湾地区批准大陆地区的产品共5大类267项，含石化类、机械类、纺织类、运输类产品等。

《海峡两岸经济合作框架协议原产地证明书》共有 15 栏,除第 12 栏外,其他内容和填制要求参考《中国－东盟自由贸易区优惠原产地证明书》(FORM E)相应各栏。

第 8 栏:原产地标准。

(1) 完全原产的,填写"WO"。

(2) 该货物是在一方或双方境内,仅由符合本附件的临时原产地规则的原产材料生产,填写"WP"。

(3) 符合产品特定原产地标准的货物,填写"PSR"。

9.《中国－哥斯达黎加自由贸易协定原产地证明书》(FORM L)

中国－哥斯达黎加自贸协定谈判于 2009 年 1 月正式启动。经过 1 年多时间的密集磋商,中哥双方于 2010 年 4 月正式签署自贸协定。《中国－哥斯达黎加自由贸易协定》经中哥双方友好协商并书面确认,于 2011 年 8 月 1 日起正式生效。中哥自贸协定覆盖领域全面、开放水平较高。在货物贸易领域,中哥双方将对各自 90% 以上的产品分阶段实施零关税,共同迈进"零关税时代"。

《中国－哥斯达黎加自由贸易协定原产地证明书》共有 14 栏,除第 10 栏外,其他内容可参考《中国－东盟自由贸易区优惠原产地证明书》(FORM E)相应各栏的填制要求。

第 10 栏:原产地标准。

(1) 完全原产的,填写"WO"。

(2) 该货物是在一方或双方境内,完全由其原产地符合原产地规定的材料生产,填写"WP"。

(3) 该货物是在一方或双方境内生产,所使用的非原产材料满足特定原产地规则所规定的税则归类改变、区域价值成分、工序要求或其他要求,且该货物符合其所适用的原产地标准的其他规定,填写"PSR"。

(七) 专用原产地证明书

专用原产地证明书是国际组织和国家根据政策和贸易措施的特殊需要,针对某一特殊行业的特定产品规定的原产地证明书。主要有输往欧盟蘑菇罐头原产地证明书、烟草真实性证书等,还有专门涉及纺织品的有对美国出口纺织品声明书、输欧盟纺织品原产地证明书等,其中输欧盟纺织品原产地证明书由于欧盟取消对我国输欧盟所有纺织品类别专用原产地证明书的核查,于 2011 年 10 月 24 日起停用。

四、能力训练

(一) 安吉林木饰品有限公司操作案例

接"项目三 办理出口货物托运"能力训练部分中安吉林木饰品有限公司操作案例,5 月 16 日,安吉林木饰品有限公司的单证员根据信用证的要求,依据商业发票(见样单 3－6)和装箱单(见样单 3－7)缮制《普惠制原产地证明书》,向湖州出入境检验检疫局办理原产地证明书申请手续:

信用证中原产地证明书条款:+ ORIGINAL CERTIFICATE OF ORIGIN (GSP) FORM A IS-

SUED BY CIQ.

补充资料：

产品完全原产自中国，不含任何进口成分。

工作任务：

（1）缮制《普惠制原产地证明书》。

（2）办理原产地证明书申领手续。

（二）湖州兴业进出口有限公司操作案例

接"项目三 办理出口货物托运"能力训练部分中湖州兴业进出口有限公司操作案例，2013年6月3日，湖州兴业进出口有限公司的单证员在货代公司确定6月8日的船期后，根据信用证中的原产地证明书条款要求，依据商业发票（见样单3-8）和装箱单（见样单3-9）缮制一般原产地证明书，向湖州出入境检验检疫局办理原产地证明书申请手续。

信用证中原产地证明书条款： + ORIGINAL CERTIFICATE OF ORIGIN PLUS ONE COPY IS-SUED BY CIQ

补充资料：

灭火器 H.S. 编码：8424100000。

工作任务：

（1）缮制一般原产地证明书。

（2）办理原产地证明书申领手续。

五、岗位拓展

讨论话题：原产地证明书的申领问题。

浙江国众贸易有限公司出口一批电子产品到越南，客户要求办一份一般原产地证明书。原产地证明书申领员小何在易检——榕基电子单证系统里办理一般原产地证明书信息输入，在制作完原产地证明书，单击"保存"并校验的时候弹出一个对话框提示："所涉商品可能被允许申领优惠原产地证明书"。请问小何是进行修改，还是仍旧申请一般原产地证明书？

讨论引导：

（1）出口到越南的电子产品可以申领何种原产地证明书？

（2）如果此次交易是采用信用证支付的，信用证上要求的是一般原产地证明书，也没有其他特殊的规定，应该如何操作？

（3）如果此次交易不是采用信用证支付，应该如何操作？

项目六

办理出口货物报关

一、学习目标

能力目标：能缮制报关委托书和报关单，能准备报关单证并办理报关手续。
知识目标：明确报关委托书和报关单的缮制要点，了解报关的基本知识。

二、工作任务

（一）任务描述

根据湖州中远国际货运有限公司的做箱通知（见样单3-3）要求，4月4日进行货物装箱，而报关资料也要寄至货代公司。因而2013年3月29日，单证员张洁按照本批出货的具体情况，先在中国电子口岸网站上进行报关申请，然后根据商业发票（见样单2-4）、装箱单（见样单2-5）缮制报关单，准备商检换单及报关随附单据，委托湖州中远国际货运有限公司办理换单及报关。

（二）任务分析

总体任务	准备报关资料
任务分解	任务一：报关申请
	任务二：缮制报关单
	任务三：准备商检换单及报关单证资料

（三）操作示范

第一步：报关申请。

张洁根据本批货物出口的港口，在中国电子口岸网站上进行报关申请（见图6-1）。

项目六　办理出口货物报关

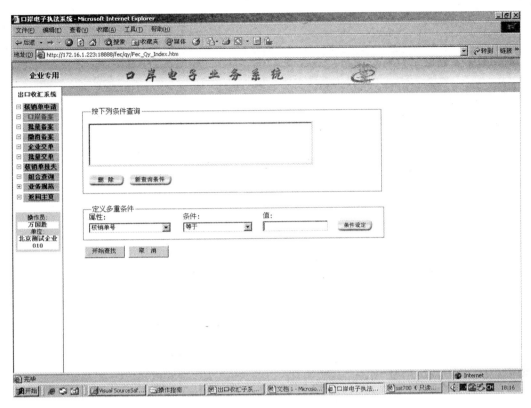

图 6-1　口岸电子业务系统

第二步：缮制出口货物报关单。

张洁根据商业发票、装箱单缮制出口货物报关单（见样单 6-1），供报关员电子报关时参考。

其他资料：一个 12.192 米（40 英尺）标箱从上海到釜山的运费是 300 美元，投保一切险的费率是 0.1%。

样单 6-1　出口货物报关单

中华人民共和国海关出口货物报关单

预录入编号：　　　　　　　　　　海关编号：

收发货人	出口口岸	出口日期	申报日期
生产销售单位	运输方式	运输工具名称	提运单号
申报单位	监管方式	征免性质	备案号

97

续表

贸易国（地区）	运抵国（地区）		指运港	境内货源地
许可证号	成交方式	运费	保费	杂费
合同协议号	件数	包装种类	毛重（千克）	净重（千克）
集装箱号	随附单据			
标记唛码及备注				
项号　商品编号　商品名称、规格型号　数量及单位　最终目的国(地区)　单价　总价　币制　征免				
特殊关系确认：		价格影响确认：	支付特许权使用费确认：	
录入员　　　录入单位		兹声明以上申报无讹并承担法律责任	海关批注及签章	
报关人员		申报单位（签章）		
单位地址				
邮编　　　　电话		填制日期		

出口货物报关单缮制要点如下。

（1）预录入编号。

本栏目填报预录入报关单的编号，预录入编号规则由接受申报的海关决定。

（2）海关编号。

本栏目填报海关接受申报时给予报关单的编号，一份报关单对应一个海关编号。

报关单海关编号为18位，其中第1—4位为接受申报海关的编号（海关规定的"关区代码表"中相应海关代码），第5—8位为海关接受申报的公历年份，第9位为进出口标志（"1"为进口，"0"为出口；集中申报清单"I"为进口，"E"为出口），后9位为顺序编号。

（3）收发货人。

本栏目填报在海关注册的对外签订并执行出口贸易合同的中国境内法人、其他组织或个人的名称及编码。编码可选填18位法人和其他组织统一社会信用代码或10位海关注册编码任一项。

（4）出口口岸。

本栏目应根据货物实际出境的口岸海关，填报海关规定的"关区代码表"（此表部分内容见表6-1）中相应口岸海关的名称及代码。

表6-1 关区代码表（部分内容）

关区代码	关区名称	关区代码	关区名称	关区代码	关区名称
2900	杭州关区	2901	杭州海关	2903	温州海关
2904	舟山海关	2905	台州海关	2906	绍兴海关
2907	湖州海关	2908	嘉兴海关	2909	杭经开关
2910	杭州机场	2911	杭关邮办	2912	杭关萧办
2915	丽水海关	2916	杭州快件	2917	衢州海关
2918	杭关余办	2919	杭富阳办	2920	金华海关
2921	金关义办	2922	金关永办	2931	温关邮办
2932	温经开关	2933	温关机办	2934	温关鳌办
2935	温关瑞办	2936	温关乐办	2941	舟关嵊办
2951	台关临办	2952	台关温办	2961	绍关虞办
2962	绍关诸办	2981	嘉关乍办	2982	嘉关善办
2983	嘉兴加工	2984	嘉关宁办	2991	杭加工区
3100	宁波关区	3101	宁波海关	3102	镇海海关
3103	甬开发区	3104	北仑海关	3105	甬保税区
3106	大榭海关	3107	甬驻余办	3108	甬驻慈办
3109	甬机场办	3110	象山海关	3111	甬加工区

（5）出口日期。

出口日期指运载出口货物的运输工具办结出境手续的日期，本栏目供海关签发打印报关单证明联用，在申报时免予填报。

本栏目为8位数字，顺序为年（4位）、月（2位）、日（2位）。

（6）申报日期。

申报日期指海关接受出口货物发货人、受委托的报关企业申报数据的日期。以电子数据报关单方式申报的，申报日期为海关计算机系统接受申报数据时记录的日期。以纸质报关单方式申报的，申报日期为海关接受纸质报关单并对报关单进行登记处理的日期。

申报日期为8位数字，顺序为年（4位）、月（2位）、日（2位）。本栏目在申报时免予填报。

（7）生产销售单位。

本栏目填报出口货物在境内的生产或销售单位的名称。包括：

①自行出口货物的单位。

②委托进出口企业出口货物的单位。

本栏目可选填18位法人和其他组织统一社会信用代码或10位海关注册编码或9位组织机构代码任一项。

（8）运输方式。

本栏目应根据货物实际出境的运输方式或货物在境内流向的类别，按照海关规定的"运输方式代码表"（见表6-2）选择填报相应的运输方式。

表6-2 运输方式代码表

运输方式代码	运输方式名称
0	非保税区
1	监管仓库
2	水路运输
3	铁路运输
4	公路运输
5	航空运输
6	邮件运输
7	保税区
8	保税仓库
9	其他运输
A	全部运输方式
H	边境特殊海关作业区
W	物流中心
X	物流园区
Y	保税港区
Z	出口加工区

（9）运输工具名称。

本栏目填报载运货物出境所使用的运输工具的名称或运输工具编号，一份报关单只允许填报一个运输工具名称。江海运输填报船舶编号（来往港澳小型船舶为监管簿编号）或者船舶英文名称，同时，后面加上运输工具的航次编号，用"/"分隔。

（10）提运单号。

本栏目填报出口货物提单或运单的编号。

一份报关单只允许填报一个提单或运单号，一票货物对应多个提单或运单时，应分单填报。

直接在出境地或采用"属地申报，口岸验放"通关模式办理报关手续的，具体填报要求如下。

①水路运输：填报出口提单号。如有分提单的，填报格式为："出口提单号"+"*"+"分提单号"；

②公路运输：免予填报；

③铁路运输：填报运单号；

④航空运输：填报格式为："总运单号"+"_"+"分运单号"，无分运单的填报总运单号；

⑤邮件运输：填报邮运包裹单号。

(11) 申报单位。

自理报关的，本栏目填报出口企业的名称及编码；委托代理报关的，本栏目填报报关企业名称及编码。

本栏目可选填18位法人和其他组织统一社会信用代码或10位海关注册编码任一项。

本栏目还包括报关单左下方用于填报申报单位有关情况的相关栏目，包括报关人员，申报单位签章。

(12) 监管方式。

本栏目应根据实际对外贸易情况，按海关规定的"监管方式代码表"（此表部分内容见表6-3）选择填报相应的监管方式简称及代码。一份报关单只允许填报一种监管方式。

表6-3 监管方式代码表（部分内容）

贸易方式代码	贸易方式简称	贸易方式全称
0110	一般贸易	一般贸易
0130	易货贸易	易货贸易
0139	旅游购物商品	用于旅游者5万美元以下的出口小批量订货
0200	料件放弃	主动放弃交由海关处理的来料或进料加工料件
0214	来料加工	来料加工装配贸易进口料件及加工出口货物
0245	来料料件内销	来料加工料件转内销
0255	来料深加工	来料深加工结转货物
0258	来料余料结转	来料加工余料结转
0265	来料料件复出	来料加工复运出境的原进口料件
0300	来料料件退换	来料加工料件退换
0314	加工专用油	国营贸易企业代理来料加工企业进口柴油
0320	不作价设备	加工贸易外商提供的不作价进口设备
0345	来料成品减免	来料加工成品凭征免税证明转减免税
0400	成品放弃	主动放弃交由海关处理的来料及进料加工成品
0420	加工贸易设备	加工贸易项下外商提供的进口设备
0444	保区进料成品	按成品征税的保税区进料加工成品转内销货物
0445	保区来料成品	按成品征税的保税区来料加工成品转内销货物
0446	加工设备内销	加工贸易免税进口设备转内销
0456	加工设备结转	加工贸易免税进口设备结转
0466	加工设备退运	加工贸易免税进口设备退运出境
0500	减免设备结转	用于监管年限内减免税设备的结转
0513	补偿贸易	补偿贸易

续表

贸易方式代码	贸易方式简称	贸易方式全称
0544	保区进料料件	按料件征税的保税区进料加工成品转内销货物
0545	保区来料料件	按料件征税的保税区来料加工成品转内销货物
0615	进料对口	进料加工（对口合同）
0642	进料以产顶进	进料加工成品以产顶进
0644	进料料件内销	进料加工料件转内销
0654	进料深加工	进料深加工结转货物
0657	进料余料结转	进料加工余料结转
0664	进料料件复出	进料加工复运出境的原进口料件

（13）征免性质。

本栏目应根据实际情况，按海关规定的"征免性质代码表"（此表部分内容见表 6-4）选择填报相应的征免性质简称及代码。持有海关核发的《征免税证明》的，应按照《征免税证明》中批注的征免性质填报。一份报关单只允许填报一种征免性质。

表 6-4 征免性质代码表（部分内容）

征免性质代码	征免性质简称	征免性质全称
101	一般征税	一般征税进出口货物
118	整车征税	构成整车特征的汽车零部件纳税
119	零部件征税	不构成整车特征的汽车零部件纳税
201	无偿援助	无偿援助进出口物资
299	其他法定	其他法定减免税进出口货物
301	特定区域	特定区域进口自用物资及出口货物
307	保税区	保税区进口自用物资
399	其他地区	其他执行特殊政策地区出口货物
401	科教用品	大专院校及科研机构进口科教用品
403	技术改造	企业技术改造进口货物
406	重大项目	国家重大项目进口货物
408	重大技术装备	生产重大技术装备进口关键零部件及原材料
412	基础设施	通信、港口、铁路、公路、机场建设进口设备
413	残疾人	残疾人组织和企业进出口货物
417	远洋渔业	远洋渔业自捕水产品

续表

征免性质代码	征免性质简称	征免性质全称
418	国产化	国家定点生产小轿车和摄录机企业进口散件
419	整车特征	构成整车特征的汽车零部件进口
420	远洋船舶	远洋船舶及设备部件
421	内销设备	内销远洋船用设备及关键部件
422	集成电路	集成电路生产企业进口货物
423	新型显示器件	新型显示器件生产企业进口物资
499	ITA 产品	非全税号信息技术产品
501	加工设备	加工贸易外商提供的不作价进口设备
502	来料加工	来料加工装配和补偿贸易进口料件及出口成品
503	进料加工	进料加工贸易进口料件及出口成品
506	边境小额	边境小额贸易进口货物
510	港澳 OPA	港澳在内地加工的纺织品获证出口
601	中外合资	中外合资经营企业进出口货物
602	中外合作	中外合作经营企业进出口货物
603	外资企业	外商独资企业进出口货物

（14）备案号。

本栏目填报出口货物收发货人在海关办理加工贸易合同备案或征、减、免税备案审批等手续时，海关核发的《中华人民共和国海关加工贸易手册》（以下统称《加工贸易手册》）、电子账册及其分册、《出口货物征免税证明》（以下简称《征免税证明》）或其他备案审批文件的编号。

一份报关单只允许填报一个备案号。

（15）贸易国（地区）。

本栏目填报对外贸易中与境内企业签订贸易合同的外方所属的国家（地区）。本栏目应按海关规定的"国别（地区）代码表"（此表部分内容见表 6-5）选择填报相应的贸易国（地区）或贸易国（地区）中文名称及代码。

（16）运抵国（地区）。

本栏目填报出口货物在离开我国关境后，直接运抵或者在运输中转国（地区）未发生任何商业性交易的情况下最后运抵的国家（地区）。

本栏目应按海关规定的"国别（地区）代码表"（此表部分内容见表 6-5）选择填报相应的启运国（地区）或运抵国（地区）中文名称及代码。

表 6-5 国别（地区）代码表（部分内容）

国别地区代码	中文名（简称）	英文名（简称）
101	阿富汗	Afghanistan
102	巴林	Bahrian
103	孟加拉国	Bangladesh
104	不丹	Bhutan
107	柬埔寨	Cambodia
108	塞浦路斯	Cyprus
109	朝鲜	Korea，DPR
111	印度	India
112	印度尼西亚	Indonesia
116	日本	Japan
132	新加坡	Singapore
133	韩国	Korea Rep.
137	土耳其	Turkey
138	阿联酋	United Arab Emirates
139	也门	Yemen
141	越南	Viet Nam
142	中国	China
249	突尼斯	Tunisia
311	葡萄牙	Portugal
312	西班牙	Spain
313	阿尔巴尼亚	Albania

（17）指运港。

本栏目填报出口货物运往境外的最终目的港。最终目的港不可预知的，按尽可能预知的目的港填报。

本栏目应根据实际情况按海关规定的"港口航线代码表"（此表部分内容见表6-6）选择相应的港口中文名称及代码进行填报。指运港在"港口航线代码表"中无港口中文名称及代码的，可选择填报相应的国家中文名称或代码。

表 6-6 港口航线代码表（部分内容）

港口中文名	港口英文名	航线	国别代码	港口代码
长崎	NAGASAKI	16	116	1286
名古屋	NAGOYA	16	116	1287
那霸	NAHA	16	116	1288
中城	NAKAGUSUKU	16	116	1289
大阪	OSAKA	16	116	1303

续表

港口中文名	港口英文名	航线	国别代码	港口代码
釜山	BUSAN	1	133	1480
群山	GUNZAM	1	133	1481
仁川	INCHON	1	133	1482
斯法克斯	SFAX	6	249	1778
苏斯	SOUSSE	6	249	1779
苏萨	SUSA	6	249	1780
巴塞罗那	BARCELONA	6	312	2382
比尔罗鄂	BILBOA	6	312	2383

（18）境内货源地。

境内货源地填报出口货物在国内的产地或原始发货地。出口货物产地难以确定的，填报最早发运该出口货物的单位所在地。

本栏目按海关规定的"国内地区代码表"（此表部分内容见表6-7）选择填报相应的国内地区名称及代码。

表6-7 国内地区代码表（部分内容）

国内地区代码	国内地区名称	国内地区代码	国内地区名称
33012	杭州经济技术开发区	33089	衢州
33013	杭州高新技术产业开发区	33099	舟山
33015	浙江杭州出口加工区	33109	丽水
33019	杭州其他	33119	台州
33022	宁波经济技术开发区	33129	余姚
33024	宁波北仑港保税区	33139	海宁
33025	浙江宁波出口加工区	33149	兰溪
33026	宁波梅山保税港区	33159	瑞安
33027	宁波保税物流园	33169	萧山
33029	宁波其他	33179	江山
33032	温州经济技术开发区	33189	义乌
33039	温州其他	33199	东阳
33045	浙江嘉兴出口加工区	33205	浙江慈溪出口加工区
33049	嘉兴	33209	慈溪
33059	湖州	33219	奉化
33069	绍兴	33229	诸暨
33072	金华经济技术开发区	33239	黄岩
33079	金华	33909	浙江其他

(19) 许可证号。

本栏目填报以下许可证的编号：出口许可证、两用物项和技术出口许可证、两用物项和技术出口许可证（定向）、纺织品临时出口许可证。

一份报关单只允许填报一个许可证号。

(20) 成交方式。

本栏目应根据出口货物实际成交价格条款，按海关规定的"成交方式代码表"（见表6-8）选择填报相应的成交方式名称及代码。

表6-8 成交方式代码表

成交方式代码	成交方式名称
1	CIF
2	C&F
3	FOB
4	C&I
5	市场价
6	垫仓

(21) 运费。

本栏目填报出口货物运至我国境内输出地点装载后的运输费用。出口货物成交价格不包含前述运输费用的，本栏目免于填报。

运费可按运费单价、总价或运费率三种方式之一填报，注明运费标记（运费标记"1"表示运费率，"2"表示每吨货物的运费单价，"3"表示运费总价），并按海关规定的"货币代码表"（见表6-9）选择填报相应的币种代码。

运保费合并计算的，填报在本栏目，填报注意事项如下。

①2%的运费率填报为"2"；

②150美元的运费单价填报为"502/150/2"（注：502为美元代码）；

③2000美元的运费总价填报为"502/2000/3"。

表6-9 货币代码表

货币代码	货币符号	货币名称	货币代码	货币符号	货币名称
110	HKD	港币	304	DEM	德国马克
113	IRR	伊朗里亚尔	305	FRF	法国法郎
116	JPY	日本元	306	IEP	爱尔兰镑
118	KWD	科威特第纳尔	307	ITL	意大利里拉
121	MOP	澳门元	309	NLG	荷兰盾
122	MYP	马来西亚林吉特	312	ESP	西班牙比赛塔
127	PKR	巴基斯坦卢比	315	ATS	奥地利先令
129	PHP	菲律宾比索	318	FIM	芬兰马克

续表

货币代码	货币符号	货币名称	货币代码	货币符号	货币名称
132	SGD	新加坡元	326	NOK	挪威克朗
136	THB	泰国铢	330	SEK	瑞典克朗
142	CNY	人民币	331	CHF	瑞士法郎
143	TWD	台币	332	SUR	俄罗斯卢布
201	DZD	阿尔及利亚第纳尔	398	ASF	瑞士法郎
300	EUR	欧元	501	CAD	加拿大元
301	BEF	比利时法郎	502	USD	美元
302D	DKK	丹麦克朗	601	AUD	澳大利亚元
303	GBP	英镑	609	NZD	新西兰元

(22) 保费。

本栏目填报出口货物运至我国境内输出地点装载后的保险费用。出口货物成交价格不包含前述保险费用的，本栏目免于填报。

保费可按保险费总价或保险费率两种方式之一填报，注明保险费标记（保险费标记为"1"表示保险费率，"3"表示保险费总价），并按海关规定的"货币代码表"选择填报相应的币种代码。

运保费合并计算的，本栏目免予填报，填报注意事项如下。

①0.1%的保险费率填报为"0.1"；

②5000港元保险费总价填报为"110/5000/3"（注：110为港元的代码）。

(23) 杂费。

本栏目填报成交价格以外的、按照《中华人民共和国进出口关税条例》相关规定应计入完税价格或应从完税价格中扣除的费用。可按杂费总价或杂费率两种方式之一填报，注明杂费标记（杂费标记"1"表示杂费率，"3"表示杂费总价），并按海关规定的"货币代码表"选择填报相应的币种代码。

应计入完税价格的杂费填报为正值或正率，应从完税价格中扣除的杂费填报为负值或负率。

(24) 合同协议号。

本栏目填报出口货物合同（包括协议或订单）编号。

(25) 件数。

本栏目填报有外包装的出口货物的实际件数。特殊情况填报要求如下。

①舱单件数为集装箱的，填报集装箱个数；

②舱单件数为托盘的，填报托盘数。

本栏目不得填报为零，裸装货物填报为"1"。

(26) 包装种类。

本栏目应根据出口货物的实际外包装种类，按海关规定的"包装种类代码表"选择填报相应的包装种类代码。

(27) 毛重（千克）。

本栏目填报出口货物及其包装材料的重量之和，计量单位为千克，不足 1 千克的填报为"1"。

(28) 净重（千克）。

本栏目填报出口货物的毛重减去外包装材料后的重量，即货物本身的实际重量，计量单位为千克，不足 1 千克的填报为"1"。

(29) 集装箱号。

本栏目填报装载出口货物（包括拼箱货物）集装箱的箱体信息。一个集装箱填一条记录，分别填报集装箱号（在集装箱箱体上标示的全球唯一编号）、集装箱的规格和集装箱的自重。非集装箱货物填报为"0"。本栏目以"集装箱号"+"/"+"规格"+"/"+"自重"的方式填报。多个集装箱的，第一个集装箱号填报在"集装箱号"栏中，其余的按此格式依次填报在"标记唛码及备注"栏中。如一批货物装在一个 6.096 米（20 英尺）的集装箱里，集装箱号为 COSU4012387，自重 2275 千克，则本栏目填写"COSU4012387/20/2275"。

(30) 随附单据。

本栏目根据海关规定的"监管证件代码表"（此表部分内容见表 6-10）选择填报除许可证件以外的其他出口许可证件或监管证件代码及编号。格式为："监管证件代码"+"："+"监管证件编号"。所申报货物涉及多于一个监管证件的，其余监管证件的代码和编号以同样的格式填报在"标记唛码及备注"栏中。

优惠贸易协定项下出口货物，本栏目填报原产地证明书代码和编号。

表 6-10 监管证件代码表（部分内容）

监管证件代码	监管证件名称
1	进口许可证
2	两用物项和技术进口许可证
3	两用物项和技术出口许可证
4	出口许可证
5	纺织品临时出口许可证
6	旧机电产品禁止进口
7	自动进口许可证
8	禁止出口商品
9	禁止进口商品
A	入境货物通关单
B	出境货物通关单
D	出/入境货物通关单（毛坯钻石用）
E	濒危物种允许出口证明书
F	濒危物种允许进口证明书

续表

监管证件代码	监管证件名称
G	两用物项和技术出口许可证（定向）
I	精神药物进（出）口准许证
J	黄金及其制品进出口准许证或批件
O	自动进口许可证（新旧机电产品）
P	固体废物进口许可证
Q	进口药品通关单
S	进出口农药登记证明
T	银行调运现钞进出境许可证
U	合法捕捞产品通关证明
W	麻醉药品进出口准许证
X	有毒化学品环境管理放行通知单
Z	音像制品进口批准单或节目提取单
e	关税配额外优惠税率进口棉花配额证
r	预归类标志
s	适用 ITA 税率的商品用途认定证明
t	关税配额证明

（31）标记唛码及备注。

本栏目填报要求如下。

①标记唛码中填报除图形以外的文字、数字；

②申报时其他必须说明的事项填报在本栏目。

（32）项号。

本栏目分两行填报及打印。第一行填报报关单中的商品顺序编号；第二行专用于加工贸易、减免税等已备案、审批的货物，填报和打印该项货物在《加工贸易手册》或《征免税证明》等备案、审批单证中的顺序编号。

优惠贸易协定项下实行原产地证明书联网管理的报关单，第一行填报报关单中的商品顺序编号，第二行填报该项商品对应的原产地证明书上的商品项号。

（33）商品编号。

本栏目应填报由《中华人民共和国进出口税则》确定的出口货物的税则号列和《中华人民共和国海关统计商品目录》确定的商品编码，以及符合海关监管要求的附加编号组成的10位商品编号。

（34）商品名称、规格型号。

本栏目分两行填报及打印。第一行填报出口货物规范的中文商品名称,第二行填报规格型号。具体填报要求如下。

① 商品名称及规格型号应据实填报,并与出口货物发货人或受委托的报关企业所提交的合同、发票等相关单证相符;

② 商品名称应当规范,规格型号应当足够详细,以能满足海关归类、审价及许可证件管理要求为准,可参照《中华人民共和国海关进出口商品规范申报目录》中对商品名称、规格型号的要求进行填报。

(35)数量及单位。

本栏目分三行填报及打印,具体填报要求如下。

① 第一行应按进出口货物的法定第一计量单位填报数量及单位,法定计量单位以《中华人民共和国海关统计商品目录》中的计量单位为准;

② 凡列明有法定第二计量单位的,应在第二行按照法定第二计量单位填报数量及单位。无法定第二计量单位的,本栏目第二行为空;

③ 成交计量单位及数量应填报并打印在第三行。

法定计量单位为"千克"的数量填报,特殊情况下填报要求如下。

① 装入可重复使用的包装容器的货物,应按货物扣除包装容器后的重量填报,如罐装同位素、罐装氧气及类似品等;

② 使用不可分割包装材料和包装容器的货物,按货物的净重填报(即包括内层直接包装的净重重量),如采用供零售包装的罐头、化妆品、药品及类似品等;

③ 按照商业惯例以公量重计价的商品,应按公量重填报,如未脱脂羊毛、羊毛条等;

④ 采用以毛重作为净重计价的货物,可按毛重填报,如粮食、饲料等大宗散装货物;

⑤ 采用零售包装的酒类、饮料,按照液体部分的重量填报。

(36)最终目的国(地区)。

填报已知的出口货物的最终实际消费、使用或进一步加工制造国家(地区)。不经过第三国(地区)转运的直接运输货物,以运抵国(地区)为最终目的国(地区);经过第三国(地区)转运的货物,以最后运往国(地区)为最终目的国(地区)。同一批出口货物的最终目的国(地区)不同的,应分别填报最终目的国(地区)。出口货物不能确定最终目的国(地区)时,以尽可能预知的最后运往国(地区)为最终目的国(地区)。

本栏目应按海关规定的"国别(地区)代码表"选择填报相应的国家(地区)名称及代码。

(37)单价。

本栏目填报同一项号下出口货物实际成交的商品单位价格。无实际成交价格的,本栏目填报单位货值。

(38)总价。

本栏目填报同一项号下出口货物实际成交的商品总价格。无实际成交总价格的,本栏目填报货值。

（39）币制。

本栏目应按海关规定的"货币代码表"选择相应的货币名称及代码填报，如"货币代码表"中无实际成交币种，需将实际成交货币按申报日外汇折算率折算成"货币代码表"中列明的货币填报。

（40）征免。

本栏目应按照海关核发的《征免税证明》或有关政策规定，对报关单所列每项商品选择海关规定的"征减免税方式代码表"中相应的征减免税方式填报。

（41）特殊关系确认。

本栏目根据《中华人民共和国海关审定进出口货物完税价格办法》（以下简称《审价办法》）第十六条，填报确认出口行为中买卖双方是否存在特殊关系，在本栏目应填报"是"，反之则填报"否"。有下列情形之一的，应当认为买卖双方存在特殊关系。

①买卖双方为同一家族成员的；
②买卖双方互为商业上的高级职员或者董事的；
③一方直接或者间接地受另一方控制的；
④买卖双方都直接或者间接地受第三方控制的；
⑤买卖双方共同直接或者间接地控制第三方的；
⑥一方直接或者间接地拥有、控制或者持有对方5%以上（含5%）公开发行的有表决权的股票或者股份的；
⑦一方是另一方的雇员、高级职员或者董事的；
⑧买卖双方是同一合伙的成员的。

买卖双方在经营上相互有联系，一方是另一方的独家代理、独家经销或者独家受让人，如果符合前款的规定，也应当视为存在特殊关系。

（42）价格影响确认。

本栏目根据《审价办法》第十七条，填报确认出口行为中买卖双方存在的特殊关系是否影响成交价格，纳税义务人如不能证明其成交价格与同时或者大约同时发生的下列任何一款价格相近的，应当视为特殊关系对出口货物的成交价格产生影响，在本栏目应填报"是"，反之则填报"否"。

①向境内无特殊关系的买方出售的相同或者类似出口货物的成交价格；
②按照《审价办法》倒扣价格估价方法的规定所确定的相同或者类似出口货物的完税价格；
③按照《审价办法》计算价格估价方法的规定所确定的相同或者类似出口货物的完税价格。

（43）支付特许权使用费确认。

本栏目根据《审价办法》第十三条，填报确认进出口行为中买方是否存在向卖方或者有关方直接或者间接支付特许权使用费。特许权使用费是指进出口货物的买方为取得知识产权权利人及权利人有效授权人关于专利权、商标权、专有技术、著作权、分销权或者销售权的许可或者转让而支付的费用。如果出口行为中买方存在向卖方或者有关方直接或者间接支付特许权使用费的，在本栏目应填报"是"，反之则填报"否"。

(44) 录入员。

本栏目用于记录预录入操作人员的姓名。

(45) 录入单位。

本栏目用于记录预录入单位名称。

(46) 申报单位。

自理报关的，本栏目填报出口企业的名称及海关注册编码；委托代理报关的，本栏目填报经海关批准的报关企业名称及海关注册编码。

本栏目还包括报关单左下方用于填报申报单位有关情况的相关栏目，包括报关人员、单位地址、邮编和电话等栏目。

(47) 海关批注及签章。

本栏目供海关作业时签注。

第三步：准备商检换单及报关单证资料。

张洁准备好代理报关委托书（见样单6-2）、出口货物报关单（见样单6-3）、商业发票、装箱单、核销单、出境货物换证凭条及销售合同、信用证等，委托湖州中远国际货运有限公司办理商检换单和报关手续。

单证员在报关委托书右上角和左下角盖上单位公章和法人章，其余各栏由报关员代为填写。

样单6-2 代理报关委托书

代理报关委托书

编号：□□□□□□□□□□

我单位现_____（A. 逐票 B. 长期）委托贵公司代理_____等通关事宜。（A. 报关查验 B. 垫缴税款 C. 办理海关证明联 D. 审批手册 E. 核销手册 F. 申办减免税手续 G. 其他）详见《委托报关协议》。

我单位保证遵守《中华人民共和国海关法》和国家有关法规，保证所提供的情况真实、完整、单货相符。否则，愿承担相关法律责任。

本委托书有效期自签字之日起至　　年　　月　　日止。

委托方（盖章）：

法定代表人或其授权签署《代理报关委托书》的人（签字）

年　月　日

委托报关协议

为明确委托报关具体事项和各自责任，双方经平等协商签订协议如下：

委托方		被委托方		
主要货物名称		*报关单编码	No.	
H.S.编码	□□□□□□□□	收到单证日期	年 月 日	
进出口日期	年 月 日	收到单证情况	合同□	发票□
提单号			装箱清单□	提（运）单□
贸易方式			加工贸易手册□	许可证件□
原产地/货源地			其他	
传真电话		报关收费	人民币： 元	
其他要求：		承诺说明：		
背面所列通用条款是本协议不可分割的一部分，对本协议的签署构成了对背面通用条款的同意。		背面所列通用条款是本协议不可分割的一部分，对本协议的签署构成了对背面通用条款的同意。		
委托方业务签章：		被委托方业务签章：		
经办人签章：		经办报关员签章：		
联系电话： 年 月 日		联系电话： 年 月 日		

（白联：海关留存　黄联：被委托方留存　红联：委托方留存）　　　　中国报关协会监制

样单6-3　出口货物报关单

中华人民共和国海关出口货物报关单

预录入编号：　　　　　　海关编号：

收发货人 湖州正昌贸易有限公司 3305960253	出口口岸 外港海关 2225	出口日期 2013.04.06	申报日期
生产销售单位　湖州正昌贸易有限公司 3305960253	运输方式 水路运输	运输工具名称 GOLDEN COMPANION/907N	提运单号 COSG55896212
申报单位　湖州中远国际货运有限公司	监管方式 一般贸易	征免性质 一般征税	备案号

续表

贸易国（地区） 韩国	运抵国（地区） 韩国		指运港 釜山	境内货源地 湖州
许可证号	成交方式 CIF	运费 502/300/3	保费 502/143.59/3	杂费
合同协议号 ZC130210	件数 1 801	包装种类 纸箱	毛重（公斤） 22 512.5	净重（公斤） 18 910.5
集装箱号	随附单据 通关单			
标记号码及备注 MAIJER ZC130210 BUSAN C/NO. 1 - 1801				
项号　商品编号　商品名称、规格型号　　数量及单位　　最终目的国（地区）　单价　　总价　　币制　征免				
1　　4601201000　　藤帘　　　　　　　18 910.5千克　　　韩国　　　2.61　37 604.88　USD 　　　　　　　　　RATTAN CURTAIN 　　　　　　　　　　　　　　　14 408张				
特殊关系确认：否　　　　价格影响确认：否　　　　支付特许权使用费确认：否				
录入员　　录入单位	兹声明以上申报无讹并承担法律责任 申报单位（签章）		海关批注及签章	
报关人员 单位地址 邮编　　　　电话　　　　填制日期				

（四）任务解决

　　湖州中远国际货运有限公司在上海出入境检验检疫局凭换证凭条换取出境货物通关单（见样单6-4）。

样单6-4 出境货物通关单

中华人民共和国出入境检验检疫
出境货物通关单

编号：430006789012345

1. 发货人 湖州正昌贸易有限公司 ＊＊＊		5. 标记及号码	
2. 收货人 ＊＊＊ ＊＊＊			
3. 合同/信用证号 ZC130210/＊＊＊	4. 输往国家或地区 韩国		
6. 运输工具名称及号码 船舶＊＊＊	7. 发货日期 2013.4.6	8. 集装箱规格及数量 ＊＊＊	
9. 货物名称及规格 藤帘 ＊＊＊ （以下空白）	10. H.S.编码 4601201000 ＊＊＊ （以下空白）	11. 申报总值 37 604.88美元 ＊＊＊ （以下空白）	12. 数/重量，包装种类及数量 14 408张 1 801纸箱 ＊＊＊ （以下空白）
13. 证明	上述货物业经检验检疫，请海关予以放行。 本通关单有效期至2013年6月3日 　　　　　　　　　签字　　　（盖章）　　　　日期　2013年4月3日		
14. 备注			

2013年4月4日货代公司办理完报关手续。货物装船后货代公司发提单确认件（见样单6-5）给张洁进行确认。

样单6-5 提单确认件

湖州中远国际货运有限公司提单确认件

TO：张小姐，烦请确认提单并回传。提单号：COSG55896212

SHIPPER：
HUZHOU ZHENCHANG TRADING CO., LTD.
42 HONGQI ROAD, HUZHOU, CHINA

CONSIGNEE：
TO SHIPPER'S ORDER

NOTIFY PARTY：
MAIJER FISTRTION INC.
3214,WALKER, NAKAGYO – KU, KYUNG – BUK,
KOREA REP.

船名航次：GOLDEN COMPANION 907N
SHANGHAI　BUSAN

MARKS	CARTONS	GOODS DESCRIPTION	G. W.	MEAS.
MAIJER ZC130210 BUSAN C/NO. 1 – 1801	1 801CTNS	RATTAN CURTAIN	22 512.5KGS	56.28CBM

FREIGHT PREPAID
CN/SN：TGHU2187451/2125007

张洁在核对货物相关信息无误后进行回传。

三、知识链接

（一）报关的含义

根据《中华人民共和国海关法》规定："进出境运输工具、货物、物品，必须通过设立海关的地点进境或出境。"因此，由设关地进出境并办理规定的海关手续是运输工具、货物、物品进出境的基本规则，也是进出境运输工具负责人、进出口货物收发货人、进出境物品的所有人应履行的一项基本义务。报关是指进出口贸易的有关当事人或其代理人、进出境运输工具负责人、进出境物品的所有人在规定的有效期内向海关办理有关货物、运输工具、物品进出境手续的全过程。它强调的是一个过程。

由上可知，按照报关对象的不同，报关可以分为运输工具报关、货物报关和物品报关三类。其中，运输工具报关手续较为简单，作为货物、人员及其携带物品的进出境载体，其报关主要是向海关直接交验相关的合法证件、清单和其他运输单证；物品报关由于其非贸易性质，且一般限于自用、合理数量，因而报关手续也较为简单。而货物的报关就比较复杂，本项目所述的一般贸易下，出口货物报关业务包括：按照规定填制出口货物报关单，如实申报出口货物的商品编码、实际成交价格、目的地等相应内容，并提交相应的报关单证，办理出口货物的查验，申请办理缴纳税费、结关等事宜。

（二）报关主体和报关单位

1. 报关主体

报关主体即有报关资格的人。在《关于简化和协调海关制度的国际公约》（简称《京都公约》）总附约中标准条款第3.7条中有如下规定：即所有对货物有处置权的人应有资格作为报关人，可以作为报关主体。

2. 报关单位

海关对进出口货物报关管理的主要制度实际是报关注册登记制度。凡是在中华人民共和国进出境口岸办理进出口货物报关手续的企业必须向海关办理报关注册登记。要履行进出口货物的报关手续，必须先经海关批准成为报关单位。能够向海关注册登记的单位分为两类，一类是办理报关注册登记单位；另一类是办理代理报关注册登记单位。

（三）出口货物的报关程序

在我国，出口货物的报关须经过出口货物的发货人或其代理人办理申报、配合查验、缴纳税费、装运货物等作业环节，具体流程如图6-2所示。

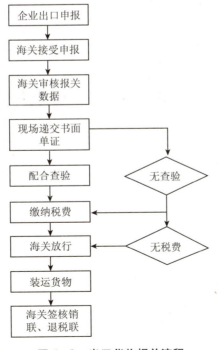

图6-2 出口货物报关流程

1. 企业出口申报

出口申报是指出口货物的发货人或其代理人，依照法律、法规的要求，在规定的期限、地点，向海关交纳相应的报关单证，报告实际出口货物的情况，并接受海关审核的行为。申报包括电子数据报关单申报和纸质报关单申报两种形式。

出口货物的申报期限为货物运抵海关监管区后、装货的 24 小时以前。申报地点为货物的出境地海关。不需要征税费、查验的货物，自接受申报起 1 日内办结通关手续。

2. 海关接受申报

不论是电子申报还是纸质申报，海关以接受申报数据的日期为接受申报的日期。

货物的发货人或其代理人根据《中华人民共和国海关进出口货物报关单填制规范》和海关监管、征税、统计等要求录入电子报关数据并通过网络传输方式向海关传输电子数据，进行电子申报。海关计算机系统根据预先设定的各项参数对电子报关数据的规范性、有效性和合法性进行电子审核，审核通过后申报人到现场海关接单窗口递交书面单证，办理货物验放手续。

申报人通常应递交以下单证。

（1）报关员证。

（2）代理报关委托书。

（3）预录入报关单（指预录入公司录入、打印，并联网将录入数据传送到海关，由申报单位向海关申报的报关单）。

（4）发票、装箱单、合同、提单/运单等随附单据。

（5）加工贸易需提供加工贸易手册。

（6）海关依据对外贸易管理制度规定，对出口实施实际监管的各种许可证件主要有：出口许可证、被动出口配额证、检验检疫出境货物通关单、濒危物种出口允许证、精神药物出口准许证、文物出口许可证等。

（7）其他有特殊监管条件的有关单证以及海关要求出示的单证。

3. 配合查验

海关在接受报关单位的申报并以已经审核的申报资料为依据，通过对出口货物进行实际的核查，以确定其报关单证申报的内容是否与实际出口的货物相符。配合查验是指申报出口的货物经海关决定查验时，出口货物的发货人或者代理人应到达查验现场，配合海关查验货物，并负责按照海关的要求搬移、开拆或重封被查验货物的工作环节。海关通过查验，核实有无伪报、瞒报、申报不实等走私、违规行为，同时也为海关的征税、统计、后续管理提供可靠的资料。

需要查验的货物自接受申报起 1 日内由海关开出查验通知单，自具备海关查验条件起 1 日内完成查验，除需缴税外，自查验完毕 4 小时内办结通关手续。

4. 缴纳税费

海关对应税货物征收税款（关税、增值税），并打印税款缴款书，出口货物的发货人或者代理人接到海关发出的税费缴纳通知书后，向海关指定的银行办理税费款项的缴纳手续。

5. 装运货物

放行关员对电子报关数据、书面单证及批注情况进行复核，情况正常的，办理单证放行手续。出口货物的发货人或者代理人通知港区、机场、车站及其他有关单位装运出口货物。对已放行的出口货物,海关在收到船代/航空公司地面代理提供的清洁电子舱单后,负责报关单电子数据与电子舱单数据的核对,对确认已实际出口的货物办理结关核销手续,并根据申报人提供的申请签发证明联的清单签发出口退税专用联、收汇核销联及加工贸易海关核销联。

四、能力训练

(一) 安吉林木饰品有限公司操作案例

接"项目五 申领原产地证明书"能力训练部分中安吉林木饰品有限公司操作案例,2013年5月12日,上海大洲货代公司传来进仓通知(见样单6-6),要求报关资料于2013年5月16日前寄往上海大洲货代公司。安吉林木饰品有限公司的单证员根据进仓通知的要求,依据商业发票(见样单3-6)和装箱单(见样单3-7)缮制出口货物报关单,并准备报关资料。

样单6-6 进仓通知

进仓通知

TO:安吉林木

贵司预配货物,品名 __96%涤4%弹力女连衣裙__ 件数 __420CTNS__ 目的港 __BARCELONA__

提单号: __CNSE094479__ 现配船名 __CMA CGM MOZART V.039__ 开航日 __5__ 月 __18__ 日

报关资料请于 __5月16日10:00__ 时前送至我司 __航海路378号4号楼D座集装箱部__

货物请于 __5月16日10:00__ 时前,按此进仓编号 __DCF145678A45__

送至我司仓库,我司仓库恕不接受除此以外的进仓编号。

电话:021-25687××× 联系人:张明

传真:021-25687×××

进仓地址:上海市海虹路4046号海洲储运

联系电话:65443×××

联系人:李伟

注:请配合我司规定的时间送报关资料和送货。送报关资料时,请提供经营单位税务登记号(共15位)。

补充资料:

出口口岸:洋山港区(2248);

安吉林木饰品有限公司在海关注册的企业编码:3305961235;

生产厂家:安吉林木饰品有限公司;

运费总价:4 300美元,保险费率:1.2%。

工作任务:

(1) 缮制出口货物报关单。

(2) 准备报关资料。

（二）湖州兴业进出口有限公司操作案例

接"项目五 申领原产地证明书"能力训练部分中湖州兴业进出口有限公司操作案例，2013年5月29日，湖州兴业进出口有限公司的单证员收到货代公司传过来的做箱通知（见样单6-7）。2013年6月4日，单证员根据商业发票（见样单3-8）、装箱单（见样单3-9）填写出口货物报关单，准备报关资料给货代公司，委托其办理报关手续。

样单6-7 做箱通知

做 箱 通 知

TO：湖州兴业

船名/航次：ITAL FIDUCIA 019W
提单号：COSU6018011491
目的港：SFAX，TUNISIA
做箱地址：湖州市东大路59号
箱型：1×40'FCL

装箱时间：2013年6月5日上午9点
预计开船日：2013年6月8日

注：预配数据为870CTNS，19 140KGS，31.32CBM。
请确认核对数据，如无误请签OK传回我司，谢谢配合！

FROM：湖州外航
2013年5月29日

补充资料：
出口口岸：吴淞海关（2202）；
灭火器 H. S. 编码：8424100000；
法定计量单位：个；
湖州兴业进出口有限公司在海关注册的企业编码：3305978942；
运费总价：3 150美元。
工作任务：
（1）缮制出口货物报关单。
（2）准备报关资料。

五、岗位拓展

讨论话题：出口野生水獭皮大衣的监管证件问题。

浙江海宁丽珠皮衣厂首次向英国出口一批野生水獭皮大衣，货物是 2013 年 8 月 10 日的船期。8 月初货物备好后，委托货运代理公司办理出口报关。单证员在 8 月 4 日把报关单证寄往货运代理公司，货运代理公司收到报关单证后回复单证不齐全，还需要提供物种证明，单证员迷惑不解。

讨论引导：

(1) 先准确归类，确定野生水獭皮大衣的 H.S. 编码。

(2) 确定 H.S. 编码后，再确定野生水獭皮大衣的出口监管证件。

(3) 了解如何申领相关监管证件。

项目七

办理出口货物投保

一、学习目标

能力目标：能缮制出口货物投保单，办理投保手续。

知识目标：明确出口货物投保单的缮制要点，掌握出口保险单证的种类及内容，了解出口信用保险。

二、工作任务

（一）任务描述

2013年4月2日，单证员张洁在收到湖州中远国际货运有限公司的做箱通知后，确定了4月6日的船期，按照信用证中的保险条款及商业发票、做箱通知等单据，缮制出口货物投保单并向保险公司办理出口货物投保手续。

（二）任务分析

总体任务	根据信用证要求办理出口货物投保
任务分解	任务一：整理投保资料
	任务二：缮制出口货物投保单
	任务三：办理投保手续

（三）操作示范

第一步：整理投保资料。

信用证中保险条款。

+ MARINE INSURANCE POLICY FOR 110PCT OF INVOICE VALUE, BLANK ENDORSED, COVERING ALL RISKS AND WAR RISKS, CLAIMS PAYABLE AT DESTINATION.

信用证中保险条款要求投保加成一成，空白背书，投保一切险和战争险，索赔地点在目的地。张洁根据商业发票（见样单2－4）和做箱通知（见样单3－3）等相关单据，准备填制出口货物投保单。

第二步：缮制出口货物投保单。

由于售货合同和信用证中没有指定保险公司，张洁决定按惯例向中国人民财产保险股份有限公司投保。在确认投保资料后，就缮制出口货物投保单（见样单 7-1）。

样单 7-1　出口货物投保单

PICC

中国人民财产保险股份有限公司
PICC Property and Casualty Company Limited
货物运输保险投保单
APPLICATION FORM FOR CARGO TRANSPORTATION INSURANCE

被保险人
INSURED：_____

发票号（INVOICE NO.）_____

合同号（CONTRACT NO.）_____

信用证号（L/C NO.）_____

发票金额（INVOICE AMOUNT）_____　　投保加成（PLUS）_____

兹有下列物品向中国人民保险公司北京市分公司投保。（INSURANCE IS REQUIRED ON THE FOLLOWING COMMODITTES：）

标记 MARKS & NOS.	包装及数量 QUANTITY	保险货物项目 DESCRIPTION OF GOODS	保险金额 AMOUNT INSURED

启运日期：　　　　　　　　　　　装载运输工具：
DATE OF COMMENCEMENT：_____　PER CONVEYANCE：_____

自　　　　　　　经　　　　　　　至
FROM _____　VIA _____　TO _____

提单号：　　　　　　　　　　　　赔款偿付地点：
B/L NO.：_____　　　　　　　CLAIM PAYABLE AT _____

投保险别：（PLEASE INDICATE THE CONDITIONS &/OR SPECIAL COVERAGES：）

请如实告知下列情况：（如"是"在［　］中打"√"，"不是"打"×"）IF ANY, PLEASE MARK "√" OR "×"：

1. 货物种类：袋装［　］　散装［　］　冷藏［　］　液体［　］　活动物［　］　机器/汽车［　］
　　危险品等级［　］
　　GOODS：　BAG/JUMBO　BULK　　REEFER　　LIQUID　　LIVE ANIMAL　MACHINE/AUTO
　　DANGEROUS CLASS

续表

2. 集装箱种类：普通 [ ] 开顶 [ ] 框架 [ ] 平板 [ ] 冷藏 [ ]
CONTAINER: ORDINARY OPEN FRAME FLAT REFRIGERATOR
3. 转运工具： 海轮 [ ] 飞机 [ ] 驳船 [ ] 火车 [ ] 汽车 [ ]
BY TRANSIT: SHIP PLANE BARGE TRAIN TRUCK
4. 船舶资料： 船籍 [ ] 船龄 [ ]
PARTICULAR OF SHIP: RIGISTRY AGE
备注：被保险人确认本保险合同条款和内容已经完全了解。 投保人（签名盖章）APPLICANT'S SIGNATURE THE ASSURED CONFIRMS HEREWITH THE TERMS AND CONDITIONS OF THESE INSURANCE CONTRACTS FULLY UNDERSTOOD. 电话：（TEL） 地址：（ADD） 投保日期：（DATE）

出口货物投保单缮制要点如下。

（1）被保险人（Insured）。

要按照保险利益的实际有关人填写，一般是出口企业名称。

（2）标记（Marks & Nos.）。

应该和提单上所载的标记符号相一致，特别要同刷在货物外包装上的实际标记符号一样，以免发生赔案时，引起检验、核赔、确定责任的混乱。如果标记繁杂，可以写成"与××号发票相同"（as per invoice No. ××）。

（3）包装及数量（Quantity）。

要将包装的性质如箱、包、件、捆以及数量都写清楚。

（4）保险货物项目（Description of Goods）。

一般按商业发票上的具体货物名称填写，如果货物项目较多，可以用统称，但不得与商业发票或其他单据上的所列货名相抵触。

（5）保险金额（Amount Insured）。

通常按照发票CIF价加成10%～20%计算，如发票价为FOB带保险或CFR，应将运费、保费相应加上去，再另行加成。需要指出的是保险合同是补偿性合同，被保险人不能从保险赔偿获得超过实际损失的赔付，因此溢额投保（如过高的加成、明显偏离市场价格的投保金额等）是不能得到全部赔付的。

（6）装载运输工具（Per Conveyance）。

海运需写明船名、航次。

（7）航程或路线（From...To...）。

写明从何地启运至何地，如有转运，要注明中转港的名称。

（8）赔款偿付地点（Claim Payable at）。

除特别声明外，一般在保险目的地支付赔款。

（9）投保险别（Conditions）。

必须注明具体险别，按信用证要求填写，如有特别要求也在这一栏填写。

（10）投保日期（Date）。

应在开航前，不能迟于提单上的出航日期。

第三步：办理投保手续。

2013年4月3日，张洁拿着缮制好的出口货物投保单（见样单7-2）到中国人民财产保险股份有限公司湖州分公司办理投保手续。

样单7-2 出口货物投保单

PICC 中国人民财产保险股份有限公司
PICC Property and Casualty Company Limited
货物运输保险投保单
APPLICATION FORM FOR CARGO TRANSPORTATION INSURANCE

被保险人
Insured：HUZHOU ZHENGCHANG TRADING CO.，LTD.
发票号（INVOICE NO.）ZC13311
合同号（CONTRACT NO.）ZC130210
信用证号（L/C NO.）M51145160747856
发票金额（INVOICE AMORNT）USD37 604.88   投保加成（PLUS）10%
兹有下列物品向中国人民保险公司北京市分公司投保。(INSURANCE IS REQUIRED ON THE FOLLOWING COMMODITTES：)

标记 MARKS & NOS.	包装及数量 QUANTITY	保险货物项目 DESCRIPTION OF GOODS	保险金额 AMOUNT INSURED
MAIJER ZC130210 BUSAN C/NO. 1 - 1801	1 801CTNS	RATTAN CURTAIN	USD41 366.00

启运日期：   装载运输工具：
DATE OF COMMENCEMENT：APR.6, 2013   PER CONVEYANCE：GOLDEN COMPANION 907N
自   经   至
FROM SHANGHAI   VIA   TO BUSAN
提单号：   赔款偿付地点：
B/L NO.：COSG55896212   CLAIM PAYABLE AT BUSAN
投保险别：(PLEASE INDICATE THE CONDITIONS &/OR SPECIAL COVERAGES：)
COVERING ALL RISKS AND WAR RISKS

续表

请如实告知下列情况：（如"是"在 [ ] 中打"√"，"不是"打"×"）IF ANY, PLEASE MARK "√" OR "×":	

1. 货物种类：袋装 [ ]　　散装 [ ]　　冷藏 [ ]　　液体 [ ]　　活动物 [ ]　　机器/汽车 [ ]
   危险品等级 [ ]
   GOODS： BAG/JUMBO　BULK　　REEFER　　LIQUID　　LIVE ANIMAL　MACHINE/AUTO
   DANGEROUS CLASS
2. 集装箱种类：普通 [√]　　开顶 [ ]　　框架 [ ]　　平板 [ ]　　冷藏 [ ]
   CONTAINER　ORDINARY　　OPEN　　FRAME　　FLAT　　REFRIGERATOR
3. 转运工具：海轮 [ ]　　飞机 [ ]　　驳船 [ ]　　火车 [ ]　　汽车 [ ]
   BY TRANSIT：SHIP　　PLANE　　BARGE　　TRAIN　　TRUCK
4. 船舶资料：　　　　船籍 [　　　]　　　　船龄 [　　　]
   PARTICULAR OF SHIP：RIGISTRY　　　　AGE

备注：被保险人确认本保险合同条款和内容已经完全了解。投保人（签名盖章）APPLICANT'S SIGNATURE
THE ASSURED CONFIRMS HEREWITH THE
TERMS AND CONDITIONS OF THESE INSUR-
ANCE CONTRACTS FULLY UNDERSTOOD.

　　　　　　　　　　　　　　　　　　　　　　　　　　　　　　电话：（TEL）
　　　　　　　　　　　　　　　　　　　　　　　　　　　　　　地址：（ADD）

投保日期：（DATE）　APR. 2，2013

（四）任务解决

中国人民财产保险股份有限公司湖州分公司在审核相关资料后，确认承保，签发货物运输保险单（见样单 7-3）。

样单 7-3　货物运输保险单

PICC　　中国人保财险

货物运输保险单
CARGO TRANSPORTATION INSURANCE POLICY

总公司设于北京　1949 年创立
Head Office：Beijing　Established in 1949

发票号（INVOICE NO.）ZC13311
合同号（CONTRACT NO.）ZC130210
信用证号（L/C NO.）M51145160747856
被保险人：
INSURED： HUZHOU ZHENGCHANG TRADING CO., LTD.

保单号次：
POLICY NO.：PYIE201331120504002003

中国人民财产保险股份有限公司（以下简称本公司）根据被保险人的要求，由被保险人向本公司缴付约定的保险费，按照本保险单承保险别和背面所载条款与下列特款承保下述货物运输保险，特立本保险单。

续表

THIS POLICY OF INSURANCE WITNESSES THAT THE PEOPLE'S INSURANCE COMPANY OF CHINA (HEREINAFTER CALLED "THE COMPANY"). AT THE REQUEST OF THE INSURED AND IN CONSIDERATION OF THE AGREED PREMIUM PAID TO THE COMPANY BY THE INSURED, UNDERTAKES TO INSURE THE UNDERMETIONED GOODS IN TRANSPORTATION SUBJECT TO THE CONDITIONS OF THIS POLICY AS PER THE CLAUSES PRINTED OVERLEAF AND OTHER SPECIAL CLAUSES ATTACHED HEREON.

标记 MARKS & NO.	包装及数量 QUANTITY	保险货物项目 DESCRIPTION OF GOODS	保险金额 AMOUNT INSURED
MAIJER ZC130210 BUSAN C/NO. 1 – 1801	1 801CTNS	RATTAN CURTAIN	USD41 366.00

TOTAL AMOUNT INSURED: US DOLLARS FORTY – ONE THOUSAND THREE HUNDRED AND SIXTY – SIX ONLY.

保费：　　　　　　　　　启运日期：　　　　　　　　　运载工具：
PREMIUM: AS ARRANGED　　DATE OF COMMENCEMENT: APR. 6, 2013　　PER CONVEYANCE: GOLDEN COMPANION 907N

自　　　　　　　　　　　经　　　　　　　　　　　　　至
FROM　SHANGHAI　　　　VIA _____　　　　　　TO　BUSAN

承保险别
CONDITIONS:
COVERING ALL RISKS AND WAR RISKS AS PER OCEAN MARINE CARGO CLAUSES (1/1/1981) OF THE PEOPLE'S INSURANCE COMPANY OF CHINA.

所保货物，如发生保险单项下可能引起索赔的损失或损坏，应立即通知本公司下述代理人查勘。如有索赔应向本公司提交报单正本（本报单共有贰份正本）及有关文件。如一份正本已用于索赔，其余正本自动失效。
IN THE EVENT OF LOSS OR DAMAGE WHICH MAY RESULT IN A CLAIM UNDER THIS POLICY, IMMEDIATE NOTICE MUST BE GIVEN TO THE COMPANY'S AGENT AS MENTIONED HEREUNDER. IN THE EVENT OF CLAIMS, IF ANY, ONE OF THE ORIGINAL POLICY WHICH HAS BEEN ISSUED IN 2 ORIGINAL(S) TOGETHER WITH THE RELEVANT DOCUMENTS SHALL BE SURRENDERED TO THE COMPANY. IF ONE OF THE ORIGINAL POLICY HAS BEEN ACCOMPLISHED, THE OTHERS SHALL BE VOID.

CHYIPSUNG SHIPPING CORPORATION
BUSAN 11TH FLOOR, YUCHANG BLDG
NO. 25M4-YA, NO. 75, BUSAN, KOREA REP.
POST CODE: 600847
TEL: 82-51-4786551/5　FAX: 82-51-47865516

中国人民保险公司湖州分公司
The People's Insurance Company of China Huzhou Branch

赔款偿付地点
CLAIM PAYABLE AT KOREA REP. IN USD
出单日期
ISSUING DATE APR. 5, 2013

Authorized Signature

三、知识链接

（一）出口货物运输险投保程序

在国际货物买卖过程中，由哪一方负责办理投保国际贸易运输保险，应根据买卖双方商订的价格条件来确定。凡按 CIF 条件成交的出口货物，由出口企业向当地保险公司逐笔办理投保手续。凡按 CFR 或 FOB 条件成交的出口货物，保险一般应由买方办理，也可以由卖方代为办理，但保险费应单独列支。办理出口货物运输险投保的一般程序是：根据销售合同或信用证规定，在备妥货物并已确定装运日期和运输工具后，按约定的保险险别和保险金额，向保险公司投保。投保时应填制投保单并支付保险费，保险公司凭以出具保险单或保险凭证。投保的日期应不迟于货物装船的日期。投保金额若合同没有明示规定，一般为 CIF 价格加成 10%，如买方要求提高加成比率，一般情况下可以接受，但增加的保险费应由买方负担。

（二）投保注意事项

（1）投保申报情况必须属实。
（2）投保险别、币制与其他条件必须和信用证上所列保险条件的要求相一致。
（3）投保险别和条件要和销售合同上所列保险条件相符合。
（4）投保后发现投保项目有错漏，要及时向保险公司申请批改，如保险目的地变动、船名错误以及保险金额增减等。
（5）FOB、CFR 下可以由出口商按信用证或销售合同规定代办保险，但保险费必须由进口商额外支付。

（三）保险单据

1. 保险单据的定义

国际贸易货物的运输保险单是指承保人向被保险人签发的，对保险标的物承担保险条款中规定的意外事故的损失和负责赔偿的契约凭证。在国际贸易中，保险合同与转让海运提单一样，也可由被保险人背书转让。在 CIF 价格术语下，保险合同是卖方必须提供的主要单据之一。

2. 保险单据的种类

在国际贸易业务中，常用的保险单据主要包含以下几种。

（1）保险单（Insurance Policy）。

保险单俗称大保单。它是保险人和被保险人之间成立保险合同关系的正式凭证，因险别的内容和形式有所不同，海上保险最常用的形式有船舶保险单、货物保险单、运费保险单、船舶所有人责任保险单等。其内容除载明被保险人、保险标的（如是货物应填明数量及标志）、运输工具、险别、起讫地点、保险期限、保险价值和保险金额等项目外，还附有关保险人责任范围以及保险人和被保险人的权利和义务等方面的详细条款。如当事人双方对保险单上所规定的权利和义务需要增补或删减时，可在保险单上加贴条款或加注字句。保险单是被保险人向保险人索赔或对保险人上诉的正式文件,也是保险人理赔的主要依据。保险单可转让,通常是被保险人向银行进行押汇的单证之一。

(2) 保险凭证 (Insurance Certificate)。

保险凭证俗称小保单,是保险单的一种简化形式。它是保险人签发给被保险人,证明货物已经投保和保险合同已经生效的文件。保险凭证无保险条款,表明按照本保险人的正式保险单上所载的条款办理。保险凭证具有与保险单同等的效力,但在信用证规定提交保险单时,一般不能用保险凭证。

(3) 预约保单 (Open Policy 或 Open Cover)。

预约保单又称开口保单、敞口保单,是保险公司承保被保险人在一定时期内发运的,以 CIF 价格条件成交的出口货物或以 FOB、CFR 价格条件进口货物的保险单。预约保单是载明保险货物的范围、承保险别、保险费率、每批运输货物的最高保险金额以及保险费的计算办法,但不约定保险总金额的保险合同。预约保单是基于保险人与被保险人之间长期合作关系而签订的预约保险或保险约定,可以避免繁杂的保险手续,可以防止漏保。保费定期结算且可以优惠,可以减少被保险人的资金占用。

凡属预约保单范围内的出口货物,一经启运,被保险人应立即以启运通知书或其他书面形式将该批货物的名称、数量、保险金额、运输工具的种类和名称、航程的起讫地点、开航日期等情况通知保险人,保险人据此签发正式的保险单证。预约保单主要适用于经常有大量进出口货物的运输保险。

(4) 批单 (Endorsement)。

当保险单、保险凭证、预约保单签发生效以后,如果需要变更保险合同的内容,被保险人应向保险公司提出批改申请,由保险公司出具批单,从而对原保险单据的内容进行变更或补充。

一般保险批单须粘贴在保险单上,并加盖骑缝章,作为保险单的一部分。保险批单是保险人与被保险人变更保险合同的证明文件,一经批改后,保险应按批改后的内容承担责任。

3. 保险单据责任起讫

责任起讫也称保险期间或保险期限,是指保险人承担责任的起讫时限。由于海运货物保险是特定航程中货物的保险,因而海运货物的保险期限一般没有固定具体的起讫日期。我国货物基本险的保险期限一般采取"仓至仓"的原则。战争险的保险责任期限以水面危险为限,即自货物在启运港装上海轮或驳船时开始,直到卸离海轮或驳船为止;如不卸离海轮或驳船,则从海轮到达到目的港的当天午夜起算满 15 天,保险责任自行终止。

"仓至仓"简称 W/W,它的含义是:保险责任自被保险货物运离保险单所载启运地仓库或储存处所时开始,在正常运输过程中(包括海上、湖上、内河和驳船运输)继续有效,直至货物运交保险单所载目的地收货人的最后仓库可储存处所时为止。如被保险货物在最后卸货港全部卸离海轮后 60 天内未完成最后交货,则保险责任以 60 天届满终止。

4. 保险单的缮制

(1) 保险人 (Insurer)。

保险人即保险公司,通常保险公司的全称及公司标记会用醒目的字体预先印制在保险单的最上端,该项目可以帮助被保险人明确保险责任的承担者。

(2) 保单号次（Policy No.）。

保险单的右上方一般预先印有一个与上、下套保险单前后相连的流水编号，但这还不是真正的保险单编号，保险单编号一般在缮制保险单时才编定。不同保险公司编制保险单编号的规定不尽相同，但一般保险单编号都要反映保险公司下属分公司的编号、出单年份以及同险种保险业务连续号。

(3) 被保险人（Insured）。

被保险人是保险单的抬头，由于保险单可以转让，被保险人只要在保险单背面签章背书，保险单的权益就可以进行转让，所以除非信用证上有明确规定，否则投保人便被作为被保险人。

根据信用证的有关规定，常见的缮制方法有以下几种。

①一般情况下，投保人与被保险人系同一人。信用证若无明确规定，由卖方投保时，被保险人一栏应填写信用证上受益人的名称，并由该受益人在保单背面作背书；

②信用证规定须转让给开证行或第三方时，则被保险人一栏应在信用证受益人名称之后再打上"Held to the Order of ×××"，并由该受益人在保单背面作背书；

③信用证指定以"个人名义"或"来人"（To Order）为抬头人，则在被保险人一栏内直接打上"×××"或"To Order"，信用证上的受益人不要背书；

④信用证指定"Endorse to the Order of ×××"，则在被保险人一栏内仍打上信用证的受益人名称，同时在保单背面信用证上的受益人背书的上方打上"Held/Pay to the Order of ×××"。

(4) 标记（Marks & No.）。

按信用证规定，保险单上标记应与发票、提单上一致。可单独填写，若信用证无特殊规定，一般可简单填成"AS PER INV. NO. ×××"。

(5) 包装及数量（Quantity）。

此栏填制大包装件数，并应与提单上同一栏目内容相同。

有包装的填写最大包装件数，有包装但以重量计价的，应把包装重量与计价重量都注上；裸装货物要注明本身件数；煤炭、石油等散装货注明"IN BULK"再填净重；如以单位包装件数计价者，可只填总件数。

(6) 保险货物项目（Description of Goods）。

保险单内必须显示对货物的描述，若货物的名称单一，可按发票上的名称填写；若货物的项目很多，该描述可以用统称，但不得与信用证和其他单据上对货物的描述相矛盾。

(7) 保险金额（Amount Insured）。

一般情况下，保险金额需要以信用证规定的货币种类及金额表示。若信用证未对保险金额做出规定，则一般按照发票金额加成10%计算；要求加成比例超过10%的，保险公司会根据实际情况决定是否接受。保险金额不要小数，出现小数时无论多少一律向上进位。

发票金额中往往含有佣金或折扣，在计算保险金额时需要区别对待。通常，除非信用证中另有规定，否则佣金无须扣除，直接以发票金额为基数加成计算保险金额；而发票金额中如果包含折扣，那么需要先从发票金额中扣除折扣后再加成计算保险金额。

(8) 总保险金额（Total Amount Insured）。

总保险金额的币种须与信用证或合同的规定相一致，而且应使用币种的全称。同时需要注意的是，大小写金额必须相符，并且由于保险金额精确到个位，所以大写金额后应加上"ONLY"字样，以防涂改。

（9）保费（Premium）。

因为保险费费率一般不公开，所以在保费和费率栏内通常打"As Arranged"（按照约定）。若信用证要求注明"保费已付"（Premium Paid），可以将原先印制的"As Arranged"删除，然后改打为"Paid"或"Prepaid"。

（10）装载工具（Per Conveyance）。

装载工具要与运输单据一致，并应按照实际情况填写。海运方式下填写船名和航次，如整个运输由两段或两段以上的运程完成时，应分别填写一程船名及二程船名，中间用"/"隔开；铁路运输加填运输方式为"BY RAILWAY"或"BY TRAIN"，最好再加上车号，如 BY TRAIN：WAGON NO. ××；航空运输为"BY AIR"；邮包运输为"BY PARCEL POST"。除非信用证另有规定，否则如果保险单中只有船名而没有注明航次的，银行应予接受。

（11）开航日期（Slg. On or Abt.）。

海运可以填写"as per B/L"，空运可以填写"as per AWB"。

（12）起讫地点（From…To…）。

在选用海运直达船运输的情况下，"From…"即为提单中的"Port of loading"；"to…"即为提单中的"Port of Discharge"。若信用证上的目的地（一般为内陆港）非提单卸货港，则保险单上的起讫地点应按信用证规定的原样显示。货物如转船，也应把转船地点填上。例如，从上海经香港转运纽约（From Shanghai to New York W/T at Hongkong）。

（13）承保险别（Conditions）。

本栏系保险单的核心内容，填写时应注意保险险别及文句与信用证严格一致，应根据信用证或合同中的保险条款要求填制，即使信用证中有重复语句，为了避免混乱和误解，最好按信用证规定的顺序填写。如信用证没有规定具体险别，则可投保一切险（ALL RISKS）、水渍险（WA 或 WPA）、平安险（FPA）三种基本险中的任何一种。如信用证中规定使用伦敦协会条款，包括修订前或修订后的，可以按信用证规定承保，保单应按要求填制。投保的险别除注明险别名称外，还应注明险别适用的文本及日期。

（14）保险人在货运目的地的检验代理人（Name Survey Agent）。

保险人选择的检验代理人应位于货运目的地，若当地没有符合条件的检验代理人，则应尽可能就近选择。此栏除了填写检验代理人的名称外，还需有详尽的地址及联系方式，以便被保险人在货物出险后与其联系。

（15）赔款偿付地点（Claim Payable at）。

如果信用证中没有特殊规定，一般在此栏显示信用证规定的目的港或打上"Destination"。

当信用证要求以汇票货币为赔付货币时，则在赔付地点之后加注"IN THE CURRENCY OF THE DRAFT"；若信用证明确规定指定以某种货币为赔付货币时，则在赔付地点后直接注明。

（16）出单地点和日期（Place and Date of Issue）。

出单地点按出单公司的实际所在地填写。由于保险公司提供"仓至仓"服务，所以保险手续要求货物离开出口仓库前办理，保险单的签发日期应为货物离开仓库的日期或至少填写早于提单签发的日期、发运日或接受监管日。

(17) 出单人（Issued by）。

保险单必须在表面上由保险公司或保险人或他们两者的代理人开立和签署。除非信用证另有规定，否则银行可以接受保险经纪人以保险公司代理人的身份开立和签署保险证明。

（四）出口信用保险（Export Credit Insurance）

1. 出口信用保险定义

出口信用保险也叫出口信贷保险，是各国政府为提高本国产品的国际竞争力，推动本国的出口贸易，保障出口商的收汇安全和银行的信贷安全，促进经济发展，以国家财政为后盾，为企业在出口贸易、对外投资和对外工程承包等经济活动中提供风险保障的一项政策性支持措施，属于非营利性的保险业务，是政府对市场经济的一种间接调控手段和补充，也是世界贸易组织（WTO）补贴和反补贴协议原则上允许的支持出口的政策手段。

2. 出口信用保险承保的风险

出口信用保险承保的风险主要是由人为原因造成的商业信用风险和政治风险。

（1）商业信用风险。

商业信用风险也称为买家风险，主要包括买方因破产而无力支付债务、买方拖欠货款、买方因自身原因而拒绝收货及付款等。

（2）政治风险。

政治风险也称为国家风险，主要包括因买方所在国禁止或限制汇兑、实施进口管制、撤销进口许可证、发生战争、暴乱等卖方、买方均无法控制的情况，导致买方无法支付货款。

以上这些风险，是无法预计、难以计算发生概率的，因此也是商业保险无法承受的。

3. 出口信用保险投保流程

出口信用保险的投保流程一般可以划分为以下四个阶段。

第一阶段，预约保险过程。中国出口信用保险公司和出口商事先约定对未来发生的出口业务承保和投保的条件。

第二阶段，进口商投保过程。有了具体的进口商之后，出口商要先申请进口商信用限额；中国出口信用保险公司根据进口商信用实力批复限额，以确定可能承担的对该进口商的最高风险。

第三阶段，具体出口投保过程。出口商出口商品后，向中国出口信用保险公司及时申报出口，中国出口信用保险公司将计收相应保险费，并承担该申报项下的收汇风险责任。

第四阶段，损失补偿过程。出口商对有信用额度的进口商出口商品，中国出口信用保险公司承担相应的风险责任。

4. 出口信用保险的主要业务

（1）短期出口信用保险。

短期出口信用保险简称短期险。短期险承保放账期在180天以内的收汇风险，根据实际情况，短期险还可扩展承保放账期在180天以上、360天以内的出口以及银行或其他金融机构开具的信用证项下的出口。

短期险主要适用于以下三种情况。

① 一般情况下保障信用期限在1年以内的出口收汇风险；

②适用于出口企业从事以信用证（L/C）、付款交单（D/P）、承兑交单（D/A）、赊销（OA）；

③结算方式自中国出口或转口的贸易。

短期险损失赔偿比例如下。

①由政治风险造成损失的最高赔偿比例为90%；

②由买方破产、无力偿付债务、拖欠等其他商业风险造成损失的最高赔偿比例为90%；

③由买方拒收货物所造成损失的最高赔偿比例为80%。

(2) 中长期出口信用保险。

中长期出口信用保险简称中长期险，可分为买方信贷保险、卖方信用保险和海外投资保险三大类。中长期险承保放账期在1年以上、一般不超过10年的收汇风险，主要用于高科技、高附加值的大型机电产品和成套设备等资本性货物的出口以及海外投资，如以BOT、BOO或合资等形式在境外兴办企业等。中长期险旨在鼓励我国出口商积极参与国际竞争，支持银行等金融机构为出口贸易提供信贷融资。

中长期险通过承担保单列明的商业风险和政治风险，使被保险人得以有效规避以下风险。

①出口商收回延期付款的风险；

②融资机构收回贷款本金和利息的风险。

四、能力训练

(一) 安吉林木饰品有限公司操作案例

接"项目六 办理出口货物报关"能力训练部分中安吉林木饰品有限公司操作案例。5月17日，安吉林木饰品有限公司的单证员收到上海大洲货代公司的进仓通知（见样单6-6），根据信用证中的保险单要求及商业发票（见样单3-6）缮制出口货物投保单，向保险公司办理投保手续。

信用证的保险单条款：

+ INSURANCE POLICY OR CERTIFICATE ISSUED FOR 110 PCT OF INVOICE VALUE, MADE OUT TO THE ORDER OF CAJA DE AHORROS YM. P. DE NAVARRA COVERING 'FPA', 'FROM WAREHOUSE TO WAREHOUSE' AND STATING 'CLAIMS, IF ANY, PAYABLE IN SPAIN', IN 1 ORIGINAL AND 1 COPY.

工作任务：

(1) 缮制出口货物投保单。

(2) 办理投保手续。

(二) 浙江米林进出口有限公司操作案例

接"项目四 办理出境货物报检"中浙江米林进出口有限公司操作案例。2013年8月11日，浙江米林进出口有限公司的单证员小张收到宁波中外运代理公司的做箱通知（见样单7-4），小张根据做箱通知中的信息以及销售合同（见样单4-9）、商业发票（见样单4-10）

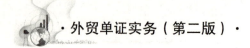

缮制出口货物投保单，并到保险公司办理投保手续。

样单7-4 做箱通知

做 箱 通 知

TO：宁波米林/张小姐

货名：真丝绸
唛头：NEW DELHI
船名/航次：RAJIV GANDHI　V.0116W
B/L NO.：CPC1307B15015
目的港：NEW DELHI, INDIA
做箱地址：宁波滨河路288号
箱型：20GP*1

装箱时间：2013年8月13日上午9点
预计开船日：2013年8月15日

注：预配数据为130CTNS, 6 370KGS, 25.77CBM。
请确认核对数据，如无误请签"OK"传回我司，谢谢配合！

FROM：宁波中外运/小陈
2013年8月11日

工作任务：
（1）缮制出口货物投保单。
（2）办理投保手续。

五、岗位拓展

讨论话题：保险单倒签问题。

浙江米林进出口有限公司与澳大利亚一家公司以CIF成交一批童装，付款方式是信用证，船期是2013年9月4日，直达船。9月6日船已开后，浙江米林进出口有限公司的单证员才想起来没有办保险。

讨论引导：
（1）如果不办保险，会存在哪些风险？
（2）如果9月6日向保险公司投保，是否可行？需要提供哪些文件？

项目八

缮制其他结汇单证

一、学习目标

能力目标：能制作汇票，能根据信用证和销售合同制作装运通知、受益人证明等其他结汇单证。

知识目标：明确装运通知、受益人证明和汇票等其他结汇单证的缮制要点。

二、工作任务

（一）任务描述

2013年4月8日，单证员张洁从湖州中远国际货运有限公司处拿到海运提单（B/L NO.：COSG55896212），张洁对照信用证中的结汇单据条款，并参考海运提单（见样单8-1）里的信息，缮制其他结汇单证，并处理信用证中要求的其他相关事项。

样单8-1　海运提单

Shipper HUZHOU ZHENGCHANG TRADING CO., LTD. 42 HONGQI ROAD, HUZHOU, CHINA		BILL OF LADING 　　B/L No.：COSG55896212
Consignee TO SHIPPER'S ORDER		
Notify Party MAIJER FISTRTION INC. 3214,WALKER, NAKAGYO-KU, KYUNG-BUK, KOREA REP.		# COSCO 中国远洋运输公司
*Pre Carriage by	*Place of Receipt	
Ocean Vessel Voy. No. GOLDEN COMPANION 907N	Port of Loading SHANGHAI	CHINA OCEAN SHIPPING COMPANY ORIGINAL

续表

Port of Discharge BUSAN PORT, KOREA REP.	*Final Destination BUSAN PORT, KOREA REP.	Freight Payable at	Number Original Bs/L THREE
Marks and Numbers	Number and Kind of Packages; Description	Gross weight	Measurement（m³）
MAIJER ZC130210 BUSAN C/NO.1-1801 TGHU2187451/2125007	SHIPPER'S LOAD, COUNT & SEAL RATTAN CURTAIN 1 801CARTONS 1×40' FCL CY-CY FREIGHT PREPAID	22 512.5KGS ON BOARD APR.6, 2013	56.28CBM
TOTAL PACKAGES (IN WORDS) SAY ONE THOUSAND EIGHT HUNDRED AND ONE CARTONS ONLY			
Freight and Charges		Place and Date of Issue SHANGHAI APR.6, 2013 Signed for the Carrier COSCO CONTAINER LINES 杨利 AS CARRIER	
*Applicable only when document used as a Through Bill of Loading			

海运提单缮制要点如下。

(1) 托运人（Shipper）。

托运人一般为信用证中的受益人。如果开证人为了贸易上的需要，要求做第三者提单（THIRD PARTY B/L），也可照办。

(2) 收货人（Consignee）。

如要求记名提单，则可填上具体的收货公司或收货人名称；如属指示提单，则填"指示"（Order）或"凭指示"（To Order）；如需在提单上列明指示人，则可根据不同要求，做成"凭托运人指示"（To Order of Shipper），"凭收货人指示"（To Order of Consignee）或"凭银行指示"（To Order of ××× Bank）。

(3) 被通知人（Notify Party）。

被通知人是船公司在货物到达目的港时发送到货通知的收件人，有时即为进口人。在信用证项下的提单，如信用证上对提单被通知人有具体规定时，则必须严格按信用证要求填写。如果是记名提单或收货人指示提单,且收货人又有详细地址的,则此栏可以不填。如果是空白指示提单或托运人指示提单则此栏必须填列被通知人名称及详细地址,否则船方就无法与收货人联系,收货人也不能及时报关提货,甚至会因超过海关规定的提货时间而导致货物被没收。

(4) 提单号码(B/L No.)。

提单号码一般列在提单右上角,以便于工作联系和查核。发货人向收货人发送装船通知(Shipment Advice)时,也要列明船名和提单号码。

(5) 船名、航次(Name of Vessel, Voyage No.)。

应完整填写货物所装的船名及航次。

(6) 装货港(Port of Loading)。

应完整填写列实际装船港口的具体名称。

(7) 卸货港(Port of Discharge)。

填列货物实际卸下的港口名称。如属转船,第一程提单上的卸货港填转船港,收货人填二程船公司;第二程提单装货港填上述转船港,卸货港填最后目的港。如由第一程船公司出联运提单(Through B/L),则卸货港即可填最后目的港,提单上列明第一和第二程船名。如经某港转运,要显示"VIA ×××"字样。

(8) 唛头(Shipping Marks)。

信用证有规定的,必须按规定填列唛头,否则可按发票上的唛头填列。

(9) 件数和包装种类(Number and Kind of Packages)。

件数和包装种类要按箱子实际包装情况填列。一张提单有几种不同包装也应分别列明,在总数及大写部分则可以使用 Packages。托盘及集装箱也可作为包装填列,裸装有捆(Bundle)、件(Package);散装应注明"In bulk"。

(10) 货物描述(Discription of Goods)。

货物描述可以写货物的统称,但货名必须与信用证上规定的一致。

(11) 毛重、尺码(Gross Weight, Measurement)。

除信用证另有规定外,一般以千克为单位列出货物的毛重,以立方米为单位列出货物体积。

(12) 运费和费用(Freight And Charges)。

运费和费用一般为预付(Freight Prepaid)或到付(Freight Collect)。如 CIF 或 CFR 出口,一般均填上运费预付字样,千万不可漏填,否则收货人会因运费问题提不到货,虽可查清情况,但拖延提货时间,也将造成损失。如系 FOB 出口,则运费可制作"运费到付"字样,除非收货人委托发货人垫付运费。

(13) 提单的签发地点和日期(Place and Date of Issue)。

提单必须由承运人或船长或他们的代理签发,并应明确标明签发人身份。一般表示方法有:"Carrier""Captain",或"As Agent for the Carrier:×××"等。提单还是结汇的必需单据,特别是在跟单信用证结汇时,银行要求所提供的单证必须一致,因此提单上所签的日期必须与信用证或合同上所要求的最后装船期一致或先于装船期。如果卖方估计货物无法在信用证装船期前装上船,应尽早通知买方,要求修改信用证,而不应利用"倒签提单""预借提单"等欺诈行为取得货款。

(14) 提单的份数(Number of Original B/L)。

提单份数一般按信用证要求出具，如"Full Set of"一般理解成三份正本若干份副本。等其中一份正本完成提货任务后，其余各份失效。

（二）任务分析

总体任务	根据信用证（L/C NO.：M51145160747856）的结汇单据条款来制作其他的结汇单证
任务分解	任务一：分析信用证结汇单据条款
	任务二：缮制装运通知并完成相关操作
	任务三：缮制受益人证明并完成相关操作
	任务四：缮制汇票

（三）操作示范

第一步：分析信用证结汇单据条款。

DOCUMENTS REQUIRED   46A:
+ SIGNED COMMERCIAL INVOICE IN 3 FOLDS CERTIFIED THE GOODS ARE OF CHINESE ORIGIN.
+ PACKING LIST IN 3 FOLDS
+ FULL SET OF ORIGINAL CLEAN ON BOARD MARINE BILL OF LADING MADE OUT TO SHIPPER'S ORDER AND BLANK ENDORSED, MARKED FREIGHT PREPAID AND NOTIFY APPLICANT QUOTING FULL NAME AND ADDRESS.
+ MARINE INSURANCE POLICY FOR 110PCT OF INVOICE VALUE, BLANK ENDORSED, COVERING ALL RISKS AND WAR RISKS, CLAIMS PAYABLE AT DESTINATION.
+ ORIGINAL CERTIFICATE OF ORIGIN ASIA – PACIFIC TRADE AGREEMENT PLUS ONE COPY ISSUED BY CIQ.
+ SHIPMENT ADVICE WITH FULL DETAILS INCLUDING SHIPPING MARKS, CARTON NUMBERS, VESSEL'S NAME, BILL OF LADING NUMBER, VALUE AND QUANTITY OF GOODS MUST BE SENT WITHIN 3 DAYS OF THE DATE OF SHIPMENT TO US.
+ BENEFICIARY SIGNED STATEMENT CERTIFYING THAT COPIES OF INVOICE, BILL OF LADING AND PACKING LIST HAVE BEEN FAXED TO APPLICANT ON FAX NO. 0082 – 54 – 8545 ××× WITHIN 3 DAYS OF BILL OF LADING DATE.

信用证的结汇单据条款中要求提交的单据有：商业发票一式三份、装箱单一式三份、全套提单、保险单、亚太贸易原产地证明书一正一副、装运通知、受益人证明。

在所要求的结汇单据中只有装运通知和受益人证明还没有缮制，其他相关单据都已完成，接下来就要按条款要求来缮制这两份单据。

第二步：缮制装运通知并完成相关操作。

张洁认真分析了信用证中的装运通知条款。

+ SHIPMENT ADVICE WITH FULL DETAILS INCLUDING SHIPPING MARKS, CARTON NUMBERS, VESSEL'S NAME, BILL OF LADING NUMBER, VALUE AND QUANTITY OF GOODS MUST BE SENT WITHIN 3 DAYS OF THE DATE OF SHIPMENT TO US.

装运通知中要求包括唛头、包装数、船名、提单号和货价、货物数量等信息,并在提单签发后3天内发送给买方。

张洁根据信用证中装运通知条款的要求以及从提单中确认的信息,缮制好装运通知(见样单8-2)作为结汇单证并立刻发送一份给买方。

样单8-2 装运通知

湖州正昌贸易有限公司
HUZHOU ZHENGCHANG TRADING CO., LTD.
42 HONGQI ROAD, HUZHOU, CHINA
TEL: 0086-0572-2365××× FAX: 0086-0572-2365×××

SHIPPING ADVICE

MESSERS: MAIJER FISTRTION INC.   DATE: APR. 7, 2013
　　　　　3214, WALKER, NAKAGYO-KU,   B/L NO.: COSG55896212
　　　　　KYUNG-BUK, KOREA REP.   L/C NO.: M51145160747856
COMMODITY: RATTAN CURTAIN
QUANTITY: 14 408PCS
PACKAGES: 1 801CARTONS
GROSS WIGHT: 22 512.5KGS
NET WEIGHT: 18 910.5KGS
TOTAL AMOUNT: USD37 604.88
SHIPPING MARKS: MAIJER
　　　　　　　　ZC130210
　　　　　　　　BUSAN
　　　　　　　　C/NO. 1-1801
OCEAN VESSEL/VOY. NO.: GOLDEN COMPANION 907N
CONTAINER NO.: TGHU2187451
DATE OF SHIPMENT: APR. 6, 2013
PORT OF LOADING: SHANGHAI, CHINA
PORT OF DESTINATION: BUSAN, KOREA REP.

湖州正昌贸易有限公司(章)
HUZHOU ZHENGCHANG TRADING CO., LTD.
陈强

装运通知没有固定的格式,但其内容要符合信用证的要求,并与其他单据保持一致,缮制要点如下。

(1)出单方(Issuer):出单方的名称和地址,一般是出口商的名称和地址。

(2)单据名称(Name of Document):一般为"Shipping Advice"或"Advice of shipment",如信用证有具体规定,则应按信用证要求来缮打该单据的名称。

(3) 抬头（To）：按信用证规定填写，通常为买方、买方指定的保险公司等。如果信用证没有规定抬头人，则可填买方。

(4) 单据日期（Date）：填写缮制装运通知的日期，日期不能超过信用证约定的出单时间范围。

(5) 发票号码（Invoice No.）：填写商业发票号码，注意与其他单据相符。

(6) 信用证号码（L/C No.）：填写信用证的号码。

(7) 商品名称（Commodity）：可按提单中的商品描述来写，不用详细说明。

(8) 包装数（Packages）：填写此批货物的包装数，与其他单据保持一致。

(9) 毛重（Gross Weight）：填写此批货物的毛重，一般只需填写总毛重。

(10) 总金额（Total Amount）：填写此批货物的总金额，主要用于买方买保险时用。

(11) 运输工具（Ocean Vessel/Voy. No.）：填写装载货物的运输船舶的船名和航次。

(12) 装运港（Port of Loading）：填写装运口岸的名称。

(13) 目的港（Port of Destination）：填写目的港名称。

(14) 签署（Signature）：一般可以不签署，如信用证要求"certified copy of shipping advice"，通常加盖受益人条形章。

第三步：缮制受益人证明并完成相关操作。

张洁认真分析了受益人证明条款：

+ BENEFICIARY SIGNED STATEMENT CERTIFYING THAT COPIES OF INVOICE, BILL OF LADING AND PACKING LIST HAVE BEEN FAXED TO APPLICANT ON FAX NO. 0082－54－8545×××WITHIN 3 DAYS OF BILL OF LADING DATE.

在受益人证明中要求证明卖方在提单签发后3天内把发票、提单和装箱单的复印件传真给买方。因而张洁根据信用证中受益人证明条款的要求把发票、提单和装箱单的复印件传真给买方，同时缮制受益人证明（见样单8－3）作为结汇单证。

样单8－3　受益人证明

湖州正昌贸易有限公司
HUZHOU ZHENGCHANG TRADING CO., LTD.
42 HONGQI ROAD, HUZHOU, CHINA
TEL：0086－0572－2365×××　　FAX：0086－0572－2365×××
BENEFICIARY'S STATEMENT

TO: WHOM IT MAY CONCERN

DATE：APR. 7, 2013
INV. NO.：ZC13311
L/C NO.：M51145160747856

WE HEREBY CERTIFY THAT COPIES OF INVOICE, BILL OF LADING AND PACKING LIST HAVE BEEN FAXED TO APPLICANT ON FAX NO. 0082－54－8545×××WITHIN 3 DAYS OF BILL OF LADING DATE.

湖州正昌贸易有限公司（章）
HUZHOU ZHENGCHANG TRADING CO., LTD.

陈强

受益人证明的缮制要点如下。

(1) 出单人（Issuer）：填写受益人（出口商）名称和地址。

(2) 单据名称（Name of Document）：根据信用证规定缮制，一般为"BENEFICIARY'S CERTIFICATE"或"BENEFICIARY'S STATEMENT"或"BENEFICIARY'S DECLARATION"。

(3) 单据日期（Date）：按照信用证规定的日期填制，一般为提单签发后。

(4) 抬头人（To）：一般都缮打笼统的抬头人，即"TO WHOM IT MAY CONCERN"（致有关当事人）。

(5) 参考号码（Reference No.）：一般可填信用证号码或发票号。

(6) 证明内容（Certify）：以信用证要求为准直接照搬照抄，但有时也应作必要的修改。例如，信用证规定：Beneficiary's Certificate certifying that each export package to be marked with "MADE IN CHINA"。则受益人证明应做成：We hereby certify that each export package has been marked with "MADE IN CHINA"。

(7) 签署：缮打卖方或受益人（如出口商）名称，由法人代表或经办人签字盖章。

第四步：缮制汇票。

张洁完成相关结汇单证的缮制后，根据汇票条款缮制汇票（见样单8-4）。

信用证中的汇票条款：

```
AVAILABLE WITH/BY    *41D: ANY BANK
                          BY NEGOTIATION
DRAFT AT…            42C: AT SIGHT FOR 100 PERCENT OF INVOICE VALUE
DRAWEE               *42A: *DAEGU BANK, LTD., THE DAEGU
```

样单8-4　汇票

凭		信用证	
Drawn under (1)_____		L/C No. (2)_____	
日期			
Dated (3)_____	Payable with interest @ (4)____%	按____息____付款	
号码	汇票金额		湖州
NO. (5)_____	Exchange for (6)_____		Huzhou, (7)_____
见票_____日后（本汇票之副本未付）付交			
AT (8)_____ sight of this FIRST of Exchange (Second of Exchange being unpaid)			
Pay to the order of (9)_____ the sum of			
(10)_____			
此致			
TO: (11)			
(12)			

141

汇票缮制要点如下。

(1) 出票根据 (Drawn Under)。

出票根据应填写开证行名称和地址。在托收项下，则应填写合同号（发票号）、商品件数、商品名称等。

(2) 信用证号码 (L/C No.)。

本栏填写信用证的号码。在托收项下，此栏空白。

(3) 开证日期 (Dated)。

开证日期栏填写信用证开立的日期。

(4) 年息 (Payable with Interest)。

年息由结汇银行填写，用以清算企业与银行间的利息费用。企业可空着不填。

(5) 号码 (No.)。

号码栏填写制作本交易单据中发票的号码。

(6) 汇票小写金额 (Exchange for)。

汇票上有两处相同案底的栏目，较短的一处填写小写金额，较长的一处填写大写金额。金额数要求保留小数点后两位，货币名称应与信用证和发票上的一样，汇票金额的多少应根据信用证中具体规定而填写。

(7) 汇票的出票日期 (Date)。

信用证项下，一般以议付日期作为汇票的出票日期，指受益人把汇票交给议付行的日期。由银行填写。

(8) 付款期限 (At…Sight)。

汇票的付款期限分为即期和远期两种。

若是即期汇票，一般在"At"和"Sight"之间的横线上填上一排"＊＊＊"或"———"等，注意此处不得留空。

若是远期汇票，则按信用证或合同的规定打上相应的内容。如信用证或合同规定"AT 30 DAYS AFTER SIGHT"，表示见票后30天付款，应缮制为"AT 30 DAYS AFTER SIGHT"。

(9) 受款人 (Payee)。

受款人也称为收款人，为汇票抬头，应根据信用证内容填写。在信用证支付的条件下，汇票中收款人这一栏目中填写的应是银行名称和地址，一般是议付行的名称和地址。托收方式下一般以托收行指示性抬头为汇票收款人。

(10) 汇票大写金额 (The Sum of)。

汇票大写金额要求顶格填写，不留任何空隙，以防有人故意在汇票金额上做手脚。大写金额由两部分构成，一是货币名称，二是货币金额。例如，USD21 312.56 大写：SAY U. S. DOLLARS TWENTY－ONE THOUSAND THREE HUNDRED AND TWELVE AND POINT FIFTY－SIX。

(11) 受票人 (Drawee)。

受票人指汇票的付款人 (Payer)，按照信用证的要求来填写，如果信用证未作任何规定，付款人即为开证行。托收项下以进口商为付款人，应填写进口商名称和详细地址。

(12) 出票人 (Drawer)。

出票人即出具汇票的人，一般为出口商。习惯上在右下角空白处盖上出票人全称印章和其负责人手签印章。

（四）任务解决

张洁缮制好汇票（见样单8-5），做好交单准备。

样单8-5 汇票

凭 Drawn under DAEGU BANK, LTD., THE DAEGU	信用证 L/C No. M51145160747856	
日期 Dated MAR. 5, 2013	支取 Payable with interest	@____%____按____息____付款
号码 No. ZC13311	汇票金额 Exchange for USD37 604.88	湖州 Huzhou ____

见票____日后（本汇票之副本未付）付交
　　AT　　＊＊＊　　　　sight of this FIRST of Exchange (Second of Exchange being unpaid)
Pay to the order of　BANK OF CHINA, HUZHOU BRANCH　the sum of
SAY U.S. DOLLARS THIRTY - SEVEN THOUSAND SIX HUNDRED AND FOUR AND POINT EIGHTY - EIGHT.
此致
To：DAEGU BANK, LTD., THE DAEGU

　　　　　　　　　　　　　　　　　　　HUZHOU ZHENGCHANG TRADING CO., LTD.
　　　　　　　　　　　　　　　　　　　陈强

三、知识链接

（一）海运提单（Marine Bill of Lading）

1. 含义

海运提单，简称提单（B/L），是由船长或承运人或其代理人签发的，证明收到其承运的货物或已装船，并将约定的货物运至特定的目的地，并交付于收货人或提单持有人的物权凭证，也是承运人和托运人之间运输合同的证明。

2. 作用

（1）提单是承运人或其代理人签发的货物收据，证实已按提单所列内容收到货物。

（2）提单是代表货物所有权的凭证，收货人或提单的合法持有人有权凭提单向承运人提取货物。由于提单是一种物权凭证，因而可以转让或抵押。

（3）提单是承运人与托运人之间运输协议的证明，是承运人与托运人处理双方在运输中的权利和义务问题的主要依据。

（4）提单是作为收取运费的证明，在运输过程中起到办理货物的装卸、发运和交付等方面的作用。

（5）提单是向船公司或保险公司索赔的重要依据。

3. 提单种类

（1）根据货物是否装船分类。

已装船提单（On Board B/L, Shipped B/L）：指货物装船后由承运人或其授权代理人根据大副收据签发给托运人的提单。如果承运人签发了已装船提单，就是确认他已将货物装在船上。这种提单除载明一般事项外，通常还必须注明装载货物的船舶名称和装船日期，即提单项下货物的装船日期。

收货待运提单（Received for Shipment B/L）：又称备运提单，指船舶公司已收到指定货物，等待装运货物期间签发的提单。所以，这种提单未载明所装船名和装船时间，在跟单信用证支付方式下，银行一般都不肯接受这种提单。待运货物一旦装运后，经承运人或其代理人在备运提单上批注货物已装上某具名船只及装船日期并签署后，备运提单就变成了已装船提单。

（2）根据提单有无不良批注分类。

清洁提单（Clean B/L）：指货物在装运时表面状况良好，在提单上未批注有关货物受损或包装不良的提单。UCP600第二十七条规定，"银行只接受清洁运输单据。清洁运输单据指未载有明确宣称货物或包装有缺陷的条款或批注的运输单据。"可见，在以跟单信用证为付款方式的贸易中，通常卖方只有向银行提交清洁提单才能取得货款。清洁是收货人转让提单时必须具备的条件，同时也是履行货物销售合同规定的交货义务的必要条件。

不清洁提单（Unclean B/L）：在货物装船时，承运人若发现货物包装不牢、破残、渗漏、玷污、标志不清等现象时，大副将在收货单上对此加以批注，并将此批注转移到提单上，这种提单称为不清洁提单。一般情况下，银行不接受不清洁提单。

（3）根据提单的抬头不同分类。

记名提单（Straight B/L）：又称收货人抬头提单，是指提单上的收货人栏中已具体填写收货人名称的提单。提单所记载的货物只能由提单上特定的收货人提取，或者说承运人在卸货港只能把货物交给提单上所指定的收货人。如果承运人将货物交给提单指定的以外的人，即使该人占有提单，承运人也应负责。这种提单失去了代表货物可转让流通的便利，但同时也可以避免在转让过程中可能产生的风险。

指示提单（Order B/L）：收货人一栏内填写"凭指示"（To Order）或"凭×××指示"（To Order of ×××），前者为不记名指示提单，又称为空白抬头，后者为记名指示提单。如果在收货人栏内只填记"To Order"字样，这种提单在托运人未指定收货人或受让人之前，货物所有权仍属于卖方。在信用证支付方式下，托运人就是以议付银行或收货人为受让人，通过转让提单而取得议付货款的。如果收货人栏内填记"To Order of ×××"，指名的"×××"既可以是银行的名称，也可以是托运人，这种提单转让需要由指名的"×××"先进行背书。

指示提单是一种可转让提单。提单的持有人可以通过背书的方式把它转让给第三者，而无须经过承运人认可，流通性强，所以这种提单在国际贸易中较为常用。

不记名提单（Bearer B/L）：收货人一栏内只写明"交持有人"（To Bearer），而不填写具体收货人名称。不记名提单不需要背书即可流通转让，只要把提单交给受让人即可。承运人应将货物交给提单持有人，谁持有提单，谁就可以提货，承运人交付货物只凭单，不凭人。这种提单如果丢失或被窃，风险极大，若转入善意的第三者手中时，极易引起纠纷，故在国际贸易中使用很少。

（4）根据提单内容的繁简分类。

全式提单（Long Form B/L）：指除正面印就的提单格式所记载的事项外，在提单的背面详细注明承运人和托运人之间各自的权利、义务的提单；由于条款繁多，所以又称繁式提单。在海运的实际业务中大量使用的大都是这种全式提单。

略式提单（Short Form B/L or Simple B/L）：指只在正面列出了必须记载的内容，而背面没有任何内容的提单。这种提单一般在正面印有"简式"（Short Form）字样，以示区别。简式提单中通常列有如下条款："本提单货物的收受、保管、运输和运费等事项，均按本提单全式提单的正面、背面的铅印、手写、印章和打字等书面条款和例外条款办理，该全式提单存本公司及其分支机构或代理处，可供托运人随时查阅。"

（5）按船舶的不同运营方式分类。

班轮提单（Liner B/L）：指班轮承载货物后，由班轮公司签发给托运人的提单。

租船提单（Charter Party B/L）：指承运人根据租船合同而签发的提单。多用于大宗物品的运输。当货方向船方租船时，需订立租船合同，租船提单上常注明："一切条件、条款和免责事项按照××××年××月××日的租船合同。"

（6）其他类型的提单。

甲板提单（On Deck B/L）：又称舱面提单，指承运人对装上舱面甲板的货物所签发的提单。一般货物均应装在舱里，装在舱面容易受损。但有些货物如危险品、活禽或体积过大的货物等只能装在甲板上。承运人签发此类提单时要注明"货装甲板"。按照UCP600，除非信用证另有规定，银行不接受甲板提单。

预借提单（Advanced B/L）：指由于信用证规定的装运期和交单结汇期已到，货主因故未能及时备妥货物或尚未装船完毕的，应托运人要求由承运人或其代理人提前签发的已装船提单。这种提单往往是当托运人未能及时备妥货物或船期延误，船舶不能按时到港接受货载，估计货物装船完毕的时间可能超过信用证规定的结汇期时，托运人采用从承运人那里借出提单用以结汇，当然必须出具保函。签发这种提单承运人要承担更大的风险，可能构成承、托双方合谋对收货人进行欺诈。

过期提单（Stale B/L）：过期提单有两种情形。一种是由于航线较短或银行单据流转速度太慢，以致提单晚于货物到达目的港，收货人提货受阻；另一种则是由于出口商在取得提单后未能及时到银行议付形成过期提单。UCP600第十四条规定："如信用证无特殊规定，银行将拒收在运输单据签发日期后超过21天才提交的单据。在任何情况下，交单不得晚于信用证到期日。"

倒签提单（Anti-dated B/L）：由于货物实际装船完毕日期迟于信用证规定的装运日期，若仍按实际装船日期签发提单，肯定影响结汇。为了使签发提单日期与信用证规定的装运日期相吻合，以便结汇，承运人应托运人的要求，在提单上仍按信用证规定的装运日期签发，这种提单称为"倒签提单"。

运输代理行提单（House B/L）：指由运输代理行签发的提单。在航运实践中，为了节省费用、简化手续，有时运输代理行将不同托运人发运的零星货物集中在一套提单上托运，而由承运人签发给运输代理行一组提单，由于提单只有一套，各个托运人不能分别取得提单，只好由运输代理行向各托运人签发运输代理行的提单。由于集装箱运输的发展，运输代理行组织的拼箱货使用这种提单有利于提高效率，所以这种提单的使用正在扩展。一般情况下，运输代理行提单不具有提单的法律地位，它只是运输代理行收到托运货物的收据，而不是一种可以转让的物权凭证，故不能凭此向承运人提货。

（二）装运通知（Shipping Advice）

装运通知（又称 Declaration of Shipment 或 Notice of Shipment）是出口商在订妥舱位或货物装船后，以传真、电子邮件或快递等方式将货物详细装运情况及时通知进口商等相关当事人的单据。出口商做此项通知时，有时还附上或另行寄上货运单据副本，以便进口商明了装货内容。

装运通知的主要作用在于：在 CIF 条件下，让收货人等有关当事人及时了解货物装运情况，以便做好筹措资金、付款和接货等其他准备工作；在以 FOB 或 CFR 条件下，装运通知是进口商办理进口货物保险的凭证。按照国际惯例，以 FOB、CFR 条件成交的情况下，由买方办理保险。卖方在货物装船后应立即通知买方或其指定的保险公司，以便买方及时办理投保或使预约保单生效。若因装船通知迟发或漏发而造成买方漏办保险，或未能及时办理保险，则由此造成的损失将由卖方承担。在实际操作中，有些公司也会简化装运通知本身，会把提单草稿发给买方，提醒对方办理保险事宜。

（三）受益人证明（Beneficiary's Certificate）

受益人证明书是一种由受益人自己出具的证明，以便证明自己履行了信用证规定的义务或证明自己按信用证的要求办事，如证明交货的品质、证明运输包装的处理、证明按要求寄单等。其一般没有固定格式，内容按实际情况来制。

（四）船籍证明与航程证明（Ship's Nationality Certificate & Itinerary Certificate）

船籍证明常与航程证明合并在一起。船籍证明是用以说明载货船舶国籍的证明。有时买方出于政治原因，对装货船舶的国籍予以限制，要求卖方仅装某些国家或不装某些国家的船舶，并要求卖方提供相应证明。

航程证明是用以说明载货船舶在航程中停靠港口的证明。有时买方出于政治原因或为了避免航行途中货船被扣的风险,对装货船舶的航行路线、停靠港口予以限制,要求船只不经过某些地区,或不在某些港口停靠,并要求卖方提供相应证明。

(五) 汇票 (Draft)

1. 定义

汇票 (Bill of Exchange,Draft) 是指出票人签发的、委托付款人在见票时或者在指定日期无条件支付确定的金额给某人或其指定的人或持票人的票据。

从以上定义可知,汇票是一种无条件支付的委托,有三个当事人:出票人、受票人和受款人。

2. 当事人

出票人 (Drawer):是指开立票据并将其交付给他人的法人、其他组织或者个人。出票人对受款人及正当持票人承担票据在提示付款或承兑时必须付款或者承兑的保证责任。一般是供货方,是真正的债权人。

受票人 (Drawee/Payer):就是付款人,即接受支付命令的人。在进出口业务中,通常为进口商或银行。在托收支付方式下,付款人一般为买方或债务人;在信用证支付方式下,一般为开证行或其指定的银行。

受款人 (Payee):又叫汇票的抬头人,是指受领汇票所规定的金额的人。在进出口业务中,一般填写出票人提交单据的银行。

3. 汇票的票据行为

汇票使用过程中的各种行为,都由《中华人民共和国票据法》(以下简称《票据法》)加以规范。主要有出票、提示、承兑和付款。如需转让,通常应经过背书行为。如汇票遭拒付,还需做成拒绝证书和行使追索权。

(1) 出票 (Draw 或 Issue)。

出票是指出票人签发汇票并交付给收款人的行为。出票包括两个动作,一是写成汇票,即在汇票上写明有关内容并签名;二是交付,将汇票交付给收款人。只有经过交付,才真正建立了债权,完成了出票手续。出票后,出票人即承担保证汇票得到承兑和付款的责任。如汇票遭到拒付,出票人应接受持票人的追索,清偿汇票金额、利息和有关费用。

(2) 提示 (Presentation)。

提示是指持票人将汇票提交付款人要求承兑或付款的行为,是持票人要求取得票据权利的必要程序。付款人看到汇票叫作见票 (Sight),如果是即期汇票,付款人见票后立即付款;如果是远期汇票,付款人见票后先承兑,到期再付款。

(3) 承兑 (Acceptance)。

承兑是指付款人在持票人向其提示远期汇票时,在汇票上签名,承诺于汇票到期时付款的行为。具体做法是付款人在汇票正面写明"承兑 (Accepted)"字样,注明承兑日期,于签章后交还持票人。付款人一旦对汇票作承兑,即成为承兑人并以主债务人的地位承担汇票到期时付款的法律责任。

（4）付款（Payment）。

付款是指付款人在汇票到期日，向提示汇票的合法持票人足额付款。持票人将汇票注销后交给付款人作为收款证明。汇票所代表的债务债权关系即告终止。

（5）背书（Endorsement）。

根据我国《票据法》的规定，除非出票人在汇票上记载"不得转让"外，汇票的收款人可以以记名背书的方式转让汇票权利。即在汇票背面签上自己的名字，并记载被背书人的名称，然后把汇票交给被背书人即受让人，受让人成为持票人，是票据的债权人。受让人有权以背书方式再行转让汇票的权利。在汇票经过不止一次转让时，背书必须连续，即被背书人和背书人名字前后一致。对受让人来说，所有以前的背书人和出票人都是他的"前手"，对背书人来说，所有他转让以后的受让人都是他的"后手"，前手对后手承担汇票得到承兑和付款的责任。在金融市场上，最常见的背书转让为汇票的贴现，即远期汇票经承兑后，尚未到期，持票人背书后，由银行或贴现公司作为受让人。从票面金额中扣减按贴现率结算的贴息后，将余款付给持票人。

（6）拒付和追索（Dishonour & Recourse）。

持票人向付款人提示，付款人拒绝付款或拒绝承兑，均称拒付。另外，付款人逃匿、死亡或宣告破产，以致持票人无法实现提示，也称拒付。出现拒付，持票人有追索权。即有权向其前手（背书人、出票人）要求偿付汇票金额、利息和其他费用。在追索前必须按规定做成拒绝证书和发出拒付通知。拒绝证书，用以证明持票人已进行提示而未获结果，由付款地公证机构出具，也可由付款人自行出具退票理由书或有关的司法文书。拒付通知，用以通知前手关于拒付的事实，使其准备偿付并进行再追索。

4．汇票的种类

汇票从不同的角度可分为以下几种。

（1）按照出票人的不同，汇票可分为银行汇票和商业汇票。

银行汇票（Banker's Bill）：银行汇票指出票人是银行，受票人也是银行的汇票。银行汇票由银行签发后，交汇款人，由汇款人寄交国外收款人向付款行取款，此种汇款方式称为顺汇法。

商业汇票（Trade Bill）：指出票人是商号或个人，付款人可以是商号、个人，也可以是银行的汇票。在国际贸易结算中，出口商用逆汇法，向国外进口商收取货款并签发的汇票，即属商业汇票。

（2）按照有无随附商业单据，汇票可分为光票和跟单汇票。

光票（Clean Bill）：指不附带商业单据的汇票。银行汇票多是光票。在国际贸易中，对少量货款或佣金、保险费、运费等其他费用，可采用光票向对方收款或付款。

跟单汇票（Documentary Bill）：指附带有商业单据的汇票。商业汇票一般为跟单汇票。在国际贸易中，这种汇票使用较为广泛。

（3）按照付款时间不同，汇票可分为即期汇票和远期汇票。

即期汇票（Sight Bill）：指在提示或见票时立即付款的汇票。

远期汇票（Time Bill）：指在一定期限或特定日期付款的汇票。远期汇票的付款时间，有以下几种规定办法：见票后若干天付款（At＊＊＊days after sight）；出票后若干天付款（At＊＊＊days after date）；提单签发日后若干天付款（At＊＊＊days after date of B/L）；指定日期付款（Fixed date）。

（4）按承兑人的不同，分为商业承兑汇票和银行承兑汇票。

商业承兑汇票（Trader's Acceptance bill）：指企业或个人承兑的远期汇票，托收中使用的远期汇票即属于此种汇票。商业承兑汇票是建立在商业信用基础上的。

银行承兑汇票（Banker's Acceptance bill）：指银行承兑的远期汇票，信用证中使用的远期汇票即属于此种汇票。银行承兑汇票是建立在银行信用基础上的，所以银行承兑汇票比商业承兑汇票更易于被人们所接受。

一张汇票往往可以同时具备几种性质。例如，一张商业汇票同时又可以是即期的跟单汇票；一张远期的商业跟单汇票，同时又是银行承兑汇票。

四、能力训练

（一）安吉林木饰品有限公司操作案例

接"项目七　办理出口货物投保"能力训练部分中安吉林木饰品有限公司操作案例，5月21日，安吉林木饰品有限公司的单证员收到上海大洲货代公司寄来的海运提单。根据销售合同（见样单1-7）和信用证（见样单2-6），分析信用证中的结汇单据条款，缮制其他结汇单证，准备交单。

工作任务：

（1）分析信用证中的结汇单据条款。

（2）缮制受益人证明。

（3）缮制汇票。

（二）湖州兴业进出口有限公司操作案例

接"项目六　办理出口货物报关"能力训练部分中湖州兴业进出口有限公司操作案例。2013年6月10日，湖州兴业进出口有限公司的单证员收到上海货代公司寄来的海运提单（B/L No.：COSU6018011491）。根据销售合同（见样单1-9）、信用证（见样单2-7）和海运提单（见样单8-6），分析信用证中的结汇单据条款，缮制其他结汇单证，准备交单。

样单 8-6 海运提单

1. Shipper Insert Name, Address and Phone HUZHOU XINGYE INDUSTRY CO., LTD. 18TH FLOOR, MEIXIN BUILDING, HUZHOU, ZHEJIANG, CHINA		B/L No. COSU6018011491
	中远集装箱运输有限公司 **COSCO CONTAINER LINES** TLX: 33057 COSCO CN FAX: +86 (021) 6545 8984	
2. Consignee Insert Name, Address and Phone TO SHIPPER'S ORDER	**ORIGINAL** Port-to-Port or Combined Transport **BILL OF LADING**	
3. Notify Party Insert Name, Address and Phone (It is agreed that no responsibility shall attach to the carrier or his agents for failure to notify) TUFFCO 3052 SFAX TUNISIA	RECEIVED in external apparent good order and condition except as otherwise noted. The total number of packages or unites stuffed in the container, the description of the goods and the weights shown in this Bill of Lading are Furnished by the Merchants, and which the carrier has no reasonable means of checking and is not a part of this Bill of Lading contract. The carrier has issued the number of Bills of Lading stated below, all of this tenor and date, one of the original Bills of Lading must be surrendered and endorsed or signed against the delivery of the shipment and whereupon any other original Bills of Lading shall be void. The Merchants agree to be bound by the terms and conditions of this Bill of Lading as if each had personally signed this Bill of Lading. SEE clause 4 on the back of this Bill of Lading (Terms continued on the back hereof, please read carefully). * Applicable Only When Document Used as a Combined Transport Bill of Lading.	

4. Combined Transport * Pre-carriage by	5. Combined Transport * Place of Receipt
6. Ocean Vessel Voy. No. ITAL FIDUCIA 019W	7. Port of Loading SHANGHAI PORT
8. Port of Discharge SFAX PORT, TUNISIA	9. Combined Transport * Place of Delivery

Marks & Nos. Container/Seal No.	No. of Containers or Packages	Description of Goods (If Dangerous Goods, See Clause 20)	Gross Weight	Measurement
TU (PRODUCT'S NAME) QTY: C/NO.: COSU1327243 SEAL 8954588	870CTNS 1*40FCL	FIRE EXTINGUISHER (CFR SFAX PORT) AS PER PROFORMA INVOICE NO. 2010TU02 DTD 29/03/2010 NUMBER OF L/C: CDI702/8053/2013 FREIGHT PREPAID	19 140KGS ON BOARD JUN 8, 2013	31.32CBM
		Description of Contents for Shipper's Use Only (Not Part of This B/L Contract)		

续表

10. Total Number of Containers and/or Packages (in words) SAY EIGHT HUNDRED AND SEVENTY CARTONS ONLY. Subject to Clause 7 Limitation					
11. Freight & Charges Declared Value Charge	Revenue Tons	Rate	Per	Prepaid	Collect
Ex. Rate:	Prepaid at	Payable at		Place and date of issue SHANGAHI 8 JUN 2013	
	Total Prepaid	No. of Original B(s)/L THREE (3)		Signed for the Carrier, COSCO CONTAINER LINES AS CARRIER ***	
LADEN ON BOARD THE VESSEL DATE BY						

工作任务：

（1）分析信用证中的结汇单据条款。

（2）缮制受益人证明。

（3）缮制装运通知。

五、岗位拓展

讨论话题：结汇单据的缮制问题。

湖州兴业进出口有限公司与阿曼的一家公司成交一批纺织服装，货物于2013年3月底出运。公司的单证员在缮制结汇单据时发现中间有些条款较复杂。请仔细分析以下结汇单据条款，说明缮制要点，并指出其中是否存在风险。

+ ONE ORIGINAL AND SIX COPIES OF INVOICE DULY SIGNED BY THE BENEFICIARY CERTIFYING ORIGIN OF THE GOODS.

+ A COPY OF FAX ADVICE ALONG WITH TRANSMISSION REPORT SENT BY THE BENEFICIARY WITHIN SEVEN WORKING DAYS OF SHIPMENT TO THE APPLICANT ON FAX: 00968 24820×× AND THE INSURER AXA INSURANCE (GULF) B.S.C. (C), P.O. BOX 833, RUWI, P.C. 112 FAX: 00968 24400××× ADVISING ALL DETAILS OF THE SHIPMENT AND INDICATING OPEN COVER/POLICY NUMBER 65/MO/000873.

+ BENEFICIARY CERTIFICATE SIGNED BY THE AUTHORISED OFFICERS TO THE EFFECT THAT PRODUCT/CARGOES HAD BEEN DELIVERED IN CONFORMITY WITH THE TERMS OF THE L/C, THAT ALL NECESSARY DOCUMENTS HAVE BEEN FORWARDED TO THE CONSIGNEE AND THAT PAYMENT OF THE INVOICE FOR DELIVERY IS PROPERLY DUE TO THEM AND WOULD BE EXCLUSIVELY USED FOR THE SETTLEMENT OF THE INVOICE.

项目九 交单收汇

一、学习目标

能力目标：能审核相关结汇单证，向银行办理交单手续。
知识目标：掌握单证审核的要点，了解审单的操作流程。

二、工作任务

（一）任务描述

2013年4月9日，张洁在完成相关结汇单证制作后，就按照销售合同和信用证的要求对全套单证进行一一审核。审核及修改完成后，整理全套单证，填好交单联系单向中国银行湖州市分行交单。等款项到账后到银行办理结汇手续，并拿着海关退下来的报关单退税联、报关单结汇联和出口货物销售统一发票退税联等交给公司财务，由公司财务人员到国税局办理相关退税手续。

（二）任务分析

总体任务	根据销售合同（S/C No.：ZC130210）及信用证（L/C No.：M51145160747856）的要求审核全套结汇单证，办理交单手续
任务分解	任务一：审核全套结汇单证
	任务二：办理交单手续

（三）操作示范

第一步：审核全套结汇单证。

张洁把前段时间就这笔业务所做的结汇单证整理出来，并按照销售合同（见样单9-1）和信用证（见样单9-2）对汇票（见样单9-3）、商业发票（见样单9-4）、装箱单（见样单9-5）、海运提单（见样单9-6）、保险单（见样单9-7）、原产地证明书（见样单9-8）、装运通知(见样单9-9)、受益人证明(见样单9-10)等进行一一审核。

样单9-1 销售合同

湖州正昌贸易有限公司
HUZHOU ZHENGCHANG TRADING CO., LTD.
42 HONGQI ROAD, HUZHOU, CHINA
TEL: 0086-0572-2365××× FAX: 0086-0572-2365×××

销售确认书
SALES CONFIRMATION

号码:
No.: ZC130210

日期:
Date: FEB. 10, 2013

签约地点:
Signed at: HUZHOU

买方:
Buyers: MAIJER FISTRTION INC.

地址:
Address: 3214, WALKER, NAKAGYO-KU, KYUNG-BUK, KOREA REP.

电传/传真:
Telex/Fax: 0082-54-8545×××

兹买卖双方同意成交下列商品,订立条款如下:
The undersigned Sellers and Buyers have agreed to close the following transactions according to the terms and conditions stipulated below:

(1) 货号 Article No.	(2) 商品名称及规格 Name of Commodity and Specification	(3) 数量 Quantity	(4) 单价 Unit Price	(5) 金额 Amount
L-2331	RATTAN CURTAIN	14 408PCS	CIF BUSAN USD2.61/PC	USD37 604.88

1. 数量与金额允许增或减5%
   More or Less: 5% MORE OR LESS IN AMOUNT AND QUANTITY IS ALLOWED.
2. 包装:
   Packing: IN CARTONS OF 8PCS EACH
3. 装运期:
   Time of Shipment: NOT LATER THAN MAR. 30, 2013
4. 装运口岸和目的港:
   Port of Loading and Destination: FROM SHANGHAI, CHINA TO BUSAN, KOREA REP. TRANSSHIPMENT IS ALLOWED AND PARTIAL SHIPMENT IS PROHIBITED.

5. 付款条件：

　　Terms of payment：BY IRREVOCABLE LETTER OF CREDIT AT SIGHT

6. 保险：由卖方按发票金额110%投保_____险

　　Insurance：TO BE EFFECTED BY SELLERS FOR 110% OF FULL INVOICE VALUE COVERING <u>ALL RISKS AND WAR RISKS</u>

7. 备注：

　　Remarks：

买方：　　　　　　　　　　　　　　　　　　　　　　卖方：湖州正昌贸易有限公司
THE BUYER：MAIJER FISTRTION INC.　　　　　　　THE SELLER：HUZHOU ZHENGCHANG TRADING CO.，LTD.

ADAM　　　　　　　　　　　　　　　　　　　　　　　　*陈强*

样单9-2　信用证

MT S700	ISSUE OF A DOCUMENTARY CREDIT
APPLICATION HEADER	*DAEGU BANK，LTD.，THE
	*DAEGU
SEQUENCE OF TOTAL	*27：1/1
FORM OF DOC. CREDIT	*40A：IRREVOCABLE
DOC. CREDIT NUMBER	*20：M51145160747856
DATE OF ISSUE	31C：130305
APPLICABLE RULES	*40E：UCP LATEST VERSION
EXPIRY	*31D：DATE 130501 PLACE IN CHINA
APPLICANT	*50：MAIJER FISTRTION INC.
	3214，WALKER，NAKAGYO-KU，KYUNG-BUK，
	KOREA REP.
BENEFICIARY	*59：HUZHOU ZHENGCHANG TRADING CO.，LTD.
	42 HONGQI ROAD，
	HUZHOU，
	CHINA
AMOUNT	*32B：CURRENCY USD AMOUNT 37 604.88
AVAILABLE WITH/BY	*41D：ANY BANK
	BY NEGOTIATION
DRAFT AT …	42C：AT SIGHT FOR 100 PERCENT OF INVOICE VALUE
DRAWEE	*42A：*DAEGU BANK，LTD.，THE DAEGU
PARTIAL SHIPMENT	43P：NOT ALLOWED
TRANSSHIPMENT	43T：ALLOWED
PORT OF LOADING	44E：SHANGHAI PORT，CHINA
PORT OF DISCHARGE	44F：BUSAN PORT，KOREA REP.
LATEST DATE OF SHIP.	44C：130415
DESCRIPT. OF GOODS	45A：

14 408PCS RATTAN CURTAIN AS PER SALES CONFIRMATION NO. ZC130210

USD2.61/PC CIF BUSAN

DOCUMENTS REQUIRED 46A:

+ SIGNED COMMERCIAL INVOICE IN 3 FOLDS CERTIFIED THE GOODS ARE OF CHINESE ORIGIN.

+ PACKING LIST IN 3 FOLDS

+ FULL SET OF ORIGINAL CLEAN ON BOARD MARINE BILL OF LADING MADE OUT TO SHIPPER'S ORDER AND BLANK ENDORSED, MARKED FREIGHT PREPAID AND NOTIFY APPLICANT QUOTING FULL NAME AND ADDRESS.

+ MARINE INSURANCE POLICY FOR 110PCT OF INVOICE VALUE, BLANK ENDORSED, COVERING ALL RISKS AND WAR RISKS, CLAIMS PAYABLE AT DESTINATION.

+ ORIGINAL CERTIFICATE OF ORIGIN ASIA – PACIFIC TRADE AGREEMENT PLUS ONE COPY ISSUED BY CIQ.

+ SHIPMENT ADVICE WITH FULL DETAILS INCLUDING SHIPPING MARKS, CARTON NUMBERS, VESSEL'S NAME, BILL OF LADING NUMBER, VALUE AND QUANTITY OF GOODS MUST BE SENT WITHIN 3 DAYS OF THE DATE OF SHIPMENT TO US.

+ BENEFICIARY SIGNED STATEMENT CERTIFYING THAT COPIES OF INVOICE, BILL OF LADING AND PACKING LIST HAVE BEEN FAXED TO APPLICANT ON FAX NO. 0082 – 54 – 8545×× × WITHIN 3 DAYS OF BILL OF LADING DATE.

ADDITIONAL COND. 47A:

+ A FEE OF USD 80 IS TO BE DEDUCTED FROM EACH DRAWING FOR THE ACCOUNT OF BENEFICIARY. IF DOCUMENTS ARE PRESENTED WITH DISCREPANCY (IES).

+ UNLESS OTHERWISE EXPRESSLY STATE, ALL DOCUMENTS MUST BE IN ENGLISH.

+ MORE OR LESS 5 PCT OF QUANTITY OF GOODS AND CREDIT AMOUNT ARE ALLOWED.

DETAILS OF CHARGES 71B: ALL BANKING COMMISSIONS AND CHARGES INCLUDING REIMBURSEMENT COMMISSIONS OUTSIDE KOREA REP. ARE FOR BENEFICIARY ACCOUNT.

PRESENTATION PERIOD 48: DOCUMENTS MUST BE PRESENTED FOR NEGOTIATION WITHIN 21 DAYS AFTER THE DATE OF SHIPMENT BUT WITHIN THE VALIDITY OF THE CREDIT.

CONFIRMATION INSTRUCTION *49: WITHOUT

78:

+ PLEASE REIMBURSE YOURSELVES BY PRESENTING BENEFICIARY'S DRAFT TO THE DRAWEE BANK.

　　　　　　　+ ALL DOCUMENTS MUST BE MAILED TO DAEGU BANK, LTD.
　　　　　　　BUSINESS PROCESS SUPPORT DEPT 17FL, 118, SUSEONG－2－GA, SUSEONG－
　　　　　　　GU, DAEGU, 706－712 KOREA REP. IN ONE LOT BY COURIER MAIL.
"ADVISE THROUGH"　　　　　57A：BKCHCNBJ92G
　　　　　　　　　　　　　　＊BANK OF CHINA
　　　　　　　　　　　　　　＊HUZHOU
　　　　　　　　　　　　　　＊（HUZHOU BRANCH）

样单9-3 汇票

凭	信用证
Drawn under <u>DAEGU BANK, LTD., THE DAEGU</u>	L/C No. <u>M51145160747856</u>
日期 Dated <u>MAR. 5, 2013</u>　　支取 Payable with interest	@ ___% 按 ___ 息 ___ 付款
号码	湖州
No. <u>ZC13311</u>　　Exchange for <u>USD37 604.88</u>	Huzhou _____

见票 _____ 日后（本汇票之副本未付）付交
　　AT <u>＊＊＊</u> sight of this FIRST of Exchange（Second of Exchange being unpaid）

Pay to the order of <u>BANK OF CHINA, HUZHOU BRANCH</u> the sum of
<u>SAY U. S. DOLLARS THIRTY－SEVEN THOUSAND SIX HUNDRED AND FOUR AND POINT EIGHTY－EIGHT.</u>
此致
To：<u>MAIJER FISTRTION INC.</u> _____

　　　　　　　　　　　　　　　　　　　HUZHOU ZHENGCHANG TRADING CO., LTD.
　　　　　　　　　　　　　　　　　　　　　　　　陈强

样单9-4 商业发票

湖州正昌贸易有限公司
HUZHOU ZHENCHANG TRADING CO., LTD.
42 HONGQI ROAD, HUZHOU, CHINA
TEL：0086－0572－2365×××　　FAX：0086－0572－2365×××

COMMERCIAL INVOICE

TO：<u>MAIJER FISTRTION INC.</u>	INVOICE NO.：<u>ZC13311</u>
<u>3214, WALKER, NAKAGYO－KU,</u>	INVOICE DATE：<u>MAR. 12, 2013</u>
<u>KYUNG－BUK, KOREA REP.</u>	S/C NO.：<u>ZC130210</u>
FROM：<u>SHANGHAI, CHINA</u>	TO：<u>BUSAN PORT, KOREA REP.</u>
LETTER OF CREDIT NO. <u>M51145160747856</u>	ISSUED BY：<u>DAEGU BANK, LTD., THE DAEGU</u>

MARKS AND NUMBERS	DESCRIPTION OF GOODS	QUANTITY	UNIT PRICE	AMOUNT
MAIJER ZC130210 BUSAN C/NO. 1 – 1801	ART. NO.: L – 2331 RATTAN CURTAIN AS PER SALES CONFIR- MATION NO. ZC130210	14 408PCS	CIF BUSAN USD2. 61/PC	USD37 604. 88

SAY TOTAL: SAY U. S. DOLLARS THIRTY – SEVEN THOUSAND SIX HUNDRED AND FOUR AND POINT EIGHTY EIGHT

湖州正昌贸易有限公司
HUZHOU ZHENGCHANG TRADING CO., LTD.
陈强

样单 9 – 5 装箱单

湖州正昌贸易有限公司
HUZHOU ZHENGCHANG TRADING CO., LTD.
42 HONGQI ROAD, HUZHOU, CHINA
TEL: 0086 – 0572 – 2365×××   FAX: 0086 – 0572 – 2365×××

PACKING LIST

TO: MAIJER FISTRTION INC.　　　　　　　INVOICE NO.: ZC13311
　　3214, WALKER, NAKAGYO – KU,　　　INVOICE DATE: MAR. 12, 2013
　　KYUNG – BUK, KOREA REP.　　　　　S/C NO.: ZC130210
FROM: SHANGHAI, CHINA　　　　　　　 TO: BUSAN PORT, KOREA REP.
LETTER OF CREDIT NO.: M51145160747865　　DATE OF SHIPMENT: MAR. 30, 2013

MARKS AND NUMBERS	DESCRIPTION OF GOODS	QUANTITY	PACKAGE	G. W.	N. W.	MEAS.
MAIJER ZC130210 BUSAN C/NO. 1 – 1801	ART. NO.: L – 2331 RATTAN CURTAIN AS PER SALES CONFIRMATION NO. ZC130210	14 408PCS	1 801CTNS	22 512. 5KGS	18 910. 5KGS	56. 28CBM
	TOTAL	14 408PCS	1 801CTNS	22 512. 5KGS	18 910. 5KGS	56. 28CBM

SAY TOTAL: SAY ONE THOUSAND EIGHT HUNDRED AND ONE CARTONS ONLY.

湖州正昌贸易有限公司
HUZHOU ZHENGCHANG TRADING CO., LTD.
陈强

样单9-6 海运提单

Shipper HUZHOU ZHENGCHANG TRADING CO., LTD. 42 HONGQI ROAD, HUZHOU, CHINA		BILL OF LADING B/L No.：COSG55896212	
Consignee TO SHIPPER'S ORDER		**COSCO** 中国远洋运输公司	
Notify Party MAIJER FISTRTION INC. 3214, WALKER, NAKAGYO - KU, KYUNG - BUK, KOREA REP.		**CHINA OCEAN SHIPPING COMPANY**	
*Pre Carriage by	*Place of Receipt		
Ocean Vessel Voy. No. GOLDEN COMPANION 907N	Port of Loading SHANGHAI	**ORIGINAL**	
Port of discharge BUSAN PORT, KOREA REP.	*Final destination BUSAN PORT, KOREA REP.	Freight Payable at	Number Original Bs/L THREE
Marks and Numbers MAIJER ZC130210 BUSAN C/NO. 1 - 1801 TGHU2187451/2125007	Number and Kind of Packages; Description SHIPPER'S LOAD, COUNT & SEAL RATTAN CURTAIN 1 801CARTONS 1×40' FCL CY - CY FREIGHT PREPAID	Gross weight 22 512.5KGS ON BOARD APR. 6, 2013	Measurement（m^3） 56.28CBM
TOTAL PACKAGES (IN WORDS)	SAY ONE THOUSAND EIGHT HUNDRED AND DNE CARTONS ONLY.		
Freight and Charges		Place and Date of Issue SHANGHAI APR. 6, 2013	
		Signed for the Carrier COSCO CONTAINER LINES *杨利* AS CARRIER	
*Applicable only when document used as a Through Bill of Loading.			

样单9-7 保险单

PICC 中国人保财险

货物运输保险单

CARGO TRANSPORTATION INSURANCE POLICY

总公司设于北京　1949 年创立
Head Office：Beijing　Established in 1949

发票号（INVOICE NO.）ZC13311
合同号（CONTRACT NO.）ZC130210
信用证号（L/C NO.）M51145160747856
被保险人：
Insured：HUZHOU ZHENGCHANG TRADING CO., LTD.

保单号次：
POLICY NO.：PYIE201331120504002003

中国人民财产保险股份有限公司（以下简称"本公司"）根据被保险人的要求，由被保险人向本公司缴付约定的保险费，按照本保险单承保险别和背面所载条款与下列特款承保下述货物运输保险，特立本保险单。

THIS POLICY OF INSURANCE WITNESSES THAT THE PEOPLE'S INSURANCE COMPANY OF CHINA (HEREINAFTER CALLED "THE COMPANY"). AT THE REQUEST OF THE INSURED AND IN CONSIDERATION OF THE AGREED PREMIUM PAID TO THE COMPANY BY THE INSURED, UNDERTAKES TO INSURE THE UNDERMETIONED GOODS IN TRANSPORTATION SUBJECT TO THE CONDITIONS OF THIS POLICY AS PER THE CLAUSES PRINTED OVERLEAF AND OTHER SPECIAL CLAUSES ATTACHED HEREON.

标记 MARKS & NO.	包装及数量 QUANTITY	保险货物项目 DESCRIPTION OF GOODS	保险金额 AMOUNT INSURED
MAIJER ZC130210 BUSAN C/NO. 1 – 1801	1 801CTNS	RATTAN CURTAIN	USD41 366.00

TOTAL AMOUNT INSURED：US DOLLARS FORTY – ONE THOUSAND THREE HUNDRED AND SIXTY – SIX ONLY.

保费：
PREMIUM：AS ARRANGED

启运日期：
DATE OF COMMENCEMENT：APR. 6, 2013

运载工具：
PER CONVEYANCE：GOLDEN COMPANION 907N

自
FROM　SHANGHAI

经
VIA

至
TO　BUSAN

承保险别
CONDITIONS：
COVERING ALL RISKS AND WAR RISKS AS PER OCEAN MARINE CARGO CLAUSES (1/1/1981) OF THE PEOPLE'S INSURANCE COMPANY OF CHINA.

所保货物，如发生保险单项下可能引起索赔的损失或损坏，应立即通知本公司下述代理人查勘。如有索赔应向本公司提交报单正本（本报单共<u>贰</u>份正本）及有关文件。如一份正本已用于索赔，其余正本自动失效。

续表

IN THE EVENT OF LOSS OR DAMAGE WHICH MAY RESULT IN A CLAIM UNDER THIS POLICY, IMMEDIATE NOTICE MUST BE GIVEN TO THE COMPANY'S AGENT AS MENTIONED HEREUNDER. IN THE EVENT OF CLAIMS, IF ANY, ONE OF THE ORIGINAL POLICY WHICH HAS BEEN ISSUED IN __2__ ORIGINAL(S) TOGETHER WITH THE RELEVANT DOCUMENTS SHALL BE SURRENDERED TO THE COMPANY. IF ONE OF THE ORIGINAL POLICY HAS BEEN ACCOMPLISHED, THE OTHERS SHALL BE VOID.
CHYIPSUNG SHIPPING CORPORATION BUSAN 11TH FLOOR, YUCHANG BLDG NO. 25M4 - YA, NO. 75, BUSAN, KOREA REP. POST CODE: 600847 TEL: 82 - 51 - 478655×/×   FAX: 82 - 51 - 47865×××   中国人民保险公司湖州分公司 The People's Insurance Company of China Huzhou Branch
赔款偿付地点 CLAIM PAYABLE AT KOREA REP. IN USD
出单日期 ISSUING DATE APR 5, 2013   Authorized Signature

样单9-8 原产地证明书

1. Goods consigned from (Exporter's business name, address, country) HUZHOU ZHENGCHANG TRADING CO., LTD. 42 HONGQI ROAD, HUZHOU, CHINA	Reference No. B133333331450008 CERTIFICATE OF ORIGIN Asia – Pacific Trade Agreement (Combined Declaration and Certificate) Issued in: The People's Republic of China
2. Goods consigned to (Consignee's name, address, country) MAIJER FISTRTION INC. 3214, WALKER, NAKAGYO - KU, KYUNG - BUK, KOREA REP.	3. For Official use
4. Means of transport and route FROM SHANGHAI TO BUSAN BY SEA	

5. Tariff item number	6. Marks and number of packages	7. Number and kind of packages; description of goods	8. Origin criterion (see notes overleaf)	9. Gross weight or other quantity	10. Number and date of invoices
4601	MAIJER ZC130210 BUSAN C/NO. 1 – 1801	1 801 (ONE THOUSAND EIGHT HUNDRED AND ONE) CARTONS OF RATTAN CURTAIN *******	A	14 408PCS	ZC13311 MAR. 25, 2013

续表

11. Declaration by the exporter The undersigned hereby declares that the above details and statements are correct, that all the goods were produced in CHINA -------------------------------------- (Country) and that they comply with the origin requirements specified for these goods in the Asia-Pacific Trade Agreement for goods exported to KOREA REP. -------------------------------------- (Importing Country) 张洁 HUZHOU, CHINA APR. 2, 2013 -------------------------------------- Place and date, signature of authorized signatory	12. Certification It is hereby certified on the basis of control carried out, that the declaration by the exporer is correct. HUZHOU, CHINA APR. 2, 2013 -------------------------------------- Place and date, signature and stamp of certifying authority

样单 9-9　装运通知

湖州正昌贸易有限公司
HUZHOU ZHENGCHANG TRADING CO., LTD.
42 HONGQI ROAD, HUZHOU, CHINA
TEL：0086-0572-2365×××　　FAX：0086-0572-2365×××

SHIPPING ADVICE

MESSERS：MAIJER FISTRTION INC.
　　　　　3214, WALKER, NAKAGYO-KU,
　　　　　KYUNG-BUK, KOREA REP.

DATE：APR. 7, 2013
B/L NO.：COSG55896212
L/C NO.：M51145160747856

COMMODITY：RATTAN CURTAIN
QUANTITY：14 408PCS
PACKAGES：1 810CARTONS
GROSS WIGHT：22 512.5KGS
NET WEIGHT：18 910.5KGS
TOTAL AMOUNT：USD37 604.88
SHIPPING MARKS：MAIJER
　　　　　　　　ZC130210
　　　　　　　　BUSAN
　　　　　　　　C/NO. 1-1801
OCEAN VESSEL/VOY. NO.：GOLDEN COMPANION 907N
CONTAINER NO.：TGHU2187451
DATE OF SHIPMENT：APR. 6, 2013

PORT OF LOADING: SHANGHAI, CHINA
PORT OF DESTINATION: BUSAN, KOREA REP.

湖州正昌贸易有限公司（章）
HUZHOU ZHENGCHANG TRADING CO., LTD.
陈强

样单 9-10 受益人证明

湖州正昌贸易有限公司
HUZHOU ZHENGCHANG TRADING CO., LTD.
42 HONGQI ROAD, HUZHOU, CHINA
TEL: 0086-0572-2365×××　FAX: 0086-0572-2365×××
BENEFICIARY'S STATEMENT

TO: WHOM IT MAY CONCERN　　　　　　　　Date: APR. 7, 2013
　　　　　　　　　　　　　　　　　　　　　INV. NO.: ZC13311
　　　　　　　　　　　　　　　　　　　　　L/C NO.: M51145160747856

WE HEREBY CERTIFY THAT COPIES OF INVOICE, BILL OF LADING AND PACKING LIST HAVE BEEN FAXED TO APPLICANT ON FAX NO. 0082-54-8545××× WITHIN 3 DAYS OF BILL OF LADING DATE.

湖州正昌贸易有限公司（章）
HUZHOU ZHENGCHANG TRADING CO., LTD.
陈强

经过认真审核，发现上述单据中存在如下问题。

（1）汇票付款人不是"MAIJER FISTRTION INC."，应为"DAEGU BANK, LTD., THE DAEGU"。

（2）商业发票中缺少证明文句，根据信用证中商业发票条款要求应加上"WE HEREBY CERTIFIED THE GOODS ARE OF CHINESE ORIGIN"。

（3）装箱单中信用证号码打错，应为"M51145160747856"。

（4）装运通知中包装数量打错，应为"1 801CARTONS"。

第二步：办理交单手续。

张洁对单据进行修改，并按要求对提单、保险单进行空白背书。在填好交单联系单（见样单9-11）后，向中国银行湖州分行交单。

样单 9-11 交单联系单

客户交单联系单

致：中国银行湖州分行

　　兹随附下列信用证项下出口单据一套，请按国际商会第600号出版物《跟单信用证统一惯例》办理寄单索汇。

续表

开证行：DAEGU BANK, LTD., THE DAEGU	信用证号：M51145160747856	
通知行：BANK OF CHINA, HUZHOU	通知行编号：	
最迟装期：130415	有效期：130501	交单期限：21 天
汇票付款期限：AT SIGHT	汇票金额：USD37 604.88	
发票编号：ZC13311	发票金额：USD37 604.88	

单据	名称	汇票	发票	海关发票	海运提单正本	海运提单副本	航空运单	货物收据	保险单	装箱/重量单	数量/质量/重量证	原产地证明书	GSP FO-RM A	检验/分析证	受益人证明	船公司证明	装运通知
	份数	2	3		3				2	3		1			1		1

委办事项：（打"×"者）
×附信用证及修改书共 __2__ 页。
□单据中有下列不符点：

□请向开证行寄单，我公司承担一切责任。
□请电提不符点，待开证行同意后再寄单。
□寄单方式：×特快专递　　□航空挂号
□索汇方式：□电索　　　　□信索（□特快专递□航空挂号）
核销单编号：
公司联系人：　　　　　　联系电话：　　　　　　公司签章：

银行审单记录：	银行接单日期：	寄单日期：
	汇票/发票金额：	BP No.：
	银行费用	通知/保兑：	银行经办：
		议/承/付：	
		修改费：	
		邮　费：	
		电　传：	银行复核：
		小　计：	
退单记录：	费用由　　　　　　承担	

4月28日,公司财务通知张洁此批货款已到公司美元账户,财务去中国银行湖州分行办理了结汇手续,拿回银行提供的结汇水单。

5月6日,张洁从货代公司拿回海关退单:出口货物报关单(退税联、结汇联),张洁就在中国电子口岸网上交单(见图9-1)。

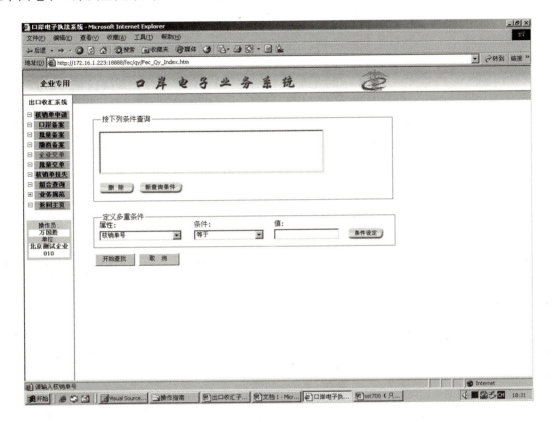

图9-1 口岸电子业务系统

(四)任务解决

张洁在电子口岸上完成交单手续后,就可以把相关单据转给公司财务,供其办理退税手续。

三、知识链接

(一)信用证下交单

信用证下交单是指出口商(信用证受益人)在规定时间内向银行提交信用证规定的全套单据,这些单据经银行审核,根据信用证条款的不同付汇方式,由银行办理结汇。

交单应注意以下三点。
（1）单据的种类和份数与信用证的规定相符。
（2）单据内容正确，包括所用文字与信用证一致。
（3）交单时间必须在信用证规定的交单期和有效期之内。

（二）信用证下审单要求

1. 审单标准

在信用证结算方式下，银行审单的标准是：单证一致、单单一致，即所提交的单据与单据之间内容要一致，单据内容与信用证的要求要一致。

UCP600在第二条中对相符交单给出了明确的定义：提交的单据必须与信用证条款、UCP600中的相关适用条款以及国际标准银行实务一致。UCP600中所规定的"一致"，并不是过去银行所倡导的"严格相符"原则，而是相对宽松和灵活，如UCP600第十四条d款规定："单据中的数据，在与信用证、单据本身以及国际标准银行实务参照解读时，无须与该单据本身中的数据、其他要求的单据或信用证中的数据等同一致，但不得矛盾。"第十四条e款规定："除商业发票外，其他单据中的货物、服务或履约行为的描述，如果有的话，可使用与信用证中的描述不矛盾的概括性用语。"《关于审核UCP600下单据国际标准银行实务（ISBP）》中也要求信用证项下提交的单据不得互相矛盾。因此，要根据其所倡导的"不得相互矛盾"精神，指导"单证一致、单单一致"的审单原则。

2. 主要单据的审核要点

（1）汇票的审核要求如下。

①汇票的出票时间和地点是否正确；

②付款期限必须符合合同或信用证的规定；

③大小写金额及货币名称和代号必须一致而规范化；在使用信用证时，汇票金额不能超出信用证限额；

④出票人、受款人、付款人名称和地址必须正确填写；

⑤出票人印章和/或签字不得遗漏；

⑥出票条款须正确填写；

⑦信用证规定的其他附加条款。

（2）商业发票的审核要点如下。

①商业发票上的货物描述应该与信用证中的描述一致。如果实际发运货物比信用证规定更详细，则在照抄信用证的内容后，可补充更翔实的信息，但不得与信用证规定相矛盾；

②唛头是否简洁清晰，一般必需内容是收货人名称、目的地名称和件数，可适当补充有关合同或订单号信息，应避免罗列其他内容。如果信用证规定唛头，必须与其一致；

③商业发票一般要由受益人出具，如信用证要求"Manually signed"，则必须由单位主要负责人手签；

④在有多品种、规格，但价格又不一样时，要注意审核每种货物金额之和是否与总额一致；

⑤佣金和折扣。如果在合同中有支付佣金或折扣的规定，则必须明确是明佣明折还是暗佣暗扣，从而可以确定发票上是否显示。如果使用的信用证有明确规定，按规定办理；

⑥一般出口商都在发票上注明信用证号码、开证行名称、启运地和目的地等项目内容，若信用证未要求，可不注明，但当出口商自行打上时，必须确保正确；

⑦如果信用证规定将总金额分项表示，即注明成本价、运费、保险费，可能还有佣金等，要注意分项金额之和应与总额一致；

⑧信用证中规定的附加条款在商业发票上有无体现。

（3）运输单据的审核要点如下。

①运输单据的名称和类别须符合信用证或销售合同的规定。如果要求海运提单，则提供的是否是港至港提单，指定为空运则必须提供航空运单等；

②托运人一般应为出口商或信用证的受益人。在转让信用证项下，可接受以受让人作为托运人；

③提单抬头与背书要求与信用证是否相符；

④被通知人的名称和详细地址及通信方式与信用证要求是否一致。有时信用证加列通知开证行，要审查是否照办；

⑤审核提单时应注意海运提单是否为"已装船"提单，提单上必须用"装船批注"表明货已装上某一具名船只，该装船批注的日期即视为装运日期。因此它不得迟于信用证的装运期；

⑥货物的描述，在运输单据中关于货物的描述与商业发票的要求不同，货物的描述可使用统称，不需要详细列具体规格。但不能与信用证、发票中货物的描述抵触；

⑦提单运费条款的规定与成交条件是否矛盾。

（4）保险单据的审核要点如下。

①保险人和保险单据的名称应符合信用证规定；

②被保险人应按照信用证的规定或为信用证的受益人；

③保险标的物一般为货物的总称，与运输单据相同；

④承保风险应符合信用证关于保险险别的规定，包括险别、使用条款、生效日期；

⑤保险期限应符合信用证的规定，启运地、目的地、运输工具、航程则必须与运输单据一致；

⑥保险金额大小写必须一致；金额必须符合信用证的要求，信用证未注明金额要求时，应按发票上货物金额的110%投保。投保货币按信用证（有特殊规定的除外）；

⑦保险费除非信用证要求注明，一般可不显示，只打"AS ARRANGED"；

⑧理人即保险公司在目的地的理赔代理人，应有全称和详细地址；

⑨理赔地点一般应为目的地；

⑩保险单签发日期不得迟于运输单据的签发日期；

⑪承保公司签字与盖章不得遗漏；

⑫保险单的背书须按信用证规定办理。

3. 单证不符的处理办法

在实际操作中，如果单证不符已经产生且无法避免，一般可以尝试用以下方法进行解决。

(1) 与开证申请人协商解决。

开证行拒付并不意味着开证申请人拒付，如果开证申请人最终放弃不符点，尽管开证行并不受开证申请人决定的约束，但一般会配合开证申请人付款。所以开证行拒付后，如果不符点确实成立，应分析与开证申请人之间的关系以及此笔交易的实际情况，以决定怎样与其交涉，说服开证申请人接受不符点并付款。只要货物质量过关，商品市场价格较好，开证申请人一般不会以此为借口拒绝接受单据。

(2) 降价或另寻买主。

如果不符点确实是成立的，且货物质量有缺陷，因市场不佳或客户信誉不好，申请人有时会拒绝付款，或为转嫁市场价格波动的风险，而提出降价的要求，遇到这种情况，一般可采取三个步骤：一是从合作角度考虑，尽量争取开证申请人的让步，并在日后的贸易往来中给予其他优惠，而避免当笔业务的经济损失；二是在交涉不力的前提下，可答应客户降价的请求；三是可权衡利弊，根据市场情况，积极联系新的买主，如市场情况较好的话，也可以将此作为与客户交涉的策略。就一般情形而言，客户关心的是自身的利润，如果商品市场价格趋升，开证申请人不会冒同时损失利润和客户的风险而坚持拒付。

(3) 退单退货。

在开证行提出实质性不符点、拒付行为又很规范、与客户交涉不力、寻找新买主而不得的情况下，就只有退单退货一途了，不过在做出此决定之前，一定要仔细核算运回货物所需的费用和货值之间是否有账可算，有利益即迅速安排退运，因为时间拖得越久，费用（港杂、仓储等）就越高；若运回货物得不偿失，则不如将货物放在目的港，任由对方海关去处理了。

四、能力训练

浙江慧峰医用敷料有限责任公司操作案例

浙江慧峰医用敷料有限责任公司于 2013 年 3 月 28 日向韩国 VATK 公司出口一批医用敷料，单证员在出货后按照销售合同（见样单 9-12）及信用证（见样单 9-13）要求缮制结汇单证。交单之前认真对照制单要求和出货信息对商业发票（见样单 9-14）、装箱单（见样单 9-15）、检验证书（见样单 9-16）、提单（见样单 9-17）进行了审核。

样单 9-12　销售合同

Sales Contract

ZHEJIANG HUIFENG SURGICAL DRESSINGS CO., LTD.

Address: No. 288 Xiaoshu Road, Hangzhou, Zhejiang, China.

TEL: 086-0571-85093×××　　　　FAX: 086-0571-85093×××

项目九 交单收汇

DATE: JAN. 20, 2013
S/C NO.: HF-DMS0901

VATK KOREA REP. COMPANY LTD.
567-5, DO LUNG-HI, KO DUCK-MYEN, PYUNG TAEK-SI, GYEONG GI-DO, KOREA REP.

We as Seller confirm having sold you as Buyer the following goods on the terms and conditions as stated below and on the back hereof.

QUANTITY	DESCRIPTION	PRICE	SHIPMENT
	130G/M		
	100% COTTON ELASTIC BANDAGE		Mar. 30, 2013
18 000ROLLS	5CM×4M	$ 0.1247	
54 000ROLLS	7.5CM×4M	$ 0.1759	
162 000ROLLS	10CM×4M	$ 0.2282	
126 000ROLLS	15CM×4M	$ 0.3305	

Total Amount: USD90 354.6

General Terms and Conditions

1. F.O.B SHANGHAI, CHINA
2. PORT OF LOADING: SHANGHAI, CHINA; PORT OF DESTINATION: BUSAN, KOREA REP.
3. MODE OF TRANSPORT: BY SEA
4. DATE OF DELIVERY: MAR. 30, 2013
5. PACKING: EXPORT PACKING
6. TERMS OF PAYMENT: DOCUMENTARY L/C (AT SIGHT)
7. PRINCIPAL TO PRINCIPAL BASIS: This Contract Recognizes the fact that it is on a principal to principal basis between Seller and Buyer.
8. QUANTITY: Quantity is subject to a variation of zero percent (0%) plus or minus at Seller's option.
9. SHIPMENT: The date of Bill of Lading shall be taken as the conclusive date of shipment. Partial shipment and / or transshipment shall be permitted, unless otherwise stated on the face hereof. Seller shall not be responsible for non-shipment or late shipment in whole or in part by reason of Force Majeure, such as fires, floods, earthquakes, tempests, strikes, lockouts, and other industrial disputes, mobilization, war, threat of war, riots, civil commotion, hostilities, blockade, requisition vessel, and any other contingencies beyond Seller's control.
10. INSPECTION: Inspection performed under the Import manager of VATK Korea Company LTD. is final respect of quality and / or conditions of the contracted goods, unless otherwise stated on the face hereof.
11. TRADE TERMS: The trade terms used in this contract shall be governed and interpreted by the provisions of INCOTERMS (2000 edition) unless otherwise specifically stated.
12. INFRINGEMENT: Buyer shall hold Seller harmless from liability for any infringement with regard to patent, trade mark, design and/or copyright originated or chosen by Buyer.
13. CLAIM: Any claim by Buyer must be made in writing within fourteen (14) days will be recognized if they are used.

14. ARBITRATION: Any dispute arising from or in connection with the Sales Contract shall be settled through friendly negotiation. In case no settlement can be reached, the dispute shall then be submitted to China International Economic and Trade Arbitration Commission (CIETAC), Suzhou Commission for arbitration in accordance with its rules in effect at the time of applying for arbitration. The arbitral award is final and binding upon both parties.
15. GOVERNING LAW: This Contract shall be governed in all respects by the laws of China.
16. This Contract is in two copies effective since being signed and sealed by both parties.

    BUYER   SELLER
VATK KOREA COMPANY LTD.   ZHEJIANG HUIFENG SURGICAL DRESSINGS CO., LTD.
   (Signed)   (Signed)

样单 9-13 信用证

MT S700	ISSUE OF A DOCUMENTARY CREDIT
APPLICATION HEADER	*KOOKMIN BANK
	*SEOUL
	*(HEAD OFFICE)
SEQUENCE OF TOTAL	*27: 1/1
FORM OF DOC. CREDIT	*40A: IRREVOCABLE
DOC. CREDIT NUMBER	*20: M07E1901NS20096
DATE OF ISSUE	31C: 130121
APPLICABLE RULES	*40E: UCP LATEST VERSION
EXPIRY	*31D: DATE 130406 PLACE AT NEGOTIATING BANK
APPLICANT	*50: VATK KOREA COMPANY LTD.
	567-5, DO LUNG-HI, KO DUCK-MYEN, PYUNG TAEK-SI, GYEONG GI-DO, KOREA REP.
BENEFICIARY	*59: ZHEJIANG HUIFENG SURGICAL DRESSINGS CO., LTD.
	NO. 288 XIAOSHU ROAD, HANGZHOU, ZHEJIANG, CHINA
AMOUNT	*32B: CURRENCY USD AMOUNT 90 354.60
AVAILABLE WITH/BY	*41D: ANY BANK
	BY NEGOTIATION
DRAFT AT	42C: AT SIGHT
DRAWEE	42A: *KOOKMIN BANK
	*SEOUL
	*(HEAD OFFICE)
PARTIAL SHIPMENT	43P: ALLOWED
TRANSSHIPMENT	43T: ALLOWED
PORT OF LOADING	44E: SHANGHAI PORT
PORT OF DISCHARGE	44F: BUSAN PORT, KOAEA
LATEST DATE OF SHIP	44C: 130330
DESCRIPT. OF GOODS	45A: 130G/M 100% COTTON ELASTIC BANDAGE DETAILS ARE AS

PER SALES CONTRACT ISSUED ON JAN. 20,2013
FOB SHANGHAI
ORIGIN：CHINA

DOCUMENTS REQUIRED 46A：
+ SIGNED COMMERCIAL INVOICE IN 3 FOLD.
+ PACKING LIST IN 3 FOLD.
+ FULL SET OF ORIGINAL CLEAN ON BOARD MARINE BILL OF LADING MADE OUT TO ORDER OF KOOKMIN BANK, MARKED FREIGHT COLLECT AND NOTIFY THE APPLICANT.
+ CERTIFICATE OF INSPECTION IN 3 FOLD.

ADDITIONAL COND. 47A：
+ A FEE OF USD 80 IS TO BE DEDUCTED FROM EACH DRAWING FOR THE ACCOUNT OF BENEFICIARY. IF DOCUMENTS ARE PRESENTED WITH DISCREPANCY (IES).
+ ALL DOCUMENTS MUST BEAR NUMBER OF L/C.

DETAILS OF CHARGES 71B：ALL BANKING COMMISSIONS AND CHARGES INCLUDING REIMBURSEMENT COMMISSIONS OUTSIDE KOREA REP. ARE FOR BENEFICIARY.

PRESENTATION PERIOD 48：DOCUMENTS MUST BE PRESENTED FOR NEGOTIATION WITHIN 21 DAYS AFTER THE DATE OF SHIPMENT BUT WITHIN THE VALIDITY OF THE CREDIT.

CONFIRMATION *49：WITHOUT

INSTRUCTION 78：
+ PLEASE REIMBURSE YOURSELVES BY PRESENTING BENEFICIARY'S DRAFT TO THE DRAWEE BANK.
+ WACHOVIA BANK SHANGHAI HOLDS SPECIAL INSTRUCTION REGARDING DOCUMENTS DISPOSAL AND REIMBURSEMENT OF THIS L/C.

"ADVISE THROUGH" 57A：BANK OF CHINA
* HANGZHOU
* (HANGZHOU BRANCH)

其他附加资料：

规格	包装/箱	G. W. (KGS)	N. W. (KGS)
5CM×4M	720ROLLS	@21	@19
7.5CM×4M	480ROLLS	@21	@19
10CM×4M	360ROLLS	@21	@19
15CM×4M	240ROLLS	@21	@19

样单 9-14 商业发票

浙江慧峰医用敷料有限责任公司
ZHEJIANG HUIFENG SURGICAL DRESSINGS CO., LTD.

NO. 288 XIAOSHU ROAD, HANGZHOU, ZHEJIANG, CHINA
TEL: 0086-0571-85093×××　　FAX: 0086-0571-85093×××

COMMERCIAL INVOICE

TO: VATK KOREA REP. CO., LTD.　　　　　INVOICE NO.: HF-DMSI13001
567-5, DO LUNG-HI, KO DUCK-MYEN,　　DATED: MAR. 17, 2013
PYUNG TAEK-SI, GYEONG GI-DO, KOREA REP.　S/C NO.: HF-DWS0901
　　　　　　　　　　　　　　　　　　　　L/C NO.: M07E1901NS20096

Marks	Commodity Description	Quantity	Unit Price	Amount
N/M	130G/M 100% COTTON ELASTIC BANDAGE			FOB SHANGHAI
	5CM×4M	18 000ROLLS	$0.1247	$2 244.60
	7.5CM×4M	5 400ROLLS	$0.1759	$9 498.60
	10CM×4M	162 000ROLLS	$0.2282	$36 968.40
	15CM×4M	126 000ROLLS	$0.3305	$41 643.00
	TOTAL:	360 000ROLLS		$90 354.60

DETAILES ARE AS PER SALES CONTRACT ISSUED ON JAN. 20, 2013

浙江慧峰医用敷料有限责任公司
ZHEJIANG HUIFENG SURGICAL DRESSINGS CO., LTD.

样单 9-15 装箱单

浙江慧峰医用敷料有限责任公司
ZHEJIANG HUIFENG SURGICAL DRESSINGS CO., LTD.

NO. 288 XIAOSHU ROAD, HANGZHOU, ZHEJIANG, CHINA
TEL: 0086-0571-85093×××　　FAX: 0086-0571-85093×××

PACKING LIST

TO: VATK KOREA REP. CO., LTD.　　　　　INVOICE NO.: HF-DMSI09001
567-5, DO LUNG-HI, KO DUCK-MYEN,　　DATED: MAR. 17, 2013
PYUNG TAEK-SI, GYEONGGI-DO, KOREA REP.　S/C NO.: HF-DMS0901
　　　　　　　　　　　　　　　　　　　　L/C NO.: M07E1907NS20096

Marks	Commodity Description	Quantity	Quantity (roll)	Gross Weight	Net Weight
	130G/M 100% COTTON ELASTIC BANDAGE				
	5 CM × 4 M	25CTNS	18 000ROLLS	525KGS	475KGS
	7.5 CM × 4 M	112CTNS	53 760ROLLS	2 352KGS	2 128KGS
N/M	10 CM × 4 M	450CTNS	162 000ROLLS	9 450KGS	8 550KGS
	15 CM × 4 M	525CTNS	126 000ROLLS	11 025KGS	9 975KGS
	75 CM × 4 M	1CTNS	240ROLLS	12KGS	10KGS
	TOTAL	1 113CTNS	360 000ROLLS	23 364KGS	21 138KGS

TOTAL PACKED IN 1,113 CARTONS
GR. WT: 23 364KGS
NET. WT: 21 138KGS
MEASUREMENT: 118.1CBM
ORIGIN: CHINA

浙江慧峰医用敷料有限责任公司
ZHEJIANG HUIFENG SURGICAL DRESSINGS CO., LTD.

样单9-16 检验证书

浙江慧峰医用敷料有限责任公司
ZHEJIANG HUIFENG SURGICAL DRESSINGS CO., LTD.
NO. 288 XIAOSHU ROAD, HANGZHOU, ZHEJIANG, CHINA
TEL: 0571-85093×××　　FAX: 0571-85093×××

CERTIFICATE OF INSPECTION

TO: VATK KOREA REP. CO., LTD.　　　　　　INVOICE NO.: HF-DESI09001
567-5, DE LUNG-HI, KO DUCK-MYEN,　　DATED: MAR. 17, 2013
PYUNG TAEK-SI, GYEONG GI-DO, KOREA REP.　　S/C NO.: HF-DMS0901
　　　　　　　　　　　　　　　　　　　　　L/C NO.: M07E1901NS20096

Product Name: 100% cotton elastic bandage

Commodity Description	Business Standard	Test Result
5CM × 4M	1. Length of bandage (fully stretched): 4M ± 0.1M	Qualified
7.5CM × 4M 10CM × 4M	2. Width of bandage: 5CM ± 2MM, 7.5CM ± 3MM, 10CM ± 5MM, 15CM ± 5MM	Qualified
15CM × 4M	3. The elasticity of bandage shall be not less than 180%	≥200%

Examiner Signature:　　　　　　　　　　　　　Checker:
Report Date: MAR. 25, 2013

浙江慧峰医用敷料有限责任公司
ZHEJIANG HUIFENG SURGICAL DRESSINGS CO., LTD.

样单9-17 提单

1. Shipper Insert Name, Address and Phone ZHEJIANG HUIFENG SURGICAL DRESSINGS CO., LTD. NO. 288 XIAOSHU ROAD, HANGZHOU, ZHEJIANG, CHINA		B/L No. OBSSO0984
2. Consignee Insert Name, Address and Phone TO ORDER		中远集装箱运输有限公司 **COSCO CONTAINER LINES** TLX: 33057 COSCO CN FAX: +86 (021) 6545 8984 **ORIGINAL** Port to Port or Combined Transport **BILL OF LADING**
3. Notify Party Insert Name, Address and Phone (It is agreed that no responsibility shall attach to the Carrier or his agents for failure to notify) VATK KOREA REP. CO., LTD. 567-5, DO LUNG-HI, KO DUCK-MYEN, PYUNG TAEK-SI, GYEONG GI-DO, KOREA REP.		RECEIVED in external apparent good order and condition except as otherwise noted. The total number of packages or unites stuffed in the container, the description of the goods and the weights shown in this Bill of Lading are furnished by the merchants, and which the carrier has no reasonable means of checking and is not a part of this Bill of Lading contract. The carrier has issued the number of Bills of Lading stated below, all of this tenor and date, one of the original Bills of Lading must be surrendered and endorsed or signed against the delivery of the shipment and whereupon any other original Bills of Lading shall be void. The merchants agree to be bound by the terms and conditions of this Bill of Lading as if each had personally signed this Bill of Lading. SEE clause 4 on the back of this Bill of Lading (Terms continued on the back hereof, please read carefully). * Applicable Only When Document Used as a Combined Transport Bill of Lading.
4. Combined Transport * Pre carriage by	5. Combined Transport * Place of Receipt	
6. Ocean Vessel Voy. No. GOLDEN COMPANION V. 907N	7. Port of Loading NINGBO	
8. Port of Discharge BUSAN PORT, KOREA	9. Combined Transport * Place of Delivery	

Marks & Nos. Container/Seal No.	No. of Containers or Packages	Description of Goods (If Dangerous Goods, See Clause 20)	Gross Weight Kgs	Measurement
N/M COSU3438253/232645 COSU548582/434448	1 113CTNS	SHIPPER LOAD, COUNT & SEAL 130G/M 100% COTTON ELASTIC BANDAGE 2*40'FCL CY-CY FREIGHT PREPAID	24 364KGS ON BOARD MAR. 28,2013	118.10CBM

续表

		Description of Contents for Shipper's Use Only (Not Part of This B/L Contract)				
10. Total Number of containers and/or packages (in words) SAY ONE THOUSAND ONE HUNDRED AND THIRTEEN CTNS ONLY						
Subject to Clause 7 Limitation						
11. Freight & Charges	Revenue Tons		Rate	Per	Prepaid	Collect
Declared Value Charge						
Ex. Rate:	Prepaid at		Payable at	Place and date of issue		
				SHANGHAI, MAR 28,2013		
	Total Prepaid		No. of Original B(s)/L	Signed for the Carrier, COSCO CONTAINER LINES		
			THREE (3)	AS CARRIER		
LADEN ON BOARD THE VESSEL						
DATE			BY			

工作任务：
审核以上提供的所有单据，找出其中的不符点。

五、岗位拓展

讨论话题：单证出现不符点的处理问题。

浙江慧峰医用敷料有限责任公司出口一批医用绷带到意大利，这笔业务采用信用证结算。出货完成后单证员把整套结汇单证交给议付行，结果银行国际业务部的工作人员在审单后说存在如下不符点。

(1) 商业发票条款：MANUALLY SIGNED COMMERCIAL INVOICE IN THREE COPIES. 信用证中要求对商业发票"MANUALLY SIGNED"，而所交的商业发票没有手签，只是盖了法人章。

(2) 信用证中规定最迟装运日是2013年5月25日，而提单签发日是2013年5月26日。

(3) 受益人证明条款：BENEFICIARY'S CERTIFICATE STATING THAT ONE SET OF NON-NEGOTIABLE SHIPPING DOCUMENTS HAS BEEN SENT TO THE APPLICANT BY DHL COURIER AFTER SHIPMENT AND THE COURIER RECEIPT SHOULD ACCOMPANY THE DOCUMENTS. 在受益人证明条款中要求卖方在货物装运后寄装运单据的副本给买方，并提供快递收据作为结汇单据，而在所交的单据中没有快递收据。

(4) 交单时保险单没有进行空白背书。

讨论提示：如何处理这些不符点？

附录一 企业单证实例

售货确认书
SALES CONFIRMATION

NO: 301018
DATE: MAR. 31, 2003

BUYER: HUSSAIN TAHER TRADING EST.

SELLER: ***

兹经买卖双方同意成交下列商品订立条款如下：
The under signed Sellers and Buyers have agreed to close the following transactions according to the terms and conditions stipulated below:

货号 Article Number	品名及规格 Description of Goods	数量 Quantity	单价 Unit Price	金额 Amount
	SUPER BRAND BRASS PADLOCK		C&F C1% DUBAI, U.A.E.	
20MM-25MM- 30MM	PACKING: 50 CARDS IN A CARTON	10000 CARDS IN 200 CARTONS	USD0.86/CARD	US$8600.00
				TOTAL: US$8600.00

1. 装运期
   Time of shipment: WITHIN 45 DAYS AFTER RECEIPT OF THE ADVANCE PAYMENT
2. 装运口岸和目的地：由 至 不允许分批与转船
   Loading Port & Destination: From CHINA to DUBAI, U.A.E. with transshipment and partial shipments allowed.
3. 保险：□由卖方按发票金额110%投保一切险及战争险，按1981年1月1日中国人民保险公司条款负责。□由买方自理。
   Insurance: □ To be effected by the Sellers for 110% of invoice value against All Risks and War Risks as per C.I.C. dated 01/01/1981. X To be effected by the Buyer.
4. 付款条件：
   Terms of Payment 10% OF THE AMOUNT ADVANCED PAYMENT, THE BALANCE AGAINST THE FAX OF B/L.
5. 品质/数量异议：如买方提出索赔，凡属品质异议须于货到目的口岸之日起30天内提出，凡属数量异议须于货到目的口岸之日起15天内提出，对所装货物所提任何异议属于保险公司、轮船公司其他有关运输机构或邮递机构所负责者，售方概不负任何责任。
   Quality/Quantity Discrepancy: In case of quality discrepancy, claim should be filed by the Buyer within 30 days after the arrival the goods at port of destination, while for quantity discrepancy claim should be filed by the Buyer within 15 days after the arrival of the goods at port of destination. It is understood that the Seller shall not be liable for any discrepancy of the goods shipped due to causes for which the Insurance Company, Shipping Company and other transportation organization/or Post Office are liable.
6. 本确认书内所述全部或部分商品，如因人力不可抗拒的原因，以致不能履行或延迟交货，售方概不负责。
   The Seller shall not be held liable for failure or delay in delivery of the entire lot or a part of the goods under this Sales Confirmation in consequence of any Force Majeure incidents.
7. 买方应于收到本售货确认书后5天内签回一份，逾期本确认书须经卖方进一步确认，否则无效。
   The Buyer is requested to sign and return one copy of this Sales Confirmation within 5 day after receipt of the same when 5 days are overdue, the confirmation shall be invalid except that it is further confirmed by the sellers.
8. 仲裁：凡因执行本合同所发生的或与本合同有关的一切争议，应由双方通过友好协商解决，如果协商不能解决，应提交中国国际经济贸易仲裁委员会根据该会现行的仲裁规则进行仲裁，仲裁裁决是终局的，对双方都有约束力。
   Arbitration: All disputes arising from the execution of, or in connection with this contract, shall be settled amicably through friendly negotiation in case no settlement can be reached through negotiation, the case shall then be submitted to China International Economic and Trade Arbitration Commission, for arbitration in accordance with its rules. Chinese law shall governing law of this Sales Confirmation The arbitration in accordance with its rules. Chinese law shall governing law of this Sales Confirmation The arbitral award is final and binding upon both parties.

买方：   卖方：
Confirmed by: ***

广州市外经实业贸易有限公司
GUANGZHOU FOREIGN ECONOMIC
ENTERPRISES & TRADING CO.,LTD.

地址：中国广州市人民北路691号金信大厦B座6楼
Add: 6/F. Block B, Jin Xin Bldg.,
691 Renmin Rd. North, Guangzhou China.

电话 Tel: 81080735
电传 Telex:
传真 Fax: 81080752
电子邮箱 E-mail:
get.company@163.net

成交确认书
SALES CONFIRMATION

买方 Buyers: ORCHARD SUPPLY HARDWARE
地址 Address: 2650 N MACARTHUR DRIVE TRACY, CA 95376
电话 TEL: 电传 TELEX: 传真 FAX:

编号 No.
日期 Date:
订单号码 Order No.: 5315-A

兹经买卖双方同意成交下列商品订立条款如下：
The undersigned Sellers and Buyers have agreed to close the following transactions according to the terms and conditions stipulated below:

包装 Packing	品名 规格 DESCRIPTION		数量 Quantity	单价 Unit Price	合计 TOTAL
CARTONS	1001	4'BAMBOO TORCH	10368PCS	$0.215	$2229.12
			合约总值 Total Contract Value:		$2229.12

1. 价格条件
   Price condition:
2. 装运期
   Time of Shipment:
3. 装运口岸至目的地 SHANGHAI 由广州至 TRACY, CA VIA OAKLAND 批与转船。
   Loading Port & Destination: From Guangzhou to _____ withtranshipment and partial shipments allowed
4. 保险 由卖方按发票金额110%投保至 _____ 为止的 _____ 险。按中国海洋运输保险
   条款（1995/1/1）办理。
   Insurance: To be effected by Sellers for 110% of full invoice value covering _____ up to _____ only, subject to C.I.C.(1/1/81)
5. 付款条件 买方须于20 年 月 日前开具保兑的、不可撤销、可转让、可分割的即期信用证给卖方，信用证必须具有在装运完成后直到第15天仍有在中国认付的有效期；否则卖方有权取消本售货合约，不另通知，并保留因此而发生的一切损失的索赔权。
   Terms of Payment: By confirmed, irrevocable, transferable and divisible, Letter of Credit to be available by sight draft to reach the Sellers before _____ and to remain valid for negotiation in China until the 15 th day after the date of shipment, failing which the Sellers reserve the right to cancel this Sales Confirmation without further notice and to claim from the Buyer for losses resulting therefrom.
6. 装船标记
   Shipping Mark:

The Sellers

买方
The Buyers

```
2003DEC25 14:58:36                                    LOGICAL TERMINAL HUP3
MT S700              ISSUE OF A DOCUMENTARY CREDIT    PAGE 00001
                                                      FUNC ZIHU700
MSGACK  DWS765I AUTH OK, KEY B1031221DB6AA793, BKCHCNBJ FNBB**** RECORD   UMR 16194137
BASIC HEADER         F-01 BKCHCNBJA92G 1018 820324
APPLICATION HEADER   O 700 1520 031224 FNBBUS33AXXX 8452 391497 031225 0420 N
                                *FLEET NATIONAL BANK
                                *BOSTON, MA
USER HEADER          SERVICE CODE    103:
                     BANK. PRIORITY  113: ZJTR
                     MSG USER REF.   108: 031224033700
                     INFO. FROM CI   115:
SEQUENCE OF TOTAL    *27   : 1 / 1
FORM OF DOC. CREDIT  *40 A : IRREVOCABLE
DOC. CREDIT NUMBER   *20   : 511451607
DATE OF ISSUE        31 C  : 031224
EXPIRY               *31 D : DATE 040315 PLACE COUNTRY OF BENEFICIARY
APPLICANT            *50   : MERC USA INC.
                             41 NEWMAN STREET
                             HACKENSACK,, NJ 07601
BENEFICIARY          *59   : ████████████████████████████████
                             ████████████████████████████████
                             ZHEJIANG, CHINA 313000
AMOUNT               *32 B :           CURRENCY USD AMOUNT 71,752.80
POS. / NEG. TOL. (%)  39 A : 05 / 05
AVAILABLE WITH/BY    *41 D : ANY BANK
                             BY NEGOTIATION
DRAFTS AT ...         42 C : DRAFTS AT SIGHT FOR 100 PERCENT OF
                             INVOICE VALUE
DRAWEE                42 D : FLEET NATIONAL BANK
PARTIAL SHIPMENTS     43 P : ALLOWED
TRANSSHIPMENT         43 T : NOT ALLOWED
LOADING IN CHARGE     44 A :
                             CHINA
FOR TRANSPORT TO ...  44 B :
                             NEW YORK
LATEST DATE OF SHIP.  44 C : 040228
DESCRIPT. OF GOODS    45 A :
                             100 PERCENT POLYESTER DYED MEN'S GARMENTS
                             STYLE 19A56 SHIRTS, 1122 PCS., USD3.85/PC
                             STYLE 19356,27656,9456 SHIRTS, 6870 PCS, USD 3.65/PC
                             STYLE P0556 PANTS, 7992 PCS, USD 5.30/PC
                             TOTAL QTY - 7992 SHIRTS AND 7992 PANTS
                             FREE ON BOARD CHINA
DOCUMENTS REQUIRED    46 A :
                             DOCUMENTS TO BE PRESENTED (ORIGINALS UNLESS OTHERWISE STATED):
                             1- SIGNED COMMERCIAL INVOICE IN ONE ORIGINAL AND THREE COPIES
                             2- PACKING LIST IN ONE ORIGINAL AND TWO COPIES
                             3- BENEFICIARY SIGNED STATEMENT CERTIFYING THAT ONE COPY OF EACH
                             DOCUMENT HAS BEEN FAXED TO MERC USA, INC AT FAX NO. 201-489-7636
                             WITHIN 5 DAYS AFTER THE SHIPMENT.
                             4- SIGNED CLEAN FULL SET ON BOARD MARINE BILL(S) OF LADING WITH
                             ON BOARD NOTATION DATED NOT LATER THAN LATEST SHIPPING DATE,
                             EVIDENCING CHINA AS PORT OF LOADING AND NEW YORK AS PORT OF
                             DISCHARGE, TO THE ORDER OF FLEET NATIONAL BANK MARKED 'FREIGHT
                             COLLECT' SHOWING 'NOTIFY MERC USA INC., 41 NEWMAN STREET,
                             HACKENSACK,, NJ 07601'. ALSO NOTIFY STILE ASSOCIATES, LTD., 181
                             SOUTH FRANKLIN AVE., 4TH FLOOR VALLEY STREAM, NY 11581, TEL:
                             516-394-2100 AND FAX: 516-394-2121.
ADDITIONAL COND.      47 A :
                             ALL DOCUMENTS PRESENTED MUST BE IN ENGLISH.
```

```
2003DEC25 14:58:36                                    LOGICAL TERMINAL HUP3
MT S700           ISSUE OF A DOCUMENTARY CREDIT         PAGE 00002
                                                        FUNC ZJHU700
                                                        UMR 16194157
```

PLUS OR MINUS 5 PERCENT IN CREDIT AMOUNT AND/OR QUANTITY IS ACCEPTABLE

IF WE SEND A NOTICE OF DISCREPANCIES TO THE PRESENTOR OR OTHERWISE REFUSE DOCUMENTS PRESENTED TO US, WE MAY REVOKE OUR REFUSAL, RETRACT ANY STATEMENT THAT WE HOLD THE DOCUMENTS AT THE PRESENTOR'S DISPOSAL, AND HONOR THE DOCUMENTS BY TAKING THEM UP AND PAYING, ACCEPTING, OR INCURRING A DEFERRED PAYMENT UNDERTAKING FOR THEM, AS THE CASE MAY BE, PROVIDED THAT WE DO SO BEFORE THE CLOSE OF THE BANKING DAY FOLLOWING THE DAY OF OUR RECEIPT OF THE PRESENTOR'S DEMAND FOR THEIR RETURN OR OTHER DISPOSITION.

ALL PARTIES TO THIS LETTER OF CREDIT ARE ADVISED THAT THE U.S. GOVERNMENT HAS IN PLACE SPECIFIC SANCTIONS AGAINST CERTAIN COUNTRIES, RELATED ENTITIES AND OTHER INDIVIDUALS. UNDER THESE SANCTIONS FLEET NATIONAL BANK AND ANY OF ITS AFFILIATES OR SUBSIDIARIES ARE PROHIBITED FROM ENGAGING IN TRANSACTIONS THAT ARE SUBJECT TO THESE SANCTIONS.

INSURANCE EFFECTED BY THE BUYER.

WE WILL DEDUCT FROM THE BENEFICIARY 75.00 USD FOR EACH SET OF DISCREPANT DOCUMENTS IN ADDITION, TELEX EXPENSES, IF ANY, INCURRED BY US AS A RESULT OF DISCREPANT DOCUMENTS ARE ALSO FOR THE BENEFICIARY'S ACCOUNT.

THE NUMBER AND DATE OF THE CREDIT AND THE NAME OF OUR BANK MUST BE QUOTED ON ALL DRAFT(S) REQUIRED.

WE HEREBY AGREE WITH DRAWERS AND/OR BONAFIDE HOLDERS OF DRAFTS DRAWN UNDER AND IN COMPLIANCE WITH THE TERMS OF THIS CREDIT, THAT THESE DRAFTS SHALL BE DULY HONORED UPON PRESENTATION TO THE DRAWEE.

THE AMOUNT OF EACH DRAFT NEGOTIATED UNDER THIS CREDIT MUST BE ENDORSED ON THE REVERSE OF THIS CREDIT, AND THE PRESENTATION OF ANY SUCH DRAFT TO US SHALL BE A WARRANTY BY THE PRESENTING BANK THAT SUCH ENDORSEMENT HAS BEEN MADE.

FORWARD DOCUMENTS AND DRAFTS IN ONE MAILING:
FLEET NATIONAL BANK
120 BROADWAY, 10TH FLOOR
SUITE 1025
NEW YORK, NY 10271
ATTN: TRADE SERVICES DEPARTMENT
THE USE OF ANY OTHER MAILING ADDRESS MAY RESULT IN DELIVERY DELAYS FOR WHICH WE DISCLAIM RESPONSIBILITY.

```
DETAILS OF CHARGES    71 B : ALL BANKING CHARGES OUTSIDE OF
                             FLEET NATIONAL BANK ARE FOR THE
                             BENEFICIARY'S ACCOUNT.
PRESENTATION PERIOD   48   : DOCUMENTS MUST BE PRESENTED WITHIN
                             15 DAYS OF TRANSPORT DOCUMENT
                             SHIPMENT DATE/ FCR RECEIPT DATE AND
                             WITHIN THE L/C VALIDITY.
CONFIRMATION         *49   : WITHOUT
"ADVISE THROUGH"      57 D : BANK OF CHINA
                             NO. 128 RENMIN ROAD, HUZHOU,
                             HUZHOU BRANCH
                             ZHEJIANG, CHINA 313000
SEND. TO REC. INFO.   72   : AC 018090065008 TELEX NO. 373023
                             HUSBR CN, BENE TEL NO.
                             86-572-211-4896
TRAILER                    : ORDER IS <MAC:> <PAC:> <ENC:> <CHK:> <TNG:> <PDE:>
                             MAC: 97456DF9
                             CHK: 496354397070
```

湖州经济技术开发区进出口有限公司
HUZHOU ECONOMIC&TECHNOLOGICAL DEVELOPMENT ZONE IMP. & EXP.CO., LTD.
ADDRESS: 208 LONGXI ROAD, HUZHOU, ZHEJIANG, CHINA
TEL:0086-572-2109120, 2101956   FAX:0086-572-2103937

To: M/S
STRONG INC., LTD.
2-4-4 ARAKAWA, ARAKAWA-KU
TOKYO 116 JAPAN

发 票
INVOICE

发票号码 Invoice No.: 23HZ0503
合约号码 S/C No.: 22HZ026
日期 Date: APR.28, 2003

装船口岸 From: SHANGHAI
目的地 To: YOKOHAMA, JAPAN
信用证号数 L/C No.:
开证银行 Issued by:

唛头号码 MARKS& NUMBERS	数量与货品名称 QUANTITIES & DESCRIPTION			单价 UNIT PRICE	总值 AMOUNT
	FOOTWEAR OUTSOLE PLASTIC			CNF YOKOHAMA	
	7355P	30CTNS	900PRS	USD1.250/PR	USD1125.00
N/M	7356YE	20CTNS	600PRS	USD1.250/PR	USD750.00
	7357R	20CTNS	600PRS	USD1.250/PR	USD750.00
	7358B	20CTNS	600PRS	USD1.250/PR	USD750.00
	7359P	10CTNS	300PRS	USD1.250/PR	USD375.00
	7360YE	20CTNS	600PRS	USD1.250/PR	USD750.00
	7361R	10CTNS	300PRS	USD1.250/PR	USD375.00
	7362B	20CTNS	600PRS	USD1.250/PR	USD750.00
	TTL:	150CTNS	4500PRS		TTL: USD5625.00

湖州经济技术开发区进出口有限公司
HUZHOU ECONOMIC & TECHNOLOGICAL DEVELOPMENT ZONE
IMPORT & EXPORT CO., LTD.

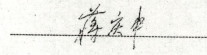

浙江米皇进出口有限公司
ZHEJIANG MIHUANG IMP AND EXP CO., LTD.
ROOM 20FC, BLVD HEX 2, AIDU GARDEN, 288 BIN HE ROAD, HUZHOU ZHEJIANG, CHINA

TO:M/S
DBISA SENI CO,LTD.
TAKAKU-BHO
NEW DELHI, INDIA

商业发票
COMMERCIAL INVOICE(S)

发票号码 INVOICE No: MH07-050
合同号码 S/C No: CMH07-022
日期 Date: 2007.07.25

装船口岸 From: SHANGHAI, CHINA
目的地 TO: NEW DELHI
信用证号数 Letter of Credit No: 003LM01071740002
开证银行 Issued by: YES BANK LTD.

唛头号码 Marks & Numbers	数量与货品名称 Quantities & Descriptions	单价 Unit Price	金额 Amount
	UNDYED AND UNPRINTED SILK FABRIC	FOB SHANGHAI	
	95907.2M	USD 2.32/M	USD 222,504.70
NEW DELHI		TTL:	USD 222,504.70

浙江米皇进出口有限公司
ZHEJIANG MIHUANG IMP.& EXP.CO.,LTD

浙江米皇进出口有限公司
ZHEJIANG MIHUANG IMP & EXP CO., LTD.

致 To:
DBISA SENI CO.,LTD
TAKAKU-BHO
NEW DELHI, INDIA

装 箱 单
PACKING LIST

发票号码 Invoice No. MH07-050
售货合约号 Contract No CMH07-022
日期 Date 2007.07.25
信用证号 L/C No 003LM0107174002

唛头及号码 Marks & Numbers	品 名 Descriptions	数量 Quantity	重量 G.W. Weight N.W.	尺码(CBM) Measurement
NEW DELHI	UNDYED AND UNPRINTED SILK FABRIC	130CTNS/ 95907.2M	6370KGS/5563KGS	25.77CBM
	TTL	130CTNS/ 95907.2M	6370KGS/5563KGS	25.77CBM

浙江米皇进出口有限公司
ZHEJIANG MIHUANG IMP.& EXP.CO.,LTD

FROM : SHANGHAI HUA SHEN   FAX NO. : 00862165352221   APR. 25 2003 10:43AM

上海华申进出口有限公司
SHANGHAI HUA SHEN IMPORT AND EXPORT CO.,LTD.
694 HUI MIN ROAD SHANGHAI,CHINA TEL: 35100638

MARK & NOS:
JCC
HAMBURG
ORDER:9902962
STYLE:086/101
AVA2954942
C/NO.
MADE IN CHINA

装 箱 单
PACKING LIST
WEIGHT LIST
MEASUREMENT LIST

发票号；
INVOICE NO.   HC03055545
合同号
CONTRACT NO.   03PG5545
日期：
DATE: APR 25,2003

C/NO.	48	50	52	54	56	58	TOTAL (CM)	G.W: N.W:
							ORDER NO.9902962 LEATHER JACKET	
1-19	10						190PCS 88X67X13	19KGS 15KGS
20	9						9PCS	" "
21-59		10					390PCS	" "
60		8					8PCS	" "
61-99			10				390PCS	" "
100			8				8PCS	" "
101-139				10			390PCS 92X73X13	" "
140				8			8PCS	" "
141-159					10		190PCS	" "
160					9		9PCS	" "
161-179						10	190PCS	" "
180						9	9PCS	" "

TOTAL PACKED IN 180 CTNS ONLY
GROSS WEIGHT:3420KGS
NET WEIGHT:2700KGS
MEASUREMENT:14.65M3

中华人民共和国出入境检验检疫 出境货物报检单

条码号：3308002110129994

报检单位（加盖公章）：湖州翔顺服饰有限公司		*编　号	3308002110129994
报检单位登记号：3308003061　联系人：褚丽琴　电话：13587219096		报检日期：	2011年03月31日

发货人	（中文）	上海永里泰国际贸易有限公司
	（外文）	***
收货人	（中文）	***
	（外文）	***

货物名称（中/外文）	H.S.编码	产地	数/重量	货物总值	包装种类及数量
51%棉42%尼龙7%金属丝女式连衣裙	6204420000 (/N)	浙江省湖州市	194 件	5674.5 美元	8纸箱

运输工具名称号码	飞机	贸易方式	一般贸易	货物存放地点	翔顺公司
合同号	SC2010152	信用证号	***	用途	***
发货日期	2011.03.31	输往国家(地区)	澳大利亚	许可证/审批号	***
启运地	上海口岸	到达口岸	澳大利亚	生产单位注册号	3308003061 湖州翔顺服饰有限公司
集装箱规格,数量及号码	***				

合同、信用证订立的检验检疫条款或特殊要求	标记及号码	随附单据（划"√"或补填）	
***	见发票ACINV2011017	☑合同 □信用证 ☑发票 □换证凭单 □装箱单 ☑厂检单	☑包装性能结果单 ☑许可/审批文件 ☑报检委托书 □ □ 330700311000786

需要证单名称（划"√"或补填）		*检验检疫费	
□品质证书　　　__正__副 □重量证书　　　__正__副 □数量证书　　　__正__副 □兽医卫生证书　__正__副 □健康证书　　　__正__副 □卫生证书　　　__正__副 □动物卫生证书　__正__副	□植物检疫证书　　__正__副 □熏蒸/消毒证书　__正__副 ☑出境货物换证凭单　1正2副 □出境货物通关单　__正__副	总金额 (人民币元)	
		计费人	
		收费人	

报检人郑重声明：
1. 本人被授权报检。
2. 上列填写内容正确属实，货物无伪造或冒用他人的厂名、标志、认证标志，并承担货物质量责任。
签名：

领　取　证　单	
日期	
签名	

注：有"*"号栏由出入境检验检疫机关填写　　　◆国家出入境 检验检疫 局制

[1-1(2000.1.1)]

中华人民共和国出入境检验检疫出境货物报检单

报检单位(加盖公章)：德清华高时装有限公司　　　　编号：3308002030009106
报检单位登记号：3308002211　　联系人：张雪蓉　　电话：8084087　　报检日期：2003 年 05 月 12 日

发货人	(中文)	德清华高时装有限公司
	(外文)	
收货人	(中文)	***
	(外文)	***

货物名称(中/外文)	H.S.编码	产地	数/重量	货物总值	包装种类及数量
97%涤3%弹力女裙	62045990.93	浙江省湖州市	198件	877.5美元	4纸箱
97%涤3%弹力女式连衣裙	62044990.93	浙江省湖州市	268件	1668.55美元	6纸箱

运输工具名称号码		贸易方式	一般贸易	货物存放地点	德清华高
合同号	03HG0017	信用证号		用途	
发货日期	2003.05.12	输往国家(地区)	瑞士	许可证/审批号	
启运地	上海口岸	到达口岸		生产单位注册号	3308002211
集装箱规格、数量及号码					

合同、信用证订立的检验检疫条款或特殊要求	标记及号码	随附单据(划"√"或补填)	
BY CCIC	见发票号DQHG030051	☑合同	☑包装性能结果单
		☐信用证	☐许可/审批文件
		☑发票	☐
		☐换证凭单	☐
		☑装箱单	
		☑厂检单	

需要证单名称(划"√"或补填)		*检验检疫费	
☐品质证书　　__正__副　　☐植物检疫证书　　__正__副		总金额(人民币元)	
☐重量证书　　__正__副　　☐熏蒸/消毒证书　　__正__副			
☐数量证书　　__正__副　　☐出境货物换证凭单		计费人	
☐兽医卫生证书　__正__副　　☐出境货物通关单			
☐健康证书　　__正__副　　☐		收费人	
☐卫生证书　　__正__副　　☐			
☐动物卫生证书　__正__副　　☐			

报检人郑重声明：	领取证单	
1.本人被授权报检。2.上列填写内容正确属实，货物无伪造或冒用他人的厂名、标志、认证标志，并承担货物质量责任。　　签名：张雪蓉	日期	
	签名	

注："*"号栏由出入境检验检疫机关填写

中华人民共和国出入境检验检疫
ENTRY-EXIT INSPECTION AND QUARANTINE OF THE PEOPLE'S REPUBLIC OF CHINA

正本 ORIGINAL
共 1 页第 1 页 page 1of 1

熏蒸／消毒证书
FUMIGATION/DISINFECTION CERTIFICATE

编号 No. 330800211003539

发货人名称及地址 Name and Address of Consignor	ZHEJIANG FUERJIA WOODEN CO.,LTD
收货人名称及地址 Name and Address of Consignee	NEWTAGE TIMBERS P O BOX 778 PUKEKOHE 2340 STH AUCKLAND NEW ZEALAND
品名 Description of Goods	MULTI-LAYER FLOOR
产地 Place of Origin	HUZHOU, ZHEJIANG
报检数量 Quantity Declared	**25.648M3/**14VENEER PALLETS/**15,200KGS
标记及号码 Mark & No.	N/M
启运地 Place of Despatch	SHANGHAI, CHINA
到达口岸 Port of Destination	AUCKLAND, NEW ZEALAND
运输工具 Means of Conveyance	BY SEA

日期：
Date: 19-20 JAN.,2011
处理方法：
Treatment: FUMIGATION
处理时间及温度：
Duration & Temperature: 24HRS 12℃
药剂及浓度：
Chemical & Concentration: METHYL BROMIDE 80g/CBM
DEGASSED
＊＊＊＊＊＊

印章 签证地点 Place of Issue HUZHOU 签证日期 Date of Issue 21 JAN.,2011
Official Stamp
授权签字人 Authorized Officer HUA JINLIN 签 名 Signature

中华人民共和国出入境检验检疫机关及其官员或代表不承担签发本证书的任何财经责任。No financial liability with respect to this certificate shall attach to the entry-exit inspection and quarantine authorities of the P. R. of China or to any of its officers or representatives.

[c 7-1(2000.1.1)]

AA0042245

中华人民共和国出入境检验检疫
ENTRY-EXIT INSPECTION AND QUARANTINE OF THE PEOPLE'S REPUBLIC OF CHINA

正本 ORIGINAL

共 1 页第 1 页 page 1 of 1

植物检疫证书
PHYTOSANITARY CERTIFICATE

编号 No. 330800211002741

发货人名称及地址 Name and Address of Consignor	ZHEJIANG FUERJIA WOODEN CO.,LTD
收货人名称及地址 Name and Address of Consignee	SOUTON FLOORS WOODPECKER HOUSE, 29 PANTGLAS INDUSTRIAL ESTATE, BEDWAS CAERPHILLY, CF83 8DR, UK
品名 Name of Produce	WHITE OAK MULTI-LAYER FLOOR
植物学名 Botanical Name of Plants	***
报检数量 Quantity Declared	**37.79M3/**23,200KGS
标记及号码 Mark & No.	37301
包装种类及数量 Number and Type of Packages	**23 VENEER PALLETS
产地 Place of Origin	HUZHOU, ZHEJIANG
到达口岸 Port of Destination	SOUTHAMPTON, ENGLAND
运输工具 Means of Conveyance	BY SEA
检验日期 Date of Inspection	17 JAN., 2011

签证明上述植物、植物产品或其他检疫物已经按照规定程序进行检查和/或检验，被认为不带有输入国或地区规定的检疫性有害生物，并且基本不带有其他的有害生物，因而符合输入国或地区现行的植物检疫要求。

This is to certify that the plants, plant products or other regulated articles described above have been inspected and/or tested according to appropriate procedures and are considered to be free from quarantine pests specified by the importing country/region, and practically free from other injurious pests; and that they are considered to conform with the current phytosanitary requirements of the importing country/region.

杀虫和/或灭菌处理 DISINFESTATION AND/OR DISINFECTION TREATMENT

日期 Date	***	药剂及浓度 Chemical and Concentration	***
处理方法 Treatment	***	持续时间及温度 Duration and Temperature	***

附加声明 ADDITIONAL DECLARATION
*** *** *** ***

签证地点 Place of Issue: HUZHOU
签证日期 Date of Issue: 17 JAN., 2011
授权签字人 Authorized Officer: HUA JINLIN
签名 Signature

中华人民共和国出入境检验检疫机关及其官员或代表不承担签发本证书的任何财经责任。No financial liability with respect to this certificate shall attach to the entry-exit inspection and quarantine authorities of the P. R. of China or to any of its officers or representatives.

[c 5-1(2000.1.1)]

AA0379955

ORIGINAL

1. Goods consigned from (Exporter's business name, address, country) SHENZHEN CHANGXINGYUAN INDUSTRIAL DEVELOPMENT CO., LTD. ROOM 1703, XINHUA BUILDING, NO.387 BAYI SOUTH ROAD, JINHUA, ZHEJIANG, CHINA	Reference No. JHGJH514/070131 GENERALIZED SYSTEM OF PREFERENCES CERTIFICATE OF ORIGIN (Combined declaration and certificate) FORM A Issued in THE PEOPLE'S REPUBLIC OF CHINA (country) See Notes. overleaf
2. Goods consigned to (Consignee's name, address, country) CALZADOS HUA DA C/TEIXIDORES:24 08918 BADALONA MOV:626812478 SPAIN TEL:0034-93-3888868 FAX:0034-93-3889318	
3. Means of transport and route (as far as known) FROM NINGBO, CHINA TO BARCELONA, SPAIN BY SEA	4. For official use

5. Item number	6. Marks and numbers of packages	7. Number and kind of packages; description of goods	8. Origin criterion (see Notes overleaf)	9. Gross weight or other quantity	10. Number and date of invoices
1	N/M	SLIPPER ONE THOUSAND TWO HUNDRED AND SEVENTY SIX (1276) CTNS ONLY. *** *** *** *** *** *** *** ***	"P"	13500KGS	HY07030009 MAR. 20, 2007

11. Certification	12. Declaration by the exporter
It is hereby certified, on the basis of control carried out, that the declaration by the exporter is correct. JINHUA MAR. 21, 2007 Place and date, signature and stamp of certifying authority	The undersigned hereby declares that the above details and statements are correct; that all the goods were produced in CHINA (country) and that they comply with the origin requirements specified for those goods in the Generalized System of Preferences for goods exported to SPAIN (importing country) JINHUA MAR. 21, 2007 Place and date, signature of authorized signatory

S 060569679

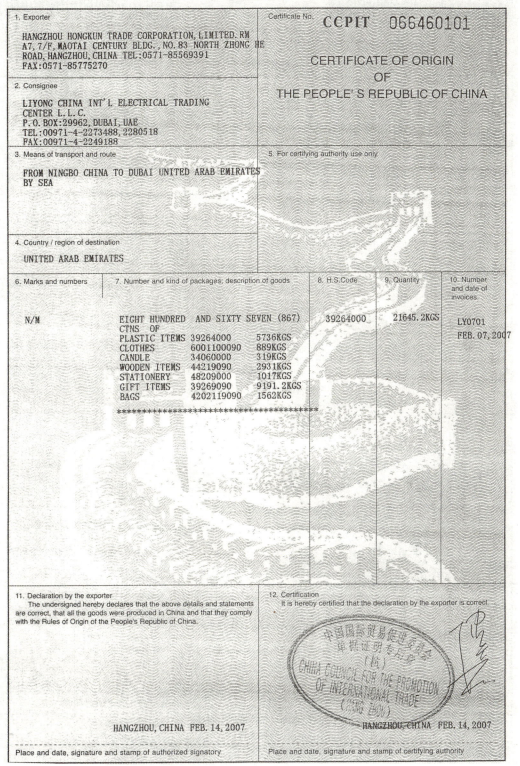

中华人民共和国海关出口货物报关单

预录入编号：000000001125068197　　Page 1　　海关编号：223120160818639578　　Page 1

收发货人	3305960253 安吉县三三医用敷料有限责任公司	出口口岸	洋山港区 2248	出口日期		申报日期	2016-05-18
生产销售单位	3305960253 安吉县三三医用敷料有限责任公司	运输方式 水路运输	运输工具名称 ATLANTIC ALTAIR/005E	提运单号 HLCUSHA1605HMCC5			
申报单位	3109980101 上海前锦国际货运有限公司	监管方式	一般贸易 0110	征免性质	一般征税 101	备案号	
贸易国(地区)	美国 502	运抵国(地区)	美国 502	指运港	萨凡纳 3190	境内货源地	湖州 33059
许可证号		成交方式 FOB		运费 000//	保费 000//	杂费 000//	
合同协议号	P0217263	件数 4555	包装种类 纸箱	毛重(千克) 6852		净重(千克) 5330	
集装箱号	1(2)	随附单据					

标记唛码及备注
随附单证号：
集装箱号：HLXU4454826

项号	商品编号	商品名称、规格型号	数量及单位	最终目的国(地区)	单价	总价	币制	征免
1	30059010	弹性绷带 医疗，外科用|高弹丝，低弹丝，涤纶，橡筋|零售包装|25112,25113,37998是FIRST CHOICE, 其余是	5330.00000千克 5330.00000千克	美国 502	6.0126	32047.40	USD 美元	照章征税

特殊关系确认：	价格影响确认：	支付特许权使用费确认：	
录入员 HJC4	录入单位	兹申明对以上内容承担如实申报、依法纳税之法律责任	海关批注及签章
报关人员		申报单位（签章）	

中国人民财产保险股份有限公司
PICC PROPERTY AND CASUALTY COMPANY LIMITED

总公司设于北京　一九四九年创立
Head Office Beijing　Established in 1949

本保单限于2011年12月31日前填开使用有效

货物运输保险单
CARGO TRANSPORTATION INSURANCE POLICY

发票号 (INVOICE NO.): 10BY187
合同号 (CONTRACT NO.):
信用证号 (L/C NO.):
被保险人 INSURED: HUZHOU FIRE INDUSTRY CO., LTD.

保单号次 POLICY NO. HW38Z/ PYIE201033050200001094

中国人民财产保险股份有限公司(以下简称本公司)根据被保险人的要求,由被保险人向本公司缴付约定的保险费,按照本保险单承保险别和背面所载条款与下列特款承保下述货物运输保险,特立本保险单。
THIS POLICY OF INSURANCE WITNESSES THAT PICC PROPERTY AND CASUALTY COMPANY LIMITED (HEREINAFTER CALLED "THE COMPANY") AT THE REQUEST OF THE INSURED AND IN CONSIDERATION OF THE AGREED PREMIUM PAID TO THE COMPANY BY THE INSURED, UNDERTAKES TO INSURE THE UNDERMENTIONED GOODS IN TRANSPORTATION SUBJECT TO THE CONDITIONS OF THIS POLICY AS PER THE CLAUSES PRINTED OVERLEAF AND OTHER SPECIAL CLAUSES ATTACHED HEREON.

标记 MARKS & NOS.	包装及数量 QUANTITY	保险货物项目 DESCRIPTION OF GOODS	保险金额 AMOUNT INSURED
AS PER INVOICE NO. 10BY187	3115CTNS	FIRE FIGHTING EQUIPMENT PARTS	GBP54705.51

总保险金额 TOTAL AMOUNT INSURED: GBP FIFTY FOUR THOUSAND SEVEN HUNDRED AND FIVE AND CENTS FIFTY ONE ONLY

保费 PREMIUM: AS ARRANGED
启运日期 DATE OF COMMENCEMENT: AS PER B/L
装载运输工具 PER CONVEYANCE: PRAGUE EXPRESS 02W17

自 FROM: SHANGHAI　经 VIA:　至 TO: SOUTHAMPTON

承保险别 CONDITIONS:
COVERING TRANSPORT INSURANCE FROM PLACE OF DISPATCH TO PLACE DESTINATION INCLUDING
CARGO CLAUSES (A)
WAR CLAUSES (CARGO)
STRIKE CLAUSES (CARGO)

ORIGINAL

所保货物,如发生保险单项下可能引起索赔的损失或损坏,应立即通知本公司下述代理人查勘。如有索赔,应向本公司提交保单正本(本保险单共 TWO 份正本)及有关文件。如一份正本已用于索赔,其余正本自动失效。
IN THE EVENT OF LOSS OR DAMAGE WHICH MAY RESULT IN A CLAIM UNDER THIS POLICY, IMMEDIATE NOTICE MUST BE GIVEN TO THE COMPANY'S AGENT AS MENTIONED HEREUNDER. CLAIMS, IF ANY, ONE OF THE ORIGINAL POLICY WHICH HAS BEEN ISSUED IN _____ TWO _____ ORIGINAL(S) TOGETHER WITH THE RELEVANT DOCUMENTS SHALL BE SURRENDERED TO THE COMPANY. IF ONE OF THE ORIGINAL POLICY HAS BEEN ACCOMPLISHED, THE OTHERS TO BE VOID.

SURVEY TO BE CARRIED OUT BY A LOCAL COMPETENT SURVEYOR. CLAIM DOCUMENTS TO BE MAILED TO THE UNDERWRITER, WE SHALL EFFECT PAYMENT BY REMITTANCE TO THE CLAIMANT.

中国人民财产保险股份有限公司 湖州市分公司
PICC Property and Casualty Company Limited, Huzhou Branch

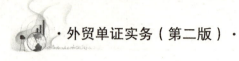

1. Shipper: SHENZHEN CHANGXINGYUAN INDUSTRIAL DEVELOPMENT CO.,LTD.	B/L NO. 8NGBGOA3AJ91?
	中海集装箱运输(香港)有限公司 CHINA SHIPPING CONTAINER LINES (HONG KONG) CO., LTD. Cable: CSHKAC Telex: 87986 CSHKAHX Port-to-Port or Combined Transport **BILL OF LADING**

2. Consignee: YONG DA DI HU SHAO GAN
VIA BRAMANTE 9 20156 MILANO IT
TEL:0039-023494466
CELL:3385253887

RECEIVED in external apparent good order and condition. Except otherwise noted, the total number of containers or other packages or units shown in this Bill of Lading receipt, said by the shipper to contain the goods described above. Which description the carrier has no reasonable means of checking and is not part of the Bill of Lading. One original Bill of Lading should be surrendered, except clause 22 paragraph 5, in exchange for delivery of the shipment. Signed by the consigned or duly endorsed by the holder in due course. Whereupon the other original(s) issued shall be void. In accepting this Bill of Lading, the Merchants agree to be bound by all the terms on the face and back hereof as if each had personally signed this Bill of Lading.
WHEN the Place of Receipt of the Goods an inland point and is so named herein, any notation of "ON BOARD" "SHIPPED ON BOARD" or words to like effect on this Bill of Lading shall be deemed to mean on board the truck, trail car, air craft or other inland conveyance (as the case may be), performing carriage from the Place of Receipt of the Goods to the Port of Loading.
SEE clause 4 on the back of this Bill of Lading (Terms continued on the back hereof Read Carefully)

3. Notify Party (Carrier not to be responsible for failure to notify)
SAME AS CONSIGNEE

ORIGINAL

4. Pre-carriage by*	5. Place of Receipt*		
6. Ocean Vessel CSCL NINGBO	Voy No 0037 W	7. Port of Loading NINGBO	
8. Port of discharge GENOVA	9. Place of Delivery GENOVA	10. Final Destination (of the goods-not the ship)	

11. Marks & Nos. container seal No.	12. No. of containers or P'kgs.	13. kind of Packages : Description of Goods	14. Gross Weight kgs	15. Measurement
N/M	1147 CARTONS	SHIPPER'S LOAD, COUNT & SEAL SAID TO CONTAIN SLIPPER SCARF	23000 KGS	68 CBM
			1X40'HC	
			CY-CY	
			FREIGHT PREPAID	
CCLU6070542/731085/40'HC				

16. Description of Contents for Shipper's Use Only (CARRIER NOT RESPONSIBLE)

17. TOTAL NO. CONTAINERS OR PACKAGES (IN WORDS)   SAY ONE THOUSAND ONE HUNDRED FORTY SEVEN(1147)CARTONS ONLY

18. FREIGHT & CHARGES	19. Revenue Tons	20. Rate	21. Per	22. Prepaid	23. Collect
CHINA SHIPPING (ITALY) AGENCY CO.S.R.L(Head Office) ADDRESS: P.ZZA G.ALESSI 2/9 16128 GENOVA - ITALY TEL:0039 010 56071 FAX:0039 010 5607670					

CSCL(ZHEJIANG)

GENERAL MANAGER
AS AGENT FOR THE CARRIER
CHINA SHIPPING CONTAINER LINES (HONGKONG) CO.,LTD.

24. Ex. Rate:	25. Prepaid at	26. Payable at	27. Place and Date of Issue NINGBO MAR 09,2007
	28. Total prepaid in	29. No. of Original B(s)/L THREE	Signed for the Carrier

DATE   MAR 09,2007
BY ....

NO.600476726

CHINA SHIPPING CONTAINER LINES (HONG KONG) CO., LTD. STANDARD FORM 9701
* Applicable Only When Document Use as a Combined Transport Bill of Lading

附录一　企业单证实例

Shipper/Exporter (complete name and address)
ZHEJIANG FUERJIA WOODEN CO LTD
TANGNAN VILLAGE JIUGUAN TOWN HUZHOU ZHEJIANG
CHINA
TEL:0086-572-3517107
FAX:0086-572-3511111

Bill of Lading No. SHANYCB10336

BILL OF LADING

TOPOCEAN CONSOLIDATION SERVICE (LOS ANGELES) INC.
OTI License # 14097 N

Consignee (complete name and address)
CON-BAMERICA
28210 OLD 41 RD UNIT 311 BONITA SPRINGS FL 34135
TEL:1 239 949 6653 FAX:1 239 949 6781

RECEIVED by the Carrier the Goods as specified above in apparent good order and condition unless otherwise stated, to be transported to such place as agreed, authorized or permitted herein and subject to all the terms and conditions appearing on the front and reverse of this Bill of Lading to which the Merchant agrees by accepting this Bill of Lading, any local privileges and customs notwithstanding.

The particulars given above as stated by this shipper and the weight, measure, quantity, condition, contents and value of the Goods are unknown to the Carrier.

Notify party (complete name and address)
1) SAME AS CONSIGNEE
2) BAMERICA CORPORATION
2016 NW 82ND AVE MIAMI, FL 33122
PH#(305)477-1910 FAX:(305)477-4029

In WITNESS whereof one (1) original Bill of Lading has been signed if not otherwise stated above, the same being accomplished the other(s), if any, to be void. If required by the Carrier one (1) original Bill of Lading must be surrendered duly endorsed in exchange for the Goods or delivery order.

Where applicable law requires and not otherwise, one original BILL OF LADING must be surrendered, duly endorsed, in exchange for the GOODS or CONTAINER(S) or other PACKAGE(S), the others to stand void. If a "Non-Negotiable" BILL OF LADING is issued, neither an original nor a copy need be surrendered in exchange for delivery unless applicable law so requires.

Place of receipt	Port of Loading
SHANGHAI	SHANGHAI, CHINA

Vessel / Voyage	
MSC SILVANA	O1101A

Port of discharge	Place of delivery	Final destination (for the Merchant's reference)
LOS ANGELES, CA	LA PORTE, TX (DOOR)	

PARTICULARS FURNISHED BY SHIPPER

MKS & NOS/ CONTAINER NOS	NO. OF PKGS.	DESCRIPTION OF PACKAGES AND GOODS	GROSS WEIGHT	MEASUREMENT
MSKU6721930 / 40DRY / SEAL# CN8062954		FREIGHT COLLECT FCL/FCL 755 CTNS	19,500.00 KGS	27.620 CBM
MSKU6721930/CN8062954 PO#8545	1 CNTR(S)	755 CTNS S.T.C.:755 CTNS SOLID HARDWOOD FLOORING SHIPPER'S LOAD AND COUNT THIS SHIPMENT CONTAINS NO SOLID WOOD PACKING MATERIALS	19,500.00 KGS	27.620 CBM

SAY TOTAL ONE (1*40DRY) CONTAINER(S) ONLY

ON BOARD DATE: JAN 9, 2011

09 JAN 2011 TELEX RELEASE

Excess Value Declaration: Refer to Clause 6(4)(B) + (C) on reverse side

Freight and charges:	Prepaid	Collect	FOR DELIVERY OF GOODS PLEASE APPLY TO:
OCF & DDC COLLECT AS ARRANGED			TOPOCEAN CONSOLIDATION SERVICE(NYC) INC 247 MERRICK ROAD, SUITE 104 LYNBROOK, NY 11563 TEL:1-516-791-0112 FAX:1-516-791-0121

09 JAN 2011

GRAND TOTAL		PLACE AND DATE OF ISSUE	CHINA (MAINLAND)	JAN 9, 2011

Number of Original B (s)/L	Shipper - reference S/O No. 105370	**TOPOCEAN** CONSOLIDATION SERVICE (LOS ANGELES) INC.

Jurisdiction: All disputes in any way related to this Bill of Lading shall be determined by the United States District Court for the Central District of California to the exclusion of the jurisdiction of any other courts in the United States or the courts of any other country PROVIDED ALWAYS that the carrier may in its absolute and sole discretion invoke or voluntarily submit to the jurisdiction of any other court which, but for the terms of this Bill of Lading, could properly assume jurisdiction to hear and determine such disputes, but such shall not constitute a waiver of this provision in any other instance.

TOPOCEAN CONSOLIDATION SERVICE LOS ANGELES INC
AS CARRIER
AS AGENT FOR THE CARRIER

COPY & NON NEGOTIABLE

附录二　常用外贸单证术语

A. R, All Risks	一切险
Accountee	开证人
Accreditor	开证人（委托开证人）
Actual Gross Weight	实际毛重
Advanced B/L	预借提单
Advising Bank	通知行
Aflatoxin Risk	黄曲霉素险
Agreement	协议
Airway Bill	空运货单
Airport of Departure	始发站
AWB, Airway Bill	航空运单
Amount Insured	保险金额
Amount of Credit	信用证金额
Anticipatory L/C	预支信用证
Anti-dated B/L	倒签提单
Applicant	开证人（申请开证人）
Application for Letter of Credit	开证申请书
Application for Transportation Insurance	海运出口货物投保单或运输险投保申请单
At the Request of	应（某人）请求
Available by Drafts at Sight	凭即期汇票付款
B. D. I., Both Days Inclusive	包括头尾两天
B/C, Bill for Collection	托收汇票
B/D., Bank Draft	银行汇票
B/D Bill Discount	贴现汇票
Back to Back L/C	背对背信用证
Bal., Balance	余额
Bank Receipt	结汇水单
Bearer B/L	不记名提单
Beneficiary	受益人
Beneficiary's Certificate/Declaration/Statement	受益人证明书
Beneficiary's Certified Copy of Telex (Fax)	受益人签字证明的电传（传真）副本

BIC, Bank Identification Code	国际银行代号（SWIFT CODE）
Bill of Exchange	汇票
Bill of Lading	提单
Black List Certificate	黑名单证明
Blank Endorsed	空白背书
Breakage of Packing Risk	包装破裂险
Buyer's Name and Address	买方名称和地址
by T.T	电汇
C.C., Carbon Copy	抄送
C.C.V.O., Combined Certificate of Value and Origin	价值、产地联合证明书（海关发票）
C/O, Certificate of Origin	原产地证明书
Cargo Receipt	承运货物收据
Carrier	承运人
CCPIT, China Council for the Promotion of International Trade	中国国际贸易促进委员会
Certificate of Chinese Origin/Certificate of Origin of China	中国原产地证明书
Certificate of Measurement &/or Weight	衡量证书
Certificate of Origin "Form A"	"格式A"原产地证明书
Certificate of Value	价值证明书
Certified Cheque	保付支票
Chargeable Weight	收费重量
Charter Party B/L	租船提单
Check/Cheque	支票
Cheque Payable to Bearer	不记名支票或空白支票
Cheque Payable to Order	记名支票
Claim Payable at	赔款偿付地点
Clash and Breakage	破损、破碎险
Clean B/L	清洁提单
Clean Draft	光票
Clean L/C	光票信用证
Combined Certificate	联合凭证
C.T.D., Combined Transport Documents	多式联运单据
Commercial Invoice	商业发票
Conference Line Certificate	班轮公会船只证明
Confirmation	确认书
Confirmed L/C	保兑信用证

Confirming Bank	保兑行
Consignee	收货人
Consular Invoice	领事发票
Container Booking Note	集装箱货物托运单
Container Ship Certificate	集装箱船只证明
Contract	合同
Copy	副本
Courier Receipt	快递底单
Credit Note	贷记通知
Crossed Cheque	划线支票
Customs Declaration/Customs Manifest	报关单
Customs Invoice	海关发票
D/A, Documents against Acceptance	承兑交单
D/D, Demand Draft	票汇
D/P, Documents against Payment	付款交单
D/R, Dock Receipt	场站收据
Date and Place	出票日期和地点
Date for Presentation of Documents	交单期
Date of Shipment	装船期
Debit Note	借记通知
Declaration and Other Contents	声明文句及其他内容
Declaration of No-wood Packing Material	非木质包装声明
Declaration of Origin	产地证明书（产地声明）
Deferred Payment L/C	延付信用证
Description of Goods	品名及货物描述
Despatch	发送
Direct B/L	直运提单
Documentary Draft	跟单汇票
Documentary L/C	跟单信用证
Documents Required	单据要求
Documents to Accompany Air Waybill	货运单所附文件
Draft	汇票
Draft ×× Days after B/L Date	提单日后××天付款
Draft ×× Days after Date	出票日后××天付款
Draft ×× Days after Sight	见票后××天付款
Draft at Sight	即期汇票
Drawee	受票人、付款人

Drawer	出票人
E. & O. E., Errors and Omissions Excepted	有错当查
Endorsement	批单
Establishing Bank	开证行
Expiry (Expiring) Date	有效期
Export Contract	出口合同
Export License	出口许可证
Exporter's Name and Address	出口商名称和地址
F. P. A, Free from Particular Average	平安险
Failure to Deliver Risk	交货不到险
Favour in Yourselves	以你本人为受益人
For Account of	付（某人）账
Form E	中国—东盟自由贸易区优惠原产地证明书
Freight Prepaid B/L	运费预付提单
Freight to Collect B/L	运费到付提单
Freight Note/Voucher	运费收据
Fresh Water and/or Rain Damage	淡水雨淋险
From…to…	起讫地点
G. S. P. Form A, Generalized System of Preferences Certificate of Origin FORM A	普惠制原产地证明书
Gross Weight (Per Package /Total)	毛重（单件/合计）
H. S. Code	商品 HS 编码
HAWB, House Air Waybill	航空分运单
Holder	持有人
Hook Damage Risk	钩损险
House B/L	运输代理行提单
Import Contract	进口合同
Import Duty Risk	进口关税险
In Decuplicate	一式十份
In Duplicate	一式两份
In Favour of / In One's Favour	以（某人）为受益人
In Nonuplicate	一式九份
In Octuplicate	一式八份
In Quadruplicate	一式四份
In Quintuplicate	一式五份
In Septuplicate	一式七份
In Sextuplicate	一式六份
In triplicate	一式三份

Indivisible L/C	不可分割信用证
Inspection Certificate for Bow Silk Classification & Condition Weight	生丝品级及公量检验证书
Inspection Certificate of Weight or Quantity	重量或数量检验证书
Inspection Certificate of Disinfections or Sterilization	消毒检验证书
Inspection Certificate of Fumigation	熏蒸检验证书
Inspection Certificate of Hold/Tank	船舱检验证书
Inspection Certificate of Packing	包装检验证书
Inspection Certificate of Quality	品质检验证书，质量检验证书
Inspection Certificate of Temperature	温度检验证书
Inspection Certificate on Container	集装箱检验证书
Insurance Declaration	保险声明书
Insurance Policy	保险单
International Multi-Modal Transport	国际多式联运
Irrevocable L/C	不可撤销信用证
ISBP, International Standard Banking Practice for the Examination of Documents under Documentary Credit	关于审核跟单信用证项下单据的国际标准银行实务
Issued by	出单人
Issued Retrospectively	后发证书
Issuing Bank	开证行
Itinerary Certificate	航程证明
L/C No. and Contract No.	信用证号码及合同号码
L/C with T/T Reimbursement Clause	带电汇条款信用证
Latest Date of Shipment	最迟装运日期
Letter of Credit	信用证
Liner B/L	班轮提单
Long Form B/L	全式提单
M/T, Mail Transfer	信汇
Marine/Ocean Bill of Lading	海运提单
Marks & No.	唛头及件数
Mate's Receipt, M/R	大副收据
MAWB, Master Air Waybill	航空主运单
Means of Transportation and Route	运输工具和航线
Measurement List	尺码单
Memorandum	备忘录

Minimum B/L	最低运费提单
N/M, No Marks	无唛头
Name of Commodity & Specification	品名和规格
Name Survey Agent	保险人在货运目的地的检验代理人
Nature and Quantity of Goods	货物名称及数量
Negotiation	议付
Negotiating Bank	议付行
Net Weight (Per Package / Total)	净重（单件/合计）
No. /Invoice No.	编号或商业发票编号
Notify Party	被通知人
Notifying Bank	通知行
Number Kind of Packages	件数和包装方式
O/A, Open Account	赊销
Ocean Marine Cargo War Risk	海运战争险
Ocean Vessel, Voyage No.	船名、航次
On Behalf of	代表某人
On Board B/L, Shipped B/L	已装船提单
On Deck B/L	甲板提单
On Deck Risk	舱面险
Open Policy / Cover Note	预约保单
Opener	开证人
Opening Bank	开证行
Order B/L	指示提单
Original	正本
Original Documents	正本单据
P/I, Proforma Invoice	形式发票
Packing Documents	包装单据
Packing List/Packing Slip	装箱单
Parcel Post Receipt	邮包收据
Partial Shipments	分批装运
Payee	收款人
Payer	付款人
Paying Bank	付款行
Per Conveyance	装载运输工具
Place and Date of Issue	出单地点和日期
Place of Clearance	报关口岸
Place of Delivery	交货地
Place of Receipt	收货地

Policy No.	保单编号
Premium Paid	保费已付
Principal	开证人（委托开证人）
Processing With Customers' Materials	来料加工
Promissory Note	本票
Purchase Contract	购买合同
Quantity	数量
Railway Bill	铁路运单
Rate/Charge	费率
Received for Shipment B/L	备运提单
Reciprocal L/C	对开信用证
Reimbursement	索偿
Reimbursing Bank	偿付行
Rejection Risk	拒收险
Revocable L/C	可撤销信用证
Revolving L/C	循环信用证
Risk of Intermixture and Contamination	混杂、玷污险
Risk of Leakage	渗漏险
Risk of Odors	串味险
Risk of Rust	锈损险
Risk of Shortage in Weight	短量险
S/O, Shipping Order	装货单
Sales Contract	销售合同
Sanitary Inspection Certificate	卫生检验证书
See Attachment	见附页
Seller's Contingent Risk	卖方利益险
Ship's Nationality Certificate	船籍证明
Ship's Age Certificate	船龄证明
Ship's Classification Certificate	船级证明
Shipper	托运人
Shipper's Declared Value	托运人申明的价值
Shipper's Letter of Instruction	国际货物托运书
Shipping Advice	装运通知
Shipping Marks and Nos.	唛头及编号
S/N, Shipping Note	订舱委托书
S/O, Shipping Order	装货单
Short Form B/L, or Simple B/L	略式提单
Sight Drafts	即期汇票

Sight L/C	即期信用证
Signature	签章
Signature and Others	受益人签章及其他
Signature of Shipper	托运人签字
Sinosure	中国出口信用保险公司
Slg. On or Abt, Sailing on or about	开航日期
Stale B/L	过期提单
Straight B/L	记名提单
Strike Risk	罢工险
Sweating and Heating Risk	受潮受热险
T. P. N. D, Theft Pilferage and Non-delivery	偷窃、提货不着险
T/T, Telegraphic Transfer	电汇
Tax Refund	退税
Telex Released / Surrendered B/L	电放提单
Through B/L	联运提单
Time Drafts	远期汇票
To Whom It May Concern	致有关当事人（中性抬头）
Total Amount Insured	总保险金额
Transferable L/C	可转让信用证
Transferee	受让人
Transshipment	转运
Transshipment B/L	转运提单
Traveller's L/C (or:Circular L/C)	旅行信用证
UCP600	《跟单信用证统一惯例》第600号出版物
Unclean B/L	不清洁提单
Unconfirmed L/C	不保兑信用证
Unit Price and Amount	单价与总金额
Un-transferable L/C	不可转让信用证
Usance L/C	远期信用证
Veterinary Inspection Certificate	兽医检验证书
W. A or W. P. A, With Average or With Particular Average	水渍险
Weight List/Weight Note	磅码单/重量单
With Recourse L/C	有追索权信用证
Without Recourse L/C	无追索权信用证

参考文献

[1] 吕时礼. 外贸单证实务［M］. 北京：高等教育出版社，2010.
[2] 童宏祥. 外贸单证实务［M］. 上海：上海财经大学出版社，2010.
[3] 章安平. 外贸单证操作［M］. 北京：高等教育出版社，2008.
[4] 苏定东，王群飞. 国际贸易单证实务［M］. 北京：北京大学出版社，2007.
[5] 海关总署报关员资格考试教材编写委员会. 报关员资格全国统一考试教材［M］. 北京：中国海关出版社，2013.
[6] 全国国际商务单证专业培训考试办公室. 国际商务单证理论与实务［M］. 北京：中国商务出版社，2012.
[7] 国际商会中国国家委员会. ICC跟单信用证统一惯例（UCP600）［M］. 北京：中国民主法制出版社，2006.
[8] 国家质检总局报检员资格考试委员会. 报检员资格全国统一考试教材［M］. 北京：中国标准出版社，2013.
[9] 中国商业企业管理协会. 国际商务单证教程［M］. 北京：科学技术文献出版社，2011.
[10] 屈韬，何秉毅. 外贸单证实务［M］. 上海：上海财经大学出版社，2011.
[11] 汪圣佑. 国际商务单证［M］. 北京：北京交通大学出版社，2010.
[12] 福步外贸论坛. http：//bbs.fobshanghai.com/
[13] 中国海关律师网. http：//www.customslawyer.cn/